教育の
原理と実践

編著　金　龍哲
深沢　和彦

三恵社

はしがき

来日して間もない頃、大学近くの古本屋で見つけたOECD（経済協力開発機構）教育調査団の報告書『日本の教育政策』（1976）を手にした時の感動を今も鮮明に覚えている。戦後初めての外国から見た日本の教育に関する公式の報告書であるが、比較教育学を専攻とし、日本の「経済高度成長の秘密」に興味を持っていた私にとっては絶好の手引書だった。

世界に名を馳せる研究者によって作成されたこの報告書から多くのことを学び、多くの示唆を得たが、私が特に注目したのは以下の三点であった。

先ず、「日本の驚異的な成長の秘密」は「教育に対する社会的投資にある」とする認識が「日本の知識人や政治指導者の間で広く受け入れられ、いまでは公式見解といってもよいほどのものになっている」と指摘した点である。特に小中高を含む基礎教育への投資を「日本ほど確信をもって支持している国はほかにない」という評価である。10 年に及ぶ「文化大革命」によって混乱に陥った教育現場を身を以って経験し、個人、社会、そして国にとっての教育の意味を考えるようになっていた私には示唆に富む指摘だった。

次は、報告書が下した日本の教育への高い評価である。日本の学校教育は「世界でもっとも効率の高いものの一つ」であり、近代的な理念に基づく学校教育の「優秀性」は、「長い伝統に根差した人々の強い教育関心」によるものであると高く評価したのである。留学生として日本で教育について学ぶことの幸運を秘かに喜んだ。

最後は、調査団の一員だったノルウェーの社会学者J・ガルツングが「生物的出生」と「社会的出生」という概念を駆使して行った日本の学歴社会に関する分析である。日本では「生物的出生ののちに社会的出生」が起きていて、人はもう一度生まれ変わるという。個人が所属する社会階層は、入った学校と受けた教育、つまり、どのような学歴を持つかによって決まるのだ。日本は 18 歳時のある日の大学入試の成績によって「生まれ変わり」は決まり、一度決まればその社会的地位はずっと維持されていく学歴支配の社会なのである。受験競争が日常化し、入学試験による「社会的出生」（学歴）は社会生活において決定的な支配力を持つようになるというのである。科挙の伝統を持つ中国の教育を考えるうえでも示唆に富んだ指摘であった。

上記の三点に加えて興味深かったのは、報告書が日本社会で共有されている「教育への危機意識」に言及した点である。「日本の教育政策が危機的状況にある」との認識が社会全体で広く共有され、「日本の文教当局さえはばかることなくそう述べている」という。「教育大国」として成功した優等生の日本と教育危機論との組み合わせにやや違和感を覚えたことを思い出す。しかし、振り返れば、歴史は教育が危機論とともに歩んできたことを教えてくれる。確かに教育はどこでもいつでも危機的状況だから変革が必要だと訴えられる。教育に関する危機論が姿を消した時代などなかったかもしれない。

文化人類学者エドワード・T・ホールは、『文化を超えて』（1976）の序論の中で、現代社会の危機を「目に見えて明らかな危機」と「宿命的な危機」とに分けて論じた。環境問題や人口問題などは前者で、「人間に内在する問題」は後者だという。社会は発展段階のそれぞれの時期に必ず乗り越えなければならない危機に直面することになるが、それは基本的には一時的なものである。これに対して、「人間と自己自身、人間と制度、人間と観念、人間と隣人との関係及び地球に住む多くの集団同士の関係」をめぐる「人間に内在する問題」は「宿命的な危機」だという。本世紀に入っても多発する地域紛争や各地で激化する内戦、テロ、難民などの問題は、ホールに従うならば、「宿命的な危機」に分類されよう。それらが彼のいう「人間に内在する問題」、つまり人間自身、諸制度、価値観、人間関係及び集団関係と本質的に深く関わっているからだ。

もし、「教育の危機」が事実であるならば、これもまた「宿命的な危機」に含まれようが、「教育の危機」は「石油危機」や「キューバ危機」とは異なり、危機的状況が解除されても普段の状態に戻った実感が湧きにくい性質があるようだ。教育のことについては「危機的状況だったが、今はよくなっている」という人もめったにいない。ある危機的状況から抜け出したとしても、次にまた新たな「危機」を作り出さなければならない宿命を人類は負っているかもしれない。

進化生物学者レイランドは、人類の進化のスピードは現代に近づくほど速くなっており、「今もなお加速し続けている」という。ホールの指摘から40年経った今、加速し続ける変動社会はより複雑化し、事態はより深刻化しつつあり、10年後の社会すら展望しにくいといわれる。「AIによって49%の仕事がなくなる」社会とはどういう社会なのか。そのような社会では教育はどうあるべきか、学校教育はもはや「オワコン」として使命を終えるだろうか。「日本の奇跡」を支えた「社会的投資」への信念も揺らいでいるようだ。OECD の発表によると、2019 年度の GDP（国内総生産）に占める教育費支出の割合は、日本は 2.8%と低い状況にあり、加盟 37 か国の中で 36 位、ワースト２位だった。

社会が如何に変化したとしても「人間にとっての教育の基本的意味」が変わるとは考えにくい。村井実は、親や大人が「わが子をよくしたい」「次の世代がもっと良くなってほしい」と願って、そのために働きかけるところに「教育の基本的意味」があるという。「良くしたい」「良くなってほしい」類の願いは、そもそも常に上を目指す性質のものであり、そのための働きかけは複雑系の最たるものである人間を対象とする特質がある。「わが子をよくしたい」「次の世代がもっと良くなってほしい」という素朴で根源的な願いが形になるためには多くの問いに答えなくてはならない。つまり、そもそも「よくなる」とはどういうことなのか、よい人間とは何か、どういう社会がよい社会といえるのか、子どもたちをよくするためにはどうしたらよいのか、どういう教育内容を用意すべきか、またどういう教育方法がふさわしいか、どういう設備、組織、制度を整えればよいか、そもそも子どもとは何か、それは制御しがたい若い獣のようなものなのか、自力で伸びようとする若芽のようなものなのか、それとも大人が自由に形づくる粘土、或いは、何でも書き込むことのできる白紙のようなものなのか、大人とはどこが同じでどこが異なるのか、大人になるとはどういうことなのか、人間になるとはどういうことなのか、そもそも人間とは何か…などの、無数の問いである。いずれも人間思索の根本を成す問いである。

本書が教育的存在としての人間、そして教育の営みを支える仕組みと原理を理解し、親の「わが子を良くしたい」願いが形になるための教育の在り方について考えるきっかけとなれば幸いである。

最後に厳しい出版事情の中で本書の編集趣旨に理解を示し、出版を快諾して下さった三恵社の木全俊輔代表取締役社長に心から感謝申し上げたい。

2024 年 3 月

金　龍哲

目　次

第1章

教育とは何か

―人間にとっての教育の意味を探る―

1. 教育への問いと人間への問い

教育への問いは本質的に人間への問いである。教育は、人間への認識と不可分の関係にあり、その営みは人間の本質に基礎をおいて初めて意味を持つからである（稲富、1954、p.212）。つまり、教育をどのようにとらえるかは、人間をどのように捉えるかに規定されるのである。

人間とは何か

あらゆる学問は、「人間とは何か」という究極の問いをめぐって展開されてきたといっても過言ではない。ギリシア神話に登場する怪獣スフィンクスの謎に象徴されるように、「人間とは何か」は有史以来、多くの哲人たちを悩ませた、卑近で不可解、そして古くて新しい問いなのである。ギリシアのアポロン神殿に掲げられている「汝自身を知れ」という格言は、それを人間にふさわしい唯一の課題、あらゆる哲学的思考の出発点とみなしていたソクラテスと結び付けられることが多い。ソクラテスにとって自己認識（汝、自らを知れ）は生涯の課題だったという。老子が「人を知る」ことを「智」と呼び、「己を知る」ことを「明」と呼び（知人者智、自知者明）、自分を知ることをより重視したことと相通じるところがあろう。

人間への問いは近代哲学にも引き継がれた。カントが哲学の課題として四番目に「人間とは何か」という問いを挙げ、しかも最も中心的な問いとして位置づけたことはよく知られている。フランスの画家ポール・ゴーギャンは、タヒチで描いた自らの代表作に「我々はとこから来たのか　我々は何者か　我々はどこへ行くのか」というタイトルをつけた。神学校時代に受けたキリスト教教理問答の影響とみることは不可能ではないが、「人間とは何か」という古今東西を越えて人類が問い続けてきた人間存在への根源的思索の一例といえよう。人間とは「自分の存在そのものに疑問を持つ動物」であり、「人間とは何か」は「遠い昔から一貫して人間がもちつづけた大問題」だったのである（河合、1992、p.14）。人間の定義も「社会的動物」（アリストテレス）、「考える葦」（パスカル）、「社会的存在」（ダーウィン）、「儀式的動物」（L.ウィトゲンシュタイン）、「象徴を操る動物」（エルンスト・カッシーラー）などのように、多岐にわたる。

教育学における人間追求は、総じていえば人間の本質的特性とされる知恵や理性、思考、道具、言語、芸術、社会形成をめぐる諸能力は、すべて後天的に獲得するものであり、人間は本質的に教育的存在であるという視点に立つ。「人間は訓育される動物」（コメニウス）、「人間は教育されなければならない唯一の被造物」（カント）、「人間は教育されうる、教育的動物（animal educable)」（ランゲフェルド）というふうに、人間の本質的特徴は教育との関係において語られるのである。

生理的早産説

一方、人間の特殊性と人間にとっての教育の意味を動物学的視点から説いたのは、スイスの動物学者ポルトマン（Adolf Portmann,1897-1982）である。彼は、その著『人間はどこまで動物か』において、人間の新生児と他の高等な哺乳類動物の新生児との比較を通して人間の特殊性を明らかにしている。ポルトマンは、まず人間の新生児の特徴として「身体の割合」を挙げた。高等哺乳類の子どもは生まれ落ちた時に既に身体の割合は大人の形に近い。つまり、彼らは親の縮図として生まれるのである。これに対して、人間の新生児は、身体の割合が大人と大きく異なり、腕と脚が頭と胴に対して著しく短い。人間の新生児の第二の特徴は、重い体重である。ポルトマンは、「生まれたばかりの人間の赤ん坊は、どんな大きなサルの子どもよりもはるかに重い」とし、その理由として「脳髄の発達」を挙げた。第三は、ポルトマン説の核心ともいうべき「生理的早産」という特殊性である（ポルトマン、1961、p.61）。人間は生後一歳になって、やっと他の哺乳類が生まれた時に実現している発育状態に辿り着くという。人間が他の哺乳類なみに発達するためには「人間の妊娠期間が現在よりもおよそ一ヵ年のばされて、約二一ヵ月になるはず」だという。

頭部が大きくなった人間の新生児は、完成体では産道を通ることが困難になったため、未完成体で生まれる道が選択され、無防備で無能な状態で生まれてくる。動物は、生れ落ちてすぐプログラム化された本能によって生きていく上で必要なことを行っていく。つまり、動物はただちに実行可能な本能をもって生まれるのである。

これに対して、人間が持って生まれるのは単なる「可能性」に過ぎない。しかし、それは人間に与えられた偉大な可能性だという。つまり、生理的早産に運命づけられた人間は、本能に制限されない無限の可能性を獲得したのである。ポルトマンは言う。「母の胎内で進められていいはずのこの成熟という過程が、われわれ人間では、その成熟のもっとも大切な段階に、多くの刺激の源をもつ豊かな環境の中で、まだこれからどうにでもつくられ得る素質に様々な体験をとおして刺激を与えながら、過ごされる」。つまり、「早産」の子どもは、親の保護の下で、胎内では経験できない様々な「歴史的な出来事」に刺激されながら、持って生まれた可能性を開花していく。逆に完成体して生まれる動物は、生後の後天的働きによる発達の可能性が極度に狭まれることになる。

「人間のこの未完成さは、同時に、人間の偉大さでもある」といったのは、フランスの哲学者ルブールである。その理由は、「月足らずで」生まれる人間は、「人間になるためあらゆることがらを学べねばならない」し、その歩みは「動物のそれよりずっと遠くまで、無限に続く」からだ（ルブール、1981、p.60）。つまり、人間の未完成さは「限界のない可塑性に通じる」のである。

２. 人間になるということ

フランスの哲学者 J.マリタン（Jacques Maritain，1882- 1973）は、その著『人間教育論―岐路に立つ教育』において、「人間になる（to become a man）」ということ以上に重要で困難な課題はないとし、「教育の最大課題は、なによりもまず人間を形成すること」であると説いた（マリタン、1974、p.4）。人間が持って生まれる発達の可能性は、自然に、或いは必然的に「人間になる」ことを約束するものではない。ただ食べ物を与えるだけでは人間として成長しない。人間とは人間として作られる存在であり、ヤスパースの言葉を借りるならば「人間であることは人間になること」なのである。

野生児物語

人間は教育によってはじめて人間になる。しかもその教育は人間による、人間社会での教育でなければならない。教育学の領域では、このような教育的存在としての人間の特殊性を説明するために、人間社会を離れて育てられた「野生児」の事例を引き合いに出す場合が多い。この種の事例は世界的に見てそれほど多くは報告されていないが、17世紀の教育学者コメニウス（Johannes Amos Comenius, 1592－1670）が言及した事例を含めて早くから教育学者や心理学者によって注目されてきた。

コメニウスは、1632年に著した『大教授学』において「およそ紀元1540年頃」ハッシアという森で発見された野生児を取り上げている。その事例では、「両親の不注意」から行方不明なった生後三歳の子どもが数年後、狼の群れに交じって村に現れ、農夫たちによって発見されている。「それは人間とは違った形をして四つ足であるが、顔は人間の顔であった。…農夫たちはこの動物を生け捕りにして村長の前に連れてゆき、さらにカッセルの領主の前に連れて行った。件の動物が城の中に連れこまれると、振り切って逃げだし、腰掛の下にかくれ、追っかけしようとするものを激しくにらみつけ、恐ろしい声で吠えた」という。コメニウスは、この事例を十分信頼すべき事実として引用し、第六章では1563年にフランスに起った他の「類似の事件」をも併せて論じ、「幼少の頃野獣に捕らえられ、動物の間で育てられたものは、その知力が動物以上の水準に達するものではない」と結論付けた（コメニウス、1962、p.76）。その第六章のタイトルが「もしも人が真の人間となるべきであるならば、彼は教育されねばならない」である。

野生児の事例として広く知られるものとして、「アヴェロンの野生児」と「狼に育てられた子」がある。「アヴェロンの野生児」とは、1799年南フランスのアヴェロンの森で「捕獲」され、パリで「野生からの脱出」を目指して青年医師イタール（J.M.Itard,1774-1838）によって教育を受けた推定12歳の少年のことである。後に知的障害と診断されるが、障害児教育の原型ともいえる計画的な指導によって、同年齢並みの発達にまでは至らなかったものの、感覚機能と社会性が発達し、一定レベルの学習能力と進歩が認められている。ただし、言語の習得はなかった。一方、1920年にインドのカルカッタ近くの森で発見された、狼に育てられたアマラ（推定1歳半）とカマラ（推定8歳）については、シング牧師の記述に基づいて整理した発達心理学者ゲゼル（Gesell,A.,1880-1961）による記録がある。年少のアマラは発見されてから1年足らずで死亡、カマラは推定17歳で亡くなった。カマラは、シング牧師らの教育によって少しずつ人間らしさを取り戻したが、2年後に2単語、4年後に6単語、7年目に45単語を覚えるにとどまり、3～4歳の知能までしか発達することができなかったという。

言葉を知らなかった少女

1970 年にカリフォルニアで発覚したジーニーを巡る事件は、野生動物に育てられた場合と異なり、養育者の下に身を置きながら正常な生活環境を著しく剥奪された状態で育ったことと、信憑性が問われたアマラとカマラのケースと違って、科学者の研究報告としてまとめられた点で大いに注目された。「ジーニー」とは、プライバシーを守るために付けられた名前で、「子どもの時代を完全な人間として育てられることなく人間社会にあらわれた」少女のことを想起してもらうために、イスラム神話の妖精からとったものである。

生後 14 ヵ月のジーニーは、医師に「かなりの発育遅延がみられるが、熱があり、発達の遅れの程度をはっきり知ることが難しい」といわれた。医師の診断を過剰に受け止めた父親は、娘を部屋に監禁するようになり、「目にあまる虐待、無視、隔離」が始まった。ジーニーは薄暗い寝室の中で便器付きの幼児用椅子にしばりつけられ、体のほとんどの部分を父親自らが作った締め具により拘束された状態で放置された。音に敏感だった父親は、ジーニーが少しでも音や声をたてると、野生のイヌのように吠えたり、歯をむきだしたりして威嚇するか、棒で叩いた。「事実、ジーニーが声を上げた時に彼女を打つためだけの大きな棒が、ジーニーの部屋の片すみにおいてあった」という。部屋にはテレビもラジオもなく、彼女の耳に入る音は、ドアの外で父親が唸ったり吠えたりする恐ろしい音のみだった。母親アイリーンは目が悪く、夫の娘への虐待を止めることが出来なかった。1970 年、ジーニーが 13 歳半になったころ、母親はジーニーを連れて家を脱出し、事件が発覚した。1970 年 11 月 17 日、新聞がジーニーのことを報じ、児童虐待の罪で告訴され、出廷を命じられた父親は 11 月 20 日に拳銃で自殺した。

13 歳までの間、外界から遮断された環境の中で虐待を受けながら暮らしたジーニーは、言語能力をはじめ、知的発達に大きな問題を残した。1970 年 11 月、ジーニーはバインランドの社会成熟度スケール（Vineland Social Maturity Scale）と就学前到達度テスト（Preschool Attainment Record）をうけ、精神年齢がそれぞれ 1.05 歳と 13 ヶ月と判定された。堅いものを食べたことのなかったジーニーは咀嚼の仕方を知らなかった。またところ構わず唾を吐いたり、排便をしたり、自慰行為をしたりして、著しい社会性の欠如を示した。言語能力は 3 歳児以上には進歩しなかったというが、特に注目されたのは、ジーニーが「言葉に対して右半球を使う」ことだった。臨界期以後に主に習得される言語や右半球の言語の症例に似ていたからである。つまり、ジーニーの症例は、レネバーグの臨界期説を支持し、成熟期を外れて習得する言語の特質を示すものとされた。ジーニーが右半球言語を持っているという事実は、彼女が臨界期の間に言語を習得しなかったこと、臨界期を過ぎれば左半球が機能せず、右半球にコントロール機能が移ることを示したのである（スーザン、1992、p.132）。

これらの事例から、人間にとっての教育の役割と可能性、教育の適時性、発達における環境と遺伝の関係等において多くの示唆を得ることができるが、特に注目したいのは以下の3点である。

①人間の発達は、幅広い可能性と柔軟性をもっている。野生動物の性質を身につけ、動物社会に適応することさえできるのである。

②人間の発達には、その時期を逃してしまうと発達が著しく困難になる臨界期（敏感期）が存在する。野生児が示した諸問題の根源は、発達初期の人間的学習の欠如にある。

③人間は人間によってはじめて人間になる。「人間は人間的社会を通じてのみ人間となる」のであって、「社会を欠いては全く人間ではない」のである（ナトルプ、1983、p.103）。

このように、人間は本質的に「教育的な存在」であり、ルソーがいうように、生まれた時に持っていないが、生きていく上で必要なあらゆるものは教育によって与えられるのである（ルソー、1986、p.11）。人間は、自分の行動を規定する完成された行動様式を備えないままに生まれ、将来一人前の人間として特徴付ける行動のすべてを、生後に獲得していかなければならない宿命を負う。直立二足歩行、分節化された言葉の使用、調和の取れた行動様式、情報と知識や経験の関連づけなど、人間はこれらのことを複雑な段階と過程を通して習得しなければならないのである。

3. 人類の進化と教育

子を生育し、社会の他の成員と共同生活が出来る存在までしつけることは、必ずしも人間社会に限られたことではない。チンパンジーの社会にも「教育」と「さまざまな道具使用の文化的伝統」があるという（松沢、2010、p.8）。狩りや食材の獲得方法、群れにおける上下関係の学習など、内容が複雑であるだけでなく、しつけの期間も長い。しかし、彼らが身につけた技術や文化的行為などは、代を越えて伝わったり、改良されたり、また蓄積されたりはしない。それを可能にする教育が存在しないからだ。教育は、人類においてのみ普遍的な現象である。それは人類とともに誕生し、また人類とともに進化してきた。

二足直立歩行と本能からの解放

ダーウィン（Charles Robert Darwin,1809～1882）はその著『人間の由来』の中で、人間は類縁関係にあるサル類から進化してきた動物の一種であり、その祖先はアフリカ大陸で生まれたと主張したが、それが「神は自らの姿に人間を創造した」とするキリスト教の教義と真っ向から衝突したため、大論争を引き起こしたことは歴史が教えるところである。人類はいつ、なぜ、如何にして誕生したか、論争はまだ終わっていない。

概ね定説とされる「サバンナ説」では、約 800 万年前のアフリカ大陸において、大陸を分断する地殻変動（グレート・リフトバレー）によって気象変化がおこり、雨が降りにくくなった東側の熱帯雨林が減少したため、一部の類人猿は樹上から降りて草原のサバンナで生活するようになったとする。それに適応するため人類は直立二足歩行を身につけ、現代人の祖先へと進化したという。フランスの人類学者、イブ・コパンが 1982 年に提唱した、いわゆる「イースト・サイド・ストーリー」は、その後、多くの疑問が投げかけられた。人類がなぜ直立二足歩行を始めるようになったかは、「今日の古生物学で最もやっかいな問題の一つ」といわれるが、山極は最も信憑性の高い説として「エネルギー効率性」を挙げた（山極、2000、p.141）。直立二足歩行は、長い距離をゆっくり移動する際は動物の四足歩行に比べてエネルギー効率が良いというのである。

現生人類のアフリカ起源説では、「二足歩行」「道具製作」「脳の大形化」という人間の典型的な属性の進化は、同時進行したのでなく、500 万年前に直立姿勢が最初に始まり、脳の大形化と道具使用は後に現れたとされる。首だけで脳を支える四足歩行の動物より、直立歩行によって全身で脳を受けとめるようになったことは重要な意味を持った。直立歩行の姿勢は、人類の手を解放しただけでなく、結果的に脳の大形化をもたらし、「本能からの解放」を可能にした。とりわけ思考、推理、記憶にかかわる大脳新皮質部の発達は、人類の学習能力を高め、後天的な情報を蓄えることを可能にし、本能の束縛からの脱出を促した。直立二足歩行の獲得を「ヒトの始まり」とする所以である（木村、2002、p.3）。今西らも、直立二足歩行と道具の使用を「人類誕生の決め手」として位置付け、これからの人類の文化が如何に加速的に飛躍したとしても、「人類が直立歩行し道具を使用した」ような大変革は二度と現われないという（今西ら、1989、pp.173-174）。

直立二足歩行は、大人にできても、嬰児には出来ないというマイナスの面もあったが、それが逆にメスとオスの結びつきを生んだという。これが嬰児を見守り育てる母親と父親のきずなを強くした人間家族の始まりであり、男女の分業の上になり立つ共同体の始まりでもあるといわれる。「父親の登場」によって、人間の社会は従来の「生物学的つながり」から「文化的な装置を備えた家族」へと移行したのである（山極、2012, p.352）。集団生活をする霊長類で母親以外の個体が子育てにかかわることを「アロマザリング」という。人類学者の長谷川によると、有性生殖する生物の子育ては、①両親とも世話をしない、②母親だけ世話する、③父親だけが世話する、④両親がともに世話する、という分類が理論的に可能であるが、人類の子育ては「親以外の個体」、つまり「親以外の多くの人がかかわる共同繁殖」を特徴とするという（長谷川、2018, pp.135-145）。一方、竹下は「あおむけ由来説」ともいうべき独特の進化論を主張する。あおむけの姿勢で安定するのは、人間の赤ん坊のみで、人間以外の霊長類の赤ん坊はあおむけに寝かされると、起き上がり反射で寝返るか、四肢をばたつかせてもがくという。この説では、二足歩行で手が自由になったのでなく、四つの手で樹上生活をしていた祖先が、サバンナに生活場所を広げる中で、2本の「足」を生みだしたとみる。あおむけ姿勢こそが両手を自由にさせたのである。つまり、背中に体重を支えられているので、生まれた時から自由だった両手で物を操るようになったことが道具使用の出発点であり、あおむけの赤ん坊に母親が微笑みかけ、あやし、声をかけることで対面コミュニケーションが成立したというのである（竹下、2000、pp.34-41）。なお、この説が成立するためには、人類が「あおむけの姿勢」を獲得した時期がポイントとなろう。

「教えない子育て」は可能か？

人間以外の動物にも学習行動が存在していることはよく知られている。チンパンジーの子どもは、大人が石（道具）を用いて行うクルミ割りをまねて習得する。広く知られているのは、ニホンザルのイモ洗いとムギ拾いという「文化的行動」である（今西、1989、p.220）。ひょっとしたことから、一歳半になるメスザルがイモについた砂を水で洗い落として食べた行動が仲間を通じて伝播し、10 年後には群れの 73%が海水でイモを洗うようになった。このイモ洗いの発明者は、また砂にめりこんだムギを砂ごとに海に投げ捨てて拾いやすくする方法を発明したが、これも仲間に学習され、19 頭のサルが行うようになったのである。

イギリスの人類学者グドールが世界で初めて、木の枝を使ってアリを捕るチンパンジーの姿を報告し、チンパンジーにも道具使用の能力があることを証明して大きな反響を呼んだ。人類学のルイス・リーキー博士は、「今や我々人類は、『道具』という言葉を定義しなおすか、『ヒト』という言葉を定義しなおすか、もしくは、チンパンジーをヒトだとみなすか、この 3 つのうちどれを選択するのか考えなくてはならない」と評価したほどであった。しかし、イモ洗いのニホンザルも木の枝でアリを捕るチンパンジーも、人間の「道具とともに生きてきた文化的動物」、また「ホモ・エドゥカンドゥス」（Homo educandus：教育を必要とするヒト・教育されるべきヒト）としての地位を脅かすものではなかった。チンパンジーは石でクルミを割っても、石で石を加工すること（二次製作）はできない。二次道具の製作は人間だけに限られた能力である。また、ニホンザルの驚くべき学習行動も安定した社会学習のプロセスを形成するには至らなかった。

特に重要なのは、「教える」という行為の有無である。チンパンジーの母親は、石でクルミを割る手本を示すだけで、手取り足取り教えることはしない。「教える」は、人間にしか見られない行為であり、「人間の教育の特徴」なのである（松沢、2010、p.9）。

人類の原初の教育は、サバンナでの厳しい生存競争を生き残るための食材の獲得法、危険から身を守る方法、仲間との共同生活のルール等を教えたり、或いは真似たりすることが中心であったと推測されるが、道具が複雑になるにつれて高度化した。ヒトと他の大型類人猿とが系統の上で分かれるのに要した 600 万年という歳月は、「進化論的にはきわめて短い時間」だという。現生人類の持つ各種認知能力、すなわち高度な道具使用を伴う技術、記号による込み入った伝達方法、複雑な社会制度を発明し維持するために必要な能力が一つ一つ生み出されてきたとするには「全くの時間不足」なのだ。進化論的な時間の上ではほとんど一瞬ともいえる間に生み出された高度な文明を可能にしたのは、何か。M.トマセロは、「種に固有の文化的継承の仕方」だと見る。ヒトの生み出す文化伝統や産物が、時間の流れの中で他の動物にはない形で改良を積み重ねていくことを「累進的な文化進化」（cumulative cultural evolution）という。ヒトの文化が「歴史」を持つのは、それらを支える文化学習のプロセスが強力に機能するからである。この文化学習のプロセスは、他者を「意図を持った存在」として認識し、行動の背後にある意図を見出すという、ヒトに特有の認知的適応によって支えられている。他者を「意図を持った存在」として理解することは、他者の心理を推察し、共有し、ある方向に導き、模倣することを可能にする。ここから生まれる社会学習は、社会集団の中で新たに発明されたストラテジーを忠実に保存し、後に別の発明がそれにとって代わる準備をすることで、後戻りのしない歯車として働く。他の動物にとって困難なのは創造性の方ではなく、むしろ漸進作用の歯車を安定させることの方だという（トマセロ、2006、pp. 5-6）。人間の発達は、その生物学的遺伝と文化的継承とが相互に作用しながら、ダイナミックに展開するのに対して、遺伝子の 99%近くがヒトと一致するとされるチンパンジーの場合、決め手となる社会学習プロセスが稀にしか起きないため、累進的な文化進化は発生しなかったのである。

よく切れる石器や鋭利な武器など、道具を中心とした文化財は、ヒトの「教える」行為と人間特有の認知能力によって空間的に広まっただけでなく、代を越えて時系列的に伝わり蓄積された。この文化伝播の過程は、科学技術の「自己触媒の過程」でもあった。自己触媒の過程においては、ある過程の結果そのものがその過程の促進をさらに速める正のフィードバックとして作用する。つまり、新しい技術は次なる技術を誕生させる。ゆえに、「発明の伝播」はその「発明自体」よりも重要だったという（ダイアモンド、2000、p.76）。

近年、「教えない教育」「教えない授業」「教えない子育て」「教えない“教える授業”」…などが盛んに言われているが、それは子どもの主体的な学習の大切さを主張するものであって、子どもに何も教えずにただ放任することを主張するものでないことは言うまでもない。「教える」行為、「教える」教育は人間の教育の最も普遍的で根源的な特徴なのである。

4. 教育の概念

親が「わが子を善くしたい」と思い、大人が「若い世代に善く生きてもらいたい」と願って、「善くするための働きかけ」をするところに「人間にとっての教育の基本的意味」がある（村井、1983、p.15）。こうした教育に当たって、人々は思想をもつようになったという。つまり「何が善い生き方であるのか」「どういう人間が善い人間なのか」「どういう社会が善い社会といえるのか」「そもそも善いとはどういうことなのか」「子どもたちを善くするためにはどうしたらよいのか」「どういう方法が有効であり、また有効でないのか」「どういう内容がふさわしいのか」「どういう設備、組織、制度を整えればよいか」「自分たちが善くしたいと思う子どもというのは、そもそも何であるのか。制御しがたい若い獣のようなものなのか、自力で伸びようとする若芽のようなものなのか、それとも人々が自由に形づくる粘土、或いは、そこにすべてを書き込むことのできる白紙のようなものなのか、大人とはどこが同じでどこが異なるのか」「子どもはやがて大人になる、人間になる。それは一体どういうプロセスなのか」「そもそも人間になるとは、根本的に何を意味するのか」…、こうした教育と人間を巡る問いを不断に発し、またそれに答えながら人間形成が図られてきたのである。

教育の語義

漢字で書く「教育」は、孟子が「三楽」の一つとして挙げた「天下の英才を得て、之を教育する」（得天下英才教育之）に語源をもつとされる。では、「教育」でいう「教」と「育」とは何を意味する字だろうか。

「教」という字を日本では、「ならう、まなぶ」「子に模倣させる」意味を表わす偏と、「軽くたたいて注意する」「上から施す」「笞うつ」を表す旁で構成されるとするのが一般的である。中国最古の辞書とされる『説文解字』（西暦 100 年頃）では、「教」は「上の施す所は、下の倣う所なり」と解釈されている。共通しているのは上から子どもに働きかけて模倣させることである。一方、白川は『字統』において、「爻」偏を「屋上に千木のある建物の象形」とし、古代のメンズハウスとしての神聖な建物に一定年齢に達した子弟を集めて、長老たちが氏族の伝統や規範を教える秘密結社的な生活と教育を指すものと解釈した。旁の「攴」は、「長老たちの教権を示す」という。

中国では「教」の字義をめぐって様々な説が見られるが、最も特徴的なのは、偏の「孝」を孝道、旁の「攴」(pū)を「手に棒、鞭を持つ」と解釈し、子どもに「孝の道」を身につけさせることを「教」の原初的意味としている点である。「孝」は「教之本」とされ、「孝」なしでは「教」は成り立たないとされる。一方、「育」の字は、生子の倒形、つまり、子どもが生まれる時の姿である。甲骨文と金文の「育」がいずれも上に母と頭部の装飾、下に逆さまに生まれる子どもを置いていることからも明らかなように、「育」の原初の意味は女性が子どもを生むことだった。魏の字書『広雅』でも「育、生むなり」とある。白川は、「育」を子どもが生まれたことを廟に告げる「生子儀礼に関する文字」とし、下部の「月」も「肉体表示」でなく「祭肉」だとする。「育てる、養う」の意味は恐らく後に加わったと考えられるが、『説文解字』に至ると、「育、子を養いて、善を作さしむるなり」（育，養子使作善也）となる。以上の語源の考察が示唆しているように、教育は、もともと親が子どもを養い育てることを起源とする。子どもを単に生物学的に産み育てるのでなく、やがて社会の共同生活において必要とされる成員としての行動様式や規範、蓄積された文化や生産技術を教えていく中で、「教育」の概念や思想が成立し定着したのである。

一方、西洋では、古代ギリシア語の「パイデイア」が教育（教養）の最初の例とされる。プラトン(Platon, 427-347B.C.)の時代では、「パイデイア」（教育）に加えて、さらにアゴゲー（導き）、デイダケー（教えること）、トロペー（育てること）も用いられるようになった。アゴゲー（導き）とデイダケー（教えること）は、行動様式や生き方を教え、知識と技能を身につけるよう導くこと、後者のトロペー（育てること）は子どもが一人前になることを助け導くことで、教育の「教える」面と「育てる」面が含まれ、その両面を包括するのがバイデイア（教育）とされる（三井、2002、p.35）。

ラテン語ではエデューカチオ（educatio）で教育を意味し、その動詞形 educo には、①educere（引き出す）と、②educare（教え込む、特定の型にはめる）の二つの不定法が存在するという。①から導き出されるのは、「子どもに潜在的にあるものを引き出し、開花するよう手助けをすることが教育である」という解釈、②からは「模範的な人間像に向けて子どもを型にはめこむことが教育である」とする解釈が導かれる。ここから派生した英語の education、educate には、教育とは、もともと内にあるものを外に引き出す、つまり、子どもが持って生まれた潜在的可能性（素質）を伸ばしていくことを助けるという意味と、あいさつの仕方や食事のマナーを含めて社会の一員として守るべき規範やルールを教え込む社会化の過程としての意味合いを原意としているのである。

ドイツの教育学者ボルノウ（Otto Friedrich Bollnow, 1903-1991）は、教育学の歴史において繰り返し現れる二つの基本的な見解として「職人的教育観」と「庭師的教育観」を挙げた。「職人的教育観」とは、職人があらかじめ設定された目標と設計図に従って、与えられた材料を適切な道具を使って加工していくように、教育者が一定の目標の下で人間を一定の仕方で形作っていくことを指す。ここでは外からの意図的な働きが強調される。「庭師的教育観」は、人間は任意に加工できる素材ではないのであって、栽培や園芸のようにその内在的法則に従って、子どもが持つ可能性を引き出す働き、つまり内からの成長を助ける働きが教育に他ならないとする。教育は外からの機械的製作か（職人的教育観）、それとも内からの有機的成長か（庭師的教育観）、という二つの基本的見解に関する説明は、教育の本質を理解する上で示唆的である。

５. 狭義の教育と広義の教育

『広辞苑』によると、教育は「人間に他から意図をもって働きかけ、望ましい姿に変化させ、価値を実現する活動」とある。このように意図性を強調した定義では、教育は到達すべき目標を予め設定し、あるいは期待される効果や結果を予想し、その実現に必要とされるプログラムを一定の仕方で実行していく意図的なプロセスとなる。教育が職業として成立し、仕組みが定着するにつれ、教育はますます意図的で、計画的で、制度的になる。公教育においては、上位概念として国の「目的」が挙げられ、それを具現化する「目標」が定められる。例えば、『教育基本法』では、「人格の完成」と「平和で民主的な国家及び社会の形成者として必要な資質を備えた心身ともに健康な国民の育成」を「教育目的」とし、教育現場ではそれを具体化した「学校の教育目標」「学級の教育目標」「月間教育目標」が設定される。学校は、明確な意図を持ち、組織的に次世代の社会化を担う専門の機関である。

しかし、教育を人間形成の過程としてとらえると、学校組織のような明確な意図を持った教育というのは、むしろ限定的といわざるを得ない。つまり、意図した教育のみが人間を形作るものではないのである。新堀通也は、教育を施す側の教育意思（相手を教育しようとする意思）と教育を受ける側の学習意思（自ら学ぼうとする意思）の有無によって教育を「狭義の教育」「感化」「修養」「影響」の四段階に分類した（新堀、1977、p.14）。「狭義の教育」と「感化」は意図的教育、「修養」と「影響」は無意図的教育と呼ばれる。伝統的教育学は意図的教育、特に「狭義の教育」に重点を置いてきたが、人間が自然やモノや人間の意図なしの影響によって、一定の価値的な方向づけがなされる場合が少なくないことを無視するわけにはいかない。

ルソーは『エミール』において、自然と人間と事物を「三種類の教師」と呼んだが、その中で意図を持った教育の働きをするのは、教師や親を含めた一部の人間である。例えば、「親に似ぬ子は鬼子」「子は親の背中を見て育つ」という諺もあるように、人間形成に及ぼす親の影響力はとうの昔から認識されているが、その親の影響でさえ、すべてが意図的とはいえない。つまり、親の行為すべてが孟母の「三遷の教え」や「機織りの教え」のように、常に人間形成的意図を持つとは限らない。しかし、その非意図的、非計画的、非組織的な親の影響は、実は高度に組織化された学校に優るとも劣らないのである。

無意図的な教育は、気候、地理、景観などを含めた人間にとっての第一次的環境としての自然的諸条件と、その上に構築される家族形態と居住環境、文化財や人間関係などの第二次的環境としての文化的・社会的諸条件が、広義の教育環境として人間形成に及ぼす影響をいう。学校教育における潜在的カリキュラム（hidden curriculum）、つまり、教師の意図に従って行われる教育活動とは別に、子どもたちが学校の中で教師や仲間との接触を通じて自ら学んでいく学習プロセスも一種の無意図的教育と見ることができる。

潜在的カリキュラムの考え方は、様々な教育改革やカリキュラム改革が所期の目標を達成できなかった原因を究明するために、生徒が実際に学習している知識の内容や、それを支えている社会的諸条件を分析する中で生まれた視点である。教育改革において、単なる制度いじり、或いは目に見えるカリキュラムや時間割の調整のみでは不十分であることが明らかになってきたからである。

広義の教育環境において、意図的な教育の位置づけは固定されず、時代や社会の変化に伴って常に変動してきた。近年、盛んにいわれる体験学習、社会奉仕活動、教育旅行などは、ある意味で人間形成における意図的教育と無意図的教育のバランスを調整し、教育的諸機能を調和させるための工夫と見ることができよう。

（金　龍哲）

参考文献

① コメニウス著（稲富栄次郎訳）『大教授学』玉川大学出版部、1956 年。
② 三井善止編著『教育の原理』玉川大学出版部、2002 年。
③ 新堀通也・片岡徳雄編『教育社会学原論』福村出版、1977 年。
④ ルソー著（樋口謹一訳）『エミール』白水社、1986 年。
⑤ 木村賛編『歩行の進化と老化』てらぺいあ、2002 年。

⑥　山極寿一「人間社会の由来」松沢哲郎、長谷川寿一編『心の進化―人間性の起源をもとめて』岩波書店、2000 年。
⑦　今西錦司他著『人類の誕生』河出書房新社、1989 年。
⑧　竹下秀子「赤ちゃんの姿勢と手の働きの進化」松沢哲郎、長谷川寿一編『心の進化―人間性の起源をもとめて』岩波書店、2000 年。
⑨　オリヴィエ・ルブール著（石堂常世訳）『教育は何のために―教育哲学入門』勁草書房、1981 年。
⑩　P.ナトルプ著（篠原陽二訳）『社会的教育学』玉川大学出版部、1983 年。
⑪　松沢哲郎編『人間とは何か―チンパンジー研究から見えてきたこと』岩波書店、2010 年。
⑫　M.トマセロ著（大堀壽夫等訳）『心と言葉の起源を探る』勁草書房、2006 年。
⑬　J.ダイアモンド著（倉骨彰訳）『銃・病原菌・鉄――一万三〇〇〇年にわたる人類史の謎』（下）草思社、2000 年。
⑭　稲富栄次郎著『教育の本質』福村出版、1954 年。
⑮　菅野盾樹著『人間学とは何か』産業図書株式会社、2001 年。
⑯　河合雅雄著『人間の由来』（上、下）小学館、1992 年。
⑰　アドルフ・ポルトマン著（高木正孝訳）『人間はどこまで動物か―新しい人間像のために―』岩波新書、1961 年。
⑱　スーザン・カーチス著（久保田競、徳永安生訳）『ことばを知らなかった少女ジーニー――精神言語が研究の記録』築地書館、1992 年。
⑲　マリタン著（溝上重雄訳）『人間教育論―岐路に立つ教育』創文社、1974 年。
⑳　村井実「ギリシア・ローマの教育思想」『教育思想史第 1 巻』東洋館、1984 年
㉑山極寿一著『家族進化論』東京大学出版会、2012 年。
㉒長谷川真理子『世界は美しくて不思議に満ちている―「共感」から考えるヒトの進化』青土社、2018 年。

第2章
学校教育の制度的展開
―義務教育制度を再考する―

「学校」を意味する西欧の言葉としては、school（英語）、Schule（独語）、école（仏語）、escuela（スペイン語）、scuola（イタリア語）、Школа（ロシア語）があるが、これらはいずれも古代ギリシア語の「スコレー(σχολή)」に由来する。スコレーとは、余暇や閑暇、つまり「労働からの自由」を意味している。

公教育は公の目的のために行われる教育のことで、通常それは公的な学校によって提供されるかたちをとる。その公教育の根幹を成すのが義務教育である。各国における義務教育法の制定年は、プロイセン1794年、アメリカ（マサチューセッツ州）1852年、イギリス1870年、フランス1882年、日本1886年である。義務教育は、誰もが「スコレー」を手にすることができるようになった時代、つまり、今から200年ほど前の「近代」の到来とともに制度化した。

本章は義務教育制度を見つめ直そうとするものであるが、その前に、近代以前の学校の様子や成り立ちを簡単に述べておくことにしよう。

1．学校制度の歴史的形成

(1) 学校の起源

そもそも学校は、人類最古の文明といわれるメソポタミア文明（紀元前20世紀頃）でも確認されているほど古くから存在している。紀元前10世紀頃の古代ギリシアでは都市国家が形成されたが、代表的なポリスであったアテネやスパルタにも学校は作られた。

アテネの哲学者といえば、ソクラテス、プラトン、アリストテレスが有名である。ソクラテスは産婆術（問答法）によって相手に無知を自覚させ、真理に到達させようとした。彼が産婆術を行ったのはアゴラ（広場）であったとされるが、これも路上の学校とみなすことができる。ソクラテスの弟子であるプラトンが開いた学校がアカデメイアである。そこでは、上流階級の青年に算術、幾何学、天文学、哲学などが教えられた。アカデメイアは「アカデミー」や「アカデミック」という言葉のもとになったものである。そのアカデメイアに学んだのがアリストテレスであった。後に「万学の祖」と称された彼の思想や研究は、政治学、物理学、生物学、音楽、演劇など実に幅広いもので、その影響力も大きかった。アリストテレスは自らの学園であるリュケイオンをアテネ郊外に開設し、そこで弟子たちに教育を施している。ただし、これらの学校はあくまで裕福な「市民」（しかも男子）に限った学びの場であり、私塾のような存在であった。

古代ギリシア、ローマ時代を通じ、社会経済生活の基盤となっていたのは奴隷制で、貴族階級や市民権をもつ富裕層は圧倒的多数の被征服者の上に君臨し、過酷な労働に従事することから自由であった。子どもを学校に通わせられる家庭には通常奴隷がおり、奴隷の中から適任者を選んで「パイダゴーゴス」（教僕、養育係）として学校に同伴させた。奴隷にも階層があって、パイダゴーゴスは比較的上位の奴隷であった。彼らは道具をかかえて男子に同行し、自らも教室内に留まって勉強の手伝いをした。「パイダゴーゴス」は、教育学を意味する「ペダゴジー」のもとになった言葉である。

時代が下れば庶民階級のための学校も作られていくが、その設置は貴族階級の学校に比べれば圧倒的に遅く、しかも身分制社会をそのまま反映し、貴族階級の学校と庶民の学校とはまったく別個のものとして成立していった。当然ながら、学問上の指向性も異なっていた。生活に困らない貴族階級がいわゆる「教養」を欲したのに対し、明日の糧を求める庶民階級は読み・書き・計算を中心とした「実学」を望んだ。生まれや身分、階級によって衣服や言葉、価値観、住居などが異なっていたように、学校という学びの場も、それが与えられるかどうかを含めて、階級によって異なるものとして生成したのである。学校を制度として理解するには、階級、階層、身分といった視点がまずは不可欠となる。なお、大衆化した今日の大学は、伝統的教養主義と職業的実学主義との相克の場と捉えることもできる。

(2)　階層と学校系統

ヨーロッパでは、王侯や僧侶、騎士たちの教養教育は、宮廷内の学校や教会附属学校で行われることもあったが、基本的には邸内に雇い入れられた住み込みの「家庭教師」（養育係）によって行われていた。

12、3 世紀頃から大学が成立し始め、貴族階級の男子のなかには大学で学ぶ者が出てきた。大学の起源はそもそも法学、医学、神学など高度な専門技術の修得のために著名な学者のもとに集まった学生たちが、自らの生活条件や諸権利を守るために同業者組合（ギルド）にならって組織した学生組合（ウニフェルシタス）であるといわれる。最古の大学として、ボローニャ大学（イタリア）、サレルノ大学（イタリア）、パリ大学（フランス）、オックスフォード大学（イギリス）などが知られている。

中世のヨーロッパに誕生した大学は、やがては教会や国家によって制約を受けるようになり、ラテン語など古典語中心の学問研究の場へと変化し、保守的貴族的性格を強くしていった。弁護士や医者は職業を営むのにラテン語が欠かせなかったし、当時の知識人たちはラテン語を通してギリシアやローマの古典を学び古代世界に親しんだ。ヨーロッパにおける大学の公用語はラテン語となり、大学入学者がラテン語の修得者に限られるようになると、ラテン語の文法教育を中心に行う学校が各地にできていった。グラマー・スクール（イギリス）やギムナジウム（ドイツ）などがそうである。これらは、大学への入学準備教育を施す中等教育機関である。ラテン語文法学校の下には、その学校に入るための予備学校がさらに作られていった。

このように、まず上級の学校が存在し、そこへの入学を希望する者のためにその学校の下に予備学校が設けられるというように「上から下」に向けて構築されていった学校系統を「下構型学校系統」という。貴族や富裕階層のための学校はこうした順序でできあがっていった。

一方、庶民の多くは長らく文字の読み書きとは無縁の生活を送っていた。生きていく上でそれが特に必要ではなかったからである。しかし、近世以後の諸都市で交易や商業活動が活発化し、家庭でも子どもを学ばせるだけの余裕が出てくると、基礎的な読み・書き・計算、すなわちスリー・アールズ（3R's）を学んだ。日々の暮らしの中で、彼らにもスリー・アールズが求められるようになったのである。

だが、庶民が学ぶ学校が学校体系のなかに本格的に位置づき、すべての者がそこで教育を受けるようになるには、「近代」という時代を待たねばならなかった。それ以前、すなわち近世までは、庶民のなかでも比較的裕福な者だけが通学した。つまり、まだ万人が「スコレー」を手にしてはいなかったのである。

近代に入ると、一般庶民に日常的に必要な知識を教える学校、すなわち小学校が各地につくられるようになり、義務教育制度も整っていく。その後、機械文明のさらなる発達によってより高度な知識や技能が多くの人々に求められると、進学熱は高まり、小学校の年限は延長され、その上に職業教育を施すための学校が設置されていった。こうした発展過程は「下から上」へと向かうものであった。このようにして構築された学校系統のことを「上構型学校系統」という。

２.近代というシステム

(1)　選抜と国民統合のための制度

誰もが学ぶ義務教育を備えた学校は近代の産物である。近代にはそれまでの時代にはなかったいくつかの特徴がある。18 世紀末から 19 世紀に至る産業革命によって各国は急激な経済発展を遂げた。富は蓄積され、より広い庶民層が経済的、時間的余裕を獲得した。また様々な仕事が機械化したことで、親方の家に一定期間住み込んで見習いをしながら腕をみがくという伝統的な徒弟制度は崩れ、職業教育を計画的に実施する必要性も高まっていった。さらにフランス革命以後、民主主義の理念が芽生え、学校教育を受けることが市民にとっての権利であるとみなされるようになった。

こうした点に加え、近代国家は、国家にとって有用な人材の発掘を必要とした。身分制社会を否定した近代は、チャンスを万人に与える「機会の平等」を重視するとともに、それまでの「身分」に代わる国民の選抜システムを持たねばならなかった。その役割を担ったのが義務化した学校である。近代の学校は、国民に同じ教育を一斉に受けることを課し、学習内容をどれほど正確に身につけたかで評価することで国民の分類、選抜をはかろうとした。これを基盤に据えたのが学歴社会であるわけだが、それは、生まれによってすべてが決まる身分制社会よりもはるかに民主的なものとして到来したのである。

他方、学校は国民を統合するための「装置」としても機能した。近代は主権国家を統治の基本単位とし、その並存状況で成り立っている。各国はそれぞれ領土、領海、領空を主張し、国家間には緊張関係が生じやすい。とりわけ 19 世紀末から 20 世紀前半は、列強・列国が自国の領土拡大をねらって他国に進出し、それを迎え撃つ側も国民一丸となって戦わねばならなかった時代である。敵と戦うには、ナショナリズムを醸成する必要がある。近代の学校は、子どもを社会化し自国の国民として育成する制度として機能しているが、有事にはその機能は鋭さを増す。従来のように階層ごとに学校種が別れている、通いたい者だけが通えばよいというような学校では、国民の統合など期待できないし、逆に国家の分裂を助長しかねない。求められたのは、近代国家に共通の、義務化した学校であった。

(2) 中立性と無償性

身分制を否定した近代は国民すべてが学ぶ統一した学校体系を構築し、そこに「義務性」という原則を立てたわけだが、その「義務性」に加え、公教育制度は「中立性」と「無償性」という2つの基本的な特徴を備えることになる。

中世以後の封建社会では、教育はローマ＝カトリック教会や仏教寺院といった宗教団体の影響下にあった。その教育は、支配的宗派の宗教観や価値観を教えることを抜きには存在せず、信者の維持・獲得はもちろん、結果的には既存の封建社会体制の存続に貢献するものである。ところが16〜17世紀のヨーロッパで宗教改革や30年戦争など宗教的自由の獲得を求める動きが起こると、それを経た国々では信教の自由を人権のひとつとして捉えるようになる。続く近代でも、「宗教的中立性」が社会の諸制度に求められた。長らく宗教団体の影響下にあった学校も、世俗化を要求されたのである。

宗教的中立性とならんで、中立性の主要な柱となったのが「政治的中立性」である。思想・信条の自由も人権のひとつであり、人がいかなる政治的信条を持とうが自由である。独裁国家を除けば、政治は、議会制多数決主義を基本とする民主主義の原則にもとづいて執り行われる。仮に公的な学校が一党一派に偏した教育を行うとすれば、学校は政治的中立性を損なう。人間一人ひとりがもつ人権を広範に認めることで民主主義を推進しようとする近代国家は、制度に中立性を要求することで制度利用者（学習者や保護者）に自由を保障したのである。

以上は基本的にはヨーロッパの話だが、我が国においても、江戸時代までの学校は幕藩体制下において各藩のために武士の子弟を教育した藩校、あるいは僧侶が檀家の子どもに文字の読み書きを教えたことに由来する寺子屋など、いずれも特定集団や個人が特定の者に教育を提供したものである。無論、そこには中立性という発想はない。いや、そもそも中立性という概念自体、近代以前には持ち難いものであったはずである。

さて、義務性と中立性と並ぶもうひとつの公教育の特徴である「無償性」だが、これは教育を受ける者もしくは保護者が授業料等の経費を直接負担しないことを意味するもので、義務性、無償性よりもやや遅れて制度化した。近代以前の学校は（そして日本では近代に入ってからもしばらくは）有償であったわけで、教育とは対価を支払って獲得するものだという「受益者負担」の考え方が長く支配的であった。しかし、義務性が近代公教育の原理となって以降、有償を無償に切り替える、つまり「教育の無償化」が進んだ。有償のままにしておいては国民皆学の実現は覚束ないからである。無償化の対象は、授業料から校舎の建築費用、そして教科書へと拡大していった。ただし、無償といっても結局は税収に基づく公費負担であり、どの範囲まで公費で賄うべきかは意見の分かれるところである。

３．義務教育の基本的構造

さて、いよいよ義務教育制度それ自体を見ていくことにしよう。小・中学校段階の教育がすなわち義務教育。おそらく、みなさんはそう考えるだろう。もちろんそれで基本的には間違いないのだが、義務教育の構造は複雑で、しかも厄介な問題をはらんでいる。以下、筆者が研究対象にしているアメリカの事例を交えながら、我々がよく知っているはずの義務教育を「解体」してみることにしよう。

(1)　日本の義務教育規定

まず我が国の義務教育が法的にどう規定されているのかを見ておく。日本国憲法第26条第２項には「すべて国民は、法律の定めるところにより、その保護する子女に普通教育を受けさせる義務を負ふ」と規定してあり、保護者には、子に９年の普通教育を受けさせる義務が課されている（学校教育法第16条）。これが義務教育の義務であるわけだが、さらにこの義務は、次の「就学義務」の履行によって満たされるという仕組みになっている（学校教育法第17条第１項、第２項）。

①　子が満６歳に達した日の翌日以後における最初の学年の初めから、満12歳に達した日の属する学年の終わりまで、小学校、中学校、義務教育学校（前期課程）、特別支援学校（小学部）に就学させる義務

②　子が小学校等の課程を修了した日の翌日以後における最初の学年の初めから、満十五歳に達した日の属する学年の終わりまで、中学校、義務教育学校（後期課程）、中等教育学校（前期課程）、特別支援学校（中学部）に就学させる義務

つまり、義務教育の義務とは子どもに課された義務ではなく、保護者に課された、子どもを小学校等に就学させる義務である。そして「9年の普通教育を受けさせる義務」とは、学校教育法第１条に定める小学校、中学校、中等教育学校（前期課

程）、義務教育学校、特別支援学校（初等・中等部）に就学させなければならない義務であり、9年は小学校等での初等教育6年、中学校等での前期中等教育3年を前提とした年数である。なお、義務教育の年数は将来的には拡張する可能性がある。

(2) カリフォルニア州の義務教育規定

次に、カリフォルニア州における義務教育規定を紹介する。同州の義務教育は次のように規定されている（抄訳）。

6歳から18歳の者は、免除されていない限り、義務として全日制の教育を受けなければならない。対象年齢にある者は公立学校に通うものとし、保護者は子どもを居住地のある学校区が定めた日数ほど公立学校に通わせるようにするものとする。（カリフォルニア州法 48200）

このように、義務教育を受けなければならないのが6歳から18歳までの者で、公立学校に通わねばならないことになっている。カリフォルニア州では（そして他州も）、義務は直接的には未成年である本人に課されている。また、対象年齢の6歳から18歳についてだが、これは通常小学生から高校生に相当する年齢である。しかし、法規定上、学校種は定められていない。この点も日本とは違う。飛び級制度のあるアメリカでは、極端な例ではあるが14歳の大学生も存在する。カリフォルニア大学に通う14歳の学生は、義務教育を終了したわけでも免除されたわけでもなく、今まさに大学で義務教育を満たしているという扱いになる。

公立学校への就学が義務として課されているわけだが、では私立学校はどうなっているのだろうか。実は私立学校は、公立学校への就学義務の「免除」扱いになっている。同様に「家庭教師」（私的個別指導教師）も免除扱いになっている。私立学校や家庭教師によって提供される教科内容が公立学校と同等のもので、英語という言語によって教えられているのであれば、それは義務教育の免除に該当するとみなされているのである。

(3) 義務教育制度における「遊び」

義務教育を制度として見るうえでまず重要なことは、それが「時間」と「空間」によって規定されていることである。つまり、日本なら、いつでもよいわけではなく６歳から 15 歳、どこでもよいわけではなく学校教育法第１条に定める小学校等（以下、１条校と記す）に、カリフォルニア州なら、６歳から 18 歳、公立学校（ただし、私立学校、家庭教師は義務教育の免除対象）に限定されている。通常、時間と空間の 2 つを定められると、人の自由はかなり制限される。では日本とカリフォルニア州のどちらが、より制限されているだろうか。一見するとカリフォルニア州の方が制限レベルは高いように思える。対象年齢は 3 年ほど長いし、公立学校こそが義務教育ということになっている。

しかし、実際はそうではない。時間や空間が定められていても、そこに免除や例外が認められているなら、その制限は事実上ゆるやかなものになる。機械には、過度な力が急激に及ぶのを防ぐために部品の結合部分などに「ゆとり」がもたせてあり、その「ゆとり」のことを「遊び」という。自転車のブレーキにも「遊び」はある。「遊び」は義務教育にもあり、それが重要な役割を果たしている。義務教育を制度として捉えるうえでより重要なのは、この「遊び」の部分である。

そういう目で今一度カリフォルニア州を見てみよう。義務教育とは公立学校に通うことだとしても、私立学校という「免除」規定の存在によって、実態としての自由度は日本と同じものになっている。いや、それ以上に、「家庭教師」という日本では認められていない制度まで免除対象にまれている。カリフォルニア州のほうが教育形態の幅は広く、自由度も高いといえるだろう。

実は、18 歳までという期間についても、高等学校を合法的に早期修了する制度がちゃんと用意されている。比較的簡単な試験を受け、通常の卒業証書とは別の簡易版高校卒業資格をとって学校から去っていくというものである。日本の「高等学校卒業程度認定試験」に似たこの制度によって、カリフォルニア州では早ければ 17 歳で高校を合法的に去ることができる。一般に、早期に義務教育から免れることを英語で“early leaving exemption”というが、それに該当する制度は他州、他国にもある。

４. 揺らぐ義務教育制度

適度な「遊び」は有用であるが、自転車のブレーキがそうであるように、「遊び」は、あり過ぎても、なさ過ぎても危険なものである。そのことを意識しつつ、「遊び」を作り出している制度的厳格さと寛容さについて見ていくことにしよう。

(1) 厳格さと寛容さ

日本では、義務教育の開始年齢は非常に厳格に守られている。簡単にいえば、満6歳に達していれば必ず小学1年生にさせる。逆に6歳に達してなければ、いくら学力や体力等に秀でていても小学校に入学することは認められない。そこに「遊び」はない。対してカリフォルニアほかアメリカ諸州は、親からの申し出に基づき面接等のチェックを受けた後で問題なしとなれば、規定よりも 1 年早い入学が許可される。入学時に限らず、そもそもアメリカには「学年配置（grade placement）」といって、子どもは、学力、身体的精神的発達状況、社会性などに基づき、最もふさわしい学年に配置されるべきであるという考え方がある。そのため、学年は必ずしも実年齢で決まるものではなく、落第も飛び級も存在している。全米の高校生の約1割は、落第経験があるという報告もある。

日本はというと、学年とは実年齢によって決まると誰もが思い込んでいる。しかし、義務教育段階にも制度としての落第（原級留置）は存在する。校長は、平素の成績、出席日数、性格や生活態度、今後の発展性などを考慮し、総合的な見地から判断して課程の修了認定を行い進級させているということになっている。もちろん、いじめなどで通いたくても通えない、保護者も原級留置を望んでいないといったことに配慮して進級させているわけだが、私たちは非常に温情的で寛容な制度に身を置き、それに慣れすぎてしまっているのかもしれない。この「寛容さ」は、実は、厳格な実年齢主義の裏返しでもある。

一方のアメリカは、「怠学(truancy)」に非常に厳しい国である。カリフォルニア州の場合は、1学年にわずか3日、正当な理由なしに欠席すれば怠学とみなされ、出席を促すための指導、督促等のプロセスに入って行く。通常の学校が自分に合わないのなら、オルターナティブ・スクールなど、別のタイプの学校を選ぶことも可能である。しかし、そこへの通学はしっかりと求められる。生徒の出席率が学校予算の算出基盤になっており、欠席されると学校側は予算を減らされるからである。「ニーズがあるなら別の選択肢は用意しましょう。でも、そこでの教育はきちんと受けてもらいますよ」というわけである。

(2) 跳び越えられる学校空間

制度上の「遊び」は「寛容さ」の現れと捉えることもできるが、その「寛容さ」は「曖昧さ」の源泉にもなる。義務教育制度の周辺部分には曖昧なところがある。

近年、日本では１条校以外の場所で子どもを学ばせることがかなり市民権を得てきているように思う。インターナショナルスクール、フリースクール、ホームスクール（ホームエデュケーション）等がそれである。ところが、これらはみな就学義務を満たすものではない。日本国籍を有する国民で、なおかつ保護する子どもをもつ者は、公的にオーソライズされた学校（つまり１条校）に子どもを通わせなければならないからである。しかし、子どもをインターナショナルスクールに通わせているといった話はよく聞く。国内法を遵守していないこの行為が、ステイタスの象徴として“クール”に取り扱われ、そして受容されているわけである。

合法であるために、形の上だけ１条校に在籍し、実際にはインターナショナルスクールに通うという「偽装」もできなくはない。日本は住民登録の制度が完備しており、教育委員会は住民基本台帳に基づいて「学齢簿」を編制する。放っておいても学齢期に達した子どもが公立学校に通うための手続きを行政側はとってくれる。しかし、公立学校にかたちだけ在籍し、実態としてはインターナショナルスクールにのみ通っているとしたら、今度は、公立学校における「課程の修了」が問題になる。学校に来ていない者の修了、進級、卒業を認めれば、校長や教育委員会は無責任との誹りを免れない。

ところが、次のようなケースもある。不登校児童・生徒のなかには、適応指導教室やフリースクールなど、教育委員会が認めた学校外施設において相談・指導を受けている者がいる。このような児童・生徒について校長は指導要録上「出席扱い」にできる。「出席」という記録を認めるその先は、適応指導教室やフリースクールではなく、あくまで児童・生徒の原籍校（小学校、中学校等）である。つまり、原籍校に登校しなくても、その代替機関に通うことによって原籍校に出席したこととして取り扱うわけである。出席扱いになる学校に行く必要はないのだ。

さらに問題なのは、適応指導教室のような教育委員会が認めた学外施設に身を置くことすらなく、一年間１日も学校に出席しなくても、児童・生徒を上の学年にあげているという「不都合な真実」である。本人確認をせずに進級、卒業させていた子どもが、実は数年前に死亡していたといったニュースが報道されたこともあり、近年は少なくとも本人確認をするよう努めてはいるが、それでも１条校という「空間」を定めながら、そこで学ぶことを実態としては強く求めていないことに変わりはない。

つまり我が国の義務教育は、特定の学校で学ばなければならないという就学義務を採用しつつも、それを厳格に適用することをせず、「寛容さ」を、そして「曖昧さ」をもって臨んでいるのである。日本が設定してきた就学先としての学校空間が、日本に住む日本人からも跳び越えられてしまっており、しかし、そのことがほとんど問題視されていないことを、みなさんはどう受け止めるだろうか。

(3) 学校に通うホームスクーラー

さて、曖昧さという点では、アメリカのホームスクールも、実にまた曖昧な制度であり、その意味で我々にとって参考になるものである。

よく、アメリカではホームスクールが認められていると紹介されるが、カリフォルニア州は、ホームスクールそれ自体を直接法規定して認めているわけではない。先ほどの「家庭教師」に親がなれば、それによってホームスクールを行うことはできる。また自宅に私立学校を開校し、自分の子どもを生徒として教えるなら、それも「私立学校」という名の、実態としては立派なホームスクールになる。日本では私立学校を勝手に開校できないが、カリフォルニア州ではできる。日本で自宅に塾を開設するように、自宅を私立学校という名目にしている（しかし生徒募集はせず、実際には自分の子どもだけを教えている）ホームスクーラーは少なくない。

ホームスクールで厄介なのは、100%家庭で教えるのではなく、在学契約を結んでいる公立学校に通い、特定の授業だけそこで勉強する、それ以外は家庭で学ぶというケースである。国語や算数は家庭で教えられるが、音楽は教えられない、部活動だけは学校で参加させたいとなると、音楽や部活動の時間だけ公立学校に通うわけである。いわば「学校の部分利用」である。「そんな勝手な・・・」と思うかもしれないが、保護者からすれば、「公立学校分の税金も納めているわけで、部分的にではあっても学校を利用する権利は当然ある」ということになる。

さらにホームスクール関係では、毎日、母子または父子で学校にやってきて、しかし通常のクラスで学ぶのではなく、親子で学ぶための部屋で学ぶ、そして、わからないことは専任の教師に質問してアドバイスをもらう、といったスタイルも存在している。つまり「毎日学校に通うホームスクーラー」がいて、そのための空間、教育資源を提供している学校が一部には存在しているのだ。

どうだろう。曖昧さ、ややこしさを感じ取ってもらえただろうか。そこを見なければ、制度としての義務教育の本質は見えてこない。

(4)　公共の向こう側

義務教育は公教育の根幹を成すものであるがゆえに、国民に共有されるべき共通の教育（common education）として捉えられてきた。ところが、その共通性は完全に揺らいでいる。ちょうど公共放送であるNHKの「紅白歌合戦」が万人の知る歌手を選出して番組を作り高視聴率を獲得することが難しくなったように、誰からも文句の出ない内容や方法で義務教育を提供し、高い支持を得ることは困難な時代に入った。公共の「揺らぎ」である。

テレビは多チャンネル化し、ラジオもネットで聴くようになった。いや、若い世代はテレビやラジオ、そして新聞、雑誌という従来のメディアを利用しなくなっている。旧メデイアに取って代わる存在がソーシャルメディアであるわけだが、新・旧メディアともに、その時間に特定の空間にいなければ見ること、聴くことができないという制約をなくす方向へ向かっている。

教育も同様に進む可能性がある。キーワードは「複数性／複数制」である。いつでも、どこからでも視聴できる制度はますます進展するであろうが、他方で、そのとき、その場にいなければ参加、参画できないという“ライブ感”を求める人がいるのも事実である。あれか、これか、ではなく、あれも、これも、選択肢を用意しておいてほしいという願望に対して、義務教育は今後どのように応じていくのだろう。そこでは、アメリカのホームスクールが教えてくれるように「学校の部分利用」が現象化するかもしれないし、複数校に在学し複数校から獲得した「単位」を合算することで修了証書を与えるという制度ができるかもしれない。

以上、本章では「時間」、「空間」、「遊び」、「揺らぎ」といった視点を提供しつつ義務教育制度を再考してきた。今度はみなさんが自分なりの視点を交えた分析・考察を行い、それを授業やレポート等で語る番だ。楽しみにしている。

（佐々木　司）

参考文献

①佐々木 司『カリフォルニア州学校選択制度研究』風間書房、2007年。

②佐々木 司「アメリカ合衆国の「飛び級」と「原級留置」」『山口大学教育学部研究論叢第３部』第58巻、2009年、pp.93-101。

（なお、本章は金龍哲編『現代社会の人間形成』三恵社、2016年、第２章を加筆修正したものである）

第3章

教育の思想家たち

―先哲の言葉を手がかりに―

はじめに

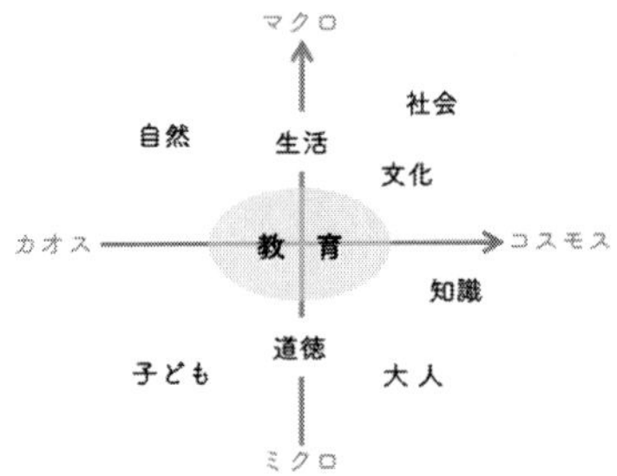

グローバル化の進展や絶え間ない技術革新等により，社会構造や雇用環境は急速に変化しており、予測困難な時代を迎えている。このような時代にあって、よりよい教育の座標軸をどのように設定すればよいだろうか。

本章では、この問いに応答するための手がかりとなる教育の歴史（教育史）における代表的な教育の思想家たちを紹介する。教育の思想とは、教育に関する様々な見方や考え方のことである。教育の思想を深く理解するためには、人類の長い歴史の中で、「誰が考えたのか」「その人物は、なぜそのような考え方をするようになったのか」という人物の生い立ちとその人物が生きた時代的、社会的背景を知る必要がある。

そこで、教育思想史の時代区分を、1．古代の教育思想家たち　2．中世の教育思想家たち　3．近世から近代にかけての教育思想家たち　4．現代の教育思想家たちの4つで構成し、これから教職を目指す学生にとって重要と思われる人物とキーワードを中心にまとめた。

読者の皆さんには、本章に登場する教育の思想家たちと出会い、対話し、これからの教育を考えるヒントをつかんでほしい。

1. 古代の教育思想家たち

古代ギリシアでは、紀元前 9 世紀から 8 世紀頃にかけてポリスと呼ばれる都市国家が形成された。なかでもスパルタとアテナイは最大規模の都市国家であり、それぞれ特色のある教育が行われていた。スパルタでは、軍事国家に奉仕するための戦士の育成を目的として「スパルタ教育」が行われており、徹底した身体の鍛錬が行われていた。

一方、アテナイでは、民主制のもとで人々を説得する弁論術が重視され、豊かな文化が形成された。スパルタが国家主導で教育を行っていたのに対して、アテナイの教育は家庭が中心で、その教育内容は、体育と音楽を含む学問芸術であった。

アテナイがペルシア戦争に勝利した紀元前5世紀頃には、より高度な知識を求める社会の要請に応じて、弁論術や自然科学などを教える職業教師（＝**ソフィスト**）が現れた。代表的な人物には、**プロタゴラス**（Protagoras, 前490頃-420頃）、**ゴルギアス**（Gorgias, 前490頃-376頃）がおり、高額の報酬をとって富豪やその子弟、政治家などに対して弁論術や修辞学を教授しながらギリシア諸都市を遍歴していた。

また、この時期に登場した次の3人の哲学者たちは、今日の教育思想にも大きな影響を与えている。「人類の教師」と称される**ソクラテス**（Socrates, 前470/469-399）は、知恵の提供者としての教師ではなく、知恵を生み出す対話者として、多くの若者たちと交流した。彼の教育方法は「**問答法**」、「**魂の助産術（産婆術）**」と呼ばれ、対話を通して、相手が自らの知恵の不完全さに気づくように促し、知を愛し、真理を求めるように働きかけるものであった。この働きかけは、「自分には知らないことがあるということを自覚した上で行動せよ」という意味で、「**無知の知**」と言われている。自分がわかっていないことを自覚している人は、自分の正しさを主張せず、他者を尊重し、他者の意見を聴くことができるだろう。「よりよく生きる」ために知を求め続けることを実践したソクラテスは現代まで続く教育思想に大きな足跡を残し、プラトンやアリステレスという偉大な後継者を育てたことからも「人類の教師」と称されている。

ソクラテスは書物を記さなかったため、その思想を直接伝える資料はないが、その弟子**プラトン**（Plato, 前428/427-347）によって、彼の思想が受け継がれた。プラトンの教育論（＝**パイデイア**）を理解する上で重要な見方を提供しているのが、**『国家』**（前375頃）における「**洞窟の比喩**」である。また、彼は紀元前387年にアテナイ郊外に**アカデメイア**という学園を設立し、学問研究としての教育活動を行っていた。

「洞窟の比喩」は、私たちが現実に見ているものは「イデア」（＝本質）の「影」に過ぎないことを示唆している。私たちは、教育という「向けかえの技術」によって、「イデア」（＝本質）に至ることができると述べている。この例えは、世の中に「影」としての「情報」があふれ、虚偽と現実の区別が曖昧になっている現代を生きる私たちに対して、「本質／真実とは何か」という問いを提起していると思われる。

プラトンの弟子である**アリストテレス**（Aristotle, 前 384-322）は、「万学の祖」と言われるほど、まれに見る博識の人物であった。彼はプラトンのアカデメイアで学び、「倫理学」「自然学」「詩学」「論理学」をはじめとした多くの学問を確立した。彼の一連の著作は中世の大学の基本的な教科書になった。彼の教育論は**『ニコマコス倫理学』**（前 40-20 頃）や『政治学』（同）にみられ、人々が「幸福」に至るためには「徳」を身につける必要があり、そのためには行為を習慣化し、「徳」を有している人々と交流することが重要であると説いている。

ソクラテスによって創設され、プラトンとアリストテレスによって確立された教育思想の伝統は、今日の教育のあり方を考える上で私たちに多くの示唆を与えてくれるだろう。

2．中世の教育思想家たち

古代と近代をつなぐ中世は、ゲルマン民族の大移動による西ローマ帝国の解体、ルネサンス、宗教改革期に至るまでの時期である。中世の教育思想の特徴は、キリスト教文化の影響が大きく見られる点であり、キリスト教の教育機関で神学の理論化を図ったスコラ哲学が学問として教授されていた。スコラ哲学の「スコラ」という語は、「閑暇」を意味するギリシア語のスコレーに端を発し、のちに「学校」を意味するようになった語で、英語の school もこれより派生している。当時の講義のスタイルは、教師の言葉を弟子が耳を澄まして聴く形態であったが、サンヴィクトル派の修道院では、修行の形態として「読書」が成立し、「音読」から「黙読」への転換によって「自己」という概念が成立したと言われている。

また、この時期には、著名な学者のもとに学生が集まり、学問研究の場が形成されたことにより大学が誕生した。ヨーロッパ最古の大学は、北イタリアのボローニャ大学であると言われている。

中世はキリスト教文化と同時に、商業経済が発展した。商業経済の発展によって幸福を見出すようになった人々は、次第に宗教にとらわれない、人間中心の文化を創造するようになった。モデルとされたのが古代ギリシアの文化であったため、この文化的潮流は、「復活・復興」を意味するルネサンスという名で呼ばれている。

14 世紀のイタリアに始まるルネサンスは、特に芸術面で知られているが、ルネサンスが生み出した新たな思想がヒューマニズムであり、この思想は、当時の教育思想に大きな変革をもたらした。ヒューマニズムに基づく教育観は、**エラスムス**（D. Erasmus. R., 1466 - 1536）の『痴愚神礼讃』（1511）、『幼児教育論』（1529）に記されており、子どもをおどして言うことを聞かせるのではなく、愛情や説得によって訴えかけるという教育方法を説いている。このような教育方法は、その後の児童中心主義に通じる思想であり、近代的な教育思想の先駆けとなった。また、これまでの学問が、アリストテレスがまとめた学問体系を学ぶものであったのに対して、ヒューマニズムに基づく学問とは、人間性と教養を育むものであった。

一方、ドイツでは、ルネサンスの潮流が宗教改革として現れた。ドイツの神学者**ルター**（M. Luther, 1483-1546）は、ラテン語で書かれていた聖書をより多くの人が読めるようにドイツ語に翻訳し、さらに、キリスト教の教義をわかりやすく記した「**教理問答書**（カテキズム）」による学習を行った。ここに教科書に基づく学習形態の端緒がみられる。

○ 日本の中世における教育

日本の中世は、平安時代から鎌倉・室町時代にあたり、綜芸種智院や足利学校などの教育研究機関が創設された時期である。空海がつくった綜芸種智院は、庶民を対象に仏教や各種の学芸を中心に総合的教育を行った。また、日本で最古の学校として知られている足利学校では、武士だけでなく一般人にも門戸を開き、仏教、儒学、易学なども教授された。

３. 近世から近代にかけての教育思想家たち

16 世紀から 17 世紀にかけてヨーロッパ各地では宗教戦争が勃発していた。また、17 世紀は伝統的な社会から近代社会へと向かう過渡期であり、それまでの考え方の見直しが迫られた時代でもあった。また、この時代には、天動説から地動説への転換、自然科学分野における諸発見、グーテンベルクによる活版印刷術の発明などがあり、「科学革命の時代」とも呼ばれている。

(1) コメニウス

「あらゆるひとに、あらゆる事柄を教授する普遍的な技法を提示する。」（コメニウス, 1657）

17 世紀を代表する教育思想家で「**近代教授学の祖**」と呼ばれた人物に**コメニウス**（J.A. Comenius, 1592-1670）がいる。祖国である現チェコ共和国の解放を主張したコメニウスは、迫害を受け、流浪の旅の末にポーランドに亡命している。

彼は、主著『**大教授学**』（1657）において、教育の目的、教育改革の原理、教授の原則、学校制度を体型的に論じ、「あらゆる人に、あらゆる事柄を教授する普遍的な技法を提示する」ことを目指した。「あらゆる人」とは、すべての子どもが国籍、階層、性別等によって差別されないという意味であり、「あらゆる事柄」とは、その時代を生きる人々にとって必要な百科全書的な知であるパンソフィア（汎知学）のことを意味し、「普遍的な技法」とは、あらゆる子どもが、単線型の学校制度・カリキュラム・学年制のもと、わずかな労力で、愉快に、着実に学ぶことができるような教授方法を意味していた。今日の「一斉授業」の形式も彼によって構想された授業様式であると言われている。

◎写真１：『世界図絵』に描かれた学校の様子

彼は、教育の目的を「宗教教育」から「科学的な知識の習得」であるとし、「観察」を重視した。この方法は、「自然の方法」と呼ばれ、子どもに戸外で観察させ、自らの周囲の事柄の理解に至るようにうながすものであり、子どもが成長するにしたがって、観察が詳細になり、広い領域を学ぶことができるようにするものであった。授業において、教師は自然界で言うところの「太陽」のように、すべての子どもに同時に教授することを説いた。

また、コメニウスは、子どもの年齢段階に応じた教授方法を提唱し、子どもの直観に直接訴えるメディアとして、世界で最初の絵入りの教科と言われる『**世界図絵**』（1658）という書物を出版し、物語や絵や劇を授業に取り入れた。このようなコメニウスの教育思想は、19 世紀以降の近代国民国家において展開される普通教育の起源として位置づけられ、今日の教科内容を重視した教え方の探究へとつながっている。

(2) ロック

「心は、言ってみれば文字をまったく欠いた白紙で、概念は少しもないと想定しよう。どのようにして心は観念を備えるようになるのか。（中略）これに対して、私は一語で経験からと答える。この経験に私たちのいっさいの知識は根底を持ち、この経験からいっさいの知識は究極的に由来する。」

（ロック, 1689）

17 世紀のヨーロッパでは、大西洋貿易を独占していたスペインが没落し、自由貿易国家オランダを中心とした国際商業体制が成立した。しかし、17 世紀後半になるとオランダに代わり、イギリスとフランスが台頭してきた。革命によって立憲君主制へと転換したイギリスと絶対王政の全盛期を迎えたフランスは、ともに強力な軍事力を背景に世界へと進出していった。このような歴史的背景は、イギリスの教育思想家ロックの思想に大きな影響を与えた。

ロック（J. Locke, 1631-1704）は、主著**『教育に関する若干の考察』**（1693）において、人間の能力や道徳性は身分や血統によるものではなく、教育によるものであると説いた。このような教育思想の前提として、**『人間悟性（知性）論』**（1689）において、子どもは「文字がまったく書かれてない白紙（＝**タブラ・ラサ**）」であって、経験を通して観念や習慣を形成し、健康な精神と身体を鍛錬するという考え方を述べている。また、彼は、家庭教育における徳育と身体の鍛錬を重視し、思慮と教養に富み、有徳で勤勉な実務家（＝ジェントルマン）を形成することを目的とした**ジェントルマン教育**を提唱した。

その後の啓蒙思想家に大きな影響を与えたロックの教育思想は、近代教育思想の原型とみなすことができるだろう。

(3) ルソー

「創造主の手から出る時には、すべては善いものであるが、人間の手にかかるとそれらが例外なく悪いものになっていく」（ルソー, 1762）

「植物は栽培によって成長し、人間は教育によって人間になる。」（ルソー, 1762）

ルソー（Rousseau, J.J. 1712-1778）は、18 世紀を代表する教育思想家である。彼は、ジュネーブの時計職人の息子として生まれ、16 歳で祖国を捨てて放浪の旅に出て、パリの地で多くの知識人たちと交流する。そして、彼が 37 歳の時、著作家としてデビューを果たした。なかでも 1762 年に発表された『社会契約論』と**『エミール』**（1762）は彼の代表的著作である。特に、『エミール』は近代教育史上もっとも有名な著作の一つであり、今日の教育思想にも大きな影響を及ぼしている。『エミール』は、ルソー自身が教師となって、子どもをどのように育てるかを想像して描いた教育小説である。全 5 編で構成され、子どもの発達段階（乳児期、幼児期、少年期、思春期、青年後期）に沿った形で、それぞれの段階に応じた教育方法が語られている。

ルソーは、子どもは「小さな大人」ではなく、子ども時代には独自の意義があると主張し、「**子どもの発見者**」と呼ばれている。また、彼の教育思想の特徴として、文化の伝達を重視しすぎると、教育方法が一方的な教え込みに転化してしまうため、子どもの自然（人間としての本性）に寄り添い、あえて積極的には教えないという教育方法「**消極教育**」を提唱したり、思春期にあたる時期を「**第二の誕生**」と呼び、人生の節目として、この時期の教育を重視した点が挙げられる。

また、ルソーの教育思想に影響を受けた**カント**（Immanuel Kant, 1724-1804）は、**『教育学講義』**（1803）の中で、「人間は教育されなければならない唯一の被造物である。教育とはすなわち擁護と訓練と教授ならびに陶冶を意味する。」と述べている。

このようなルソーの教育思想は、ルネサンス以降の「人間」と「人間形成」に関する新たな見方を提起し、今日の子どもの育ちや発達にふさわしい教え方の探究へとつながっている。

(4) ペスタロッチ

「生活が陶冶する。」（ペスタロッチ, 1826）

18 世紀から 19 世紀にかけて、ヨーロッパの学校教育は転換期を迎える。この時代において教育に関わる人々の関心を集めたのが、**ペスタロッチ**（J.H. Pestalozzi, 1746-1827）の教育実践であった。「**近代教育の父**」と称されているペスタロッチは、ルソーと同じ、スイスに生まれた。医者であった父親が早く亡くなったため、経済的には必ずしも恵まれない家庭環境で育つ。彼は、貧民の救済を志し、貧しい農民を救う方法として農業の改良に取り組み、ノイホーフ（＝新しい農場）と名づけた農園を開き、農場経営を行うが失敗に終わる。その後、農園跡地に貧民の子や孤児のための労作学校を設立するが、経営的に行き詰まり閉鎖に追い込まれる。このノイホーフでの教育実践を記した『**隠者の夕暮れ**』（1780）の中で、彼はキリスト教の人間観をもとにした自然主義の教育論を展開した。

その後、彼はスイスの農民の生活を描いた小説『**リーンハルトとゲルトルート**』（1787）の作者としてその名を知られることになり、政府の援助を得て、シュタンツ地方の修道院を改修し、孤児院の設立に着手した。この孤児院で、多くの子どもたちに愛情を注ぎ、世話をした経験が、『**シュタンツ便り**』（1799）に描かれている。続いて、ブルクドルフ学園を開設し、「**メトーデ**」と呼ばれる教授法を確立する。「メトーデ」の精神は、ルソーに由来する合自然的な教育観に基づき、子どもの自発性や実物に触れながら物事を認識していく直接経験を尊重し、諸能力の自己開発を助けるという考えに貫かれたものであった。その教授法においては、まず愛と信頼に満ちた家庭の中での母子関係における「**直観教授**」が重視される。この段階では、彼が「直観の ABC」と名づけた直観の基礎となる最も単純な要素である「数・形・語」が合科的に教えられるが、それに続く学校教育段階では、曖昧な直観から明晰な概念へと導くための教育課程が重視される。「生活が陶冶する。」という言葉は、彼の最晩年の著『白鳥の歌』（1826）に記されている。

ペスタロッチの教育思想とその実践の影響は、ヨーロッパを超えて、アメリカや日本にも及んでいる。日本においては、明治初期に伊沢修二や高嶺秀夫によってペスタロッチの教授法が紹介されている。

◎写真２：ペスタロッチと子どもたち
（出典）Pestalozzi with the orphans in Stans, 1879 by Konrad Grab.

(5) フレーベル

「あらゆる善の源泉は遊びのなかにある。」

(フレーベル, 1826)

フレーベル(F.W. Fröbel, 1783-1852) は、南ドイツに生まれた。幼い頃に母親を亡くし、さびしい少年時代を過ごす。牧師であった父親とは折り合いが悪く、大学進学の希望も拒否され、さまざまな仕事を転々とした後、ようやく大学進学するが中退している。その後、ペスタロッチの教育実践に深い感銘を受け、彼の学園に2年間にわたって滞在し、教師として働くが理想と現実の違いに直面し、失望した。その後、彼は「一般ドイツ学園」(通称、カイルハウ学園) を開設し、ペスタロッチの「メトーデ」と自らの理論を組み合わせた教育を実践した。この教育実践での省察をもとに生み出されたのが、彼の主著『**人間の教育**』(1826) である。この著作において、彼は、教育は決して命令的、規定的、干渉的であってはならないとし、子どもの発達段階に応じた教育のあり方について以下のように述べている。

乳幼児期は、身体と精神の保護と保育の段階である。本格的な人間教育は、幼児期に始まる。幼児期は、自発的に自己の内面を表現することができるようになるため、表現の教育を重視し、遊び活動が中心となる。少年期は、作業活動に熱心に取り組むようになるが、それ以上に少年たちは個々の事物や事象に関心を持つため、認識の教育を重視する必要がある。

その後、彼は、幼児期の発達における遊びの重要性に着目し、遊び活動の手立てを模索する中で、「**恩物**(おんぶつ)」と名づけられた遊具を考案する。恩物とは、神からの子どもへの贈り物を意味し、神的真理を象徴するものとして考案された。恩物にはいくつもの種類があるが、代表的な恩物は、6種類からなる立体の恩物群である。第一恩物は、紐のついた6色のボール。第二恩物は木製の球と円柱と立方体からなる。第三恩物から第六恩物は、様々な形状の立方体の積み木からなり、数字が大きくなるにつれて細かく分割されたものになっている。フレーベルは、恩物を使って遊ぶことによって、子どもたちの身体的、精神的、社会的能力が発達すると述べている。

彼は 1839 年に、幼児教育施設「遊戯および作業教育所」を創設した。その後、この施設は、幼児教育の指導者養成の施設と統合されて、「子どもの庭園」を意味する「キンダーガルテン (Kindergarten)」と改称され、世界初の「幼稚園」が誕生した。これが、フレーベルが「**幼稚園の父**」と称される所以である。

一方、「保育所」の始まりは、産業革命期のイギリスの社会主義者、教育家であ る**オーエン**（Owen, R. 1771-1859）の教育思想にみることができる。彼は近代幼児教育実践の先駆者として、自らが経営する紡績工場内に「**性格形成学院**」という教育施設を付設し、無償で教育を行なった。その教育方針は、友愛と協同の精神に基づき、教育内容は、自然と結びついた教育、実物による教育、ダンスや音楽が中心であった。

（6）ヘルバルト

「教授の無い教育などというものの存在を認めないし、逆に、教育の無い、いかなる教授も認めない。」

（ヘルバルト, 1806）

欧米では 19 世紀に国民国家の維持・発展を支えるための教育とそのための場所としての学校の重要性が高まった。19 世紀前半のドイツにおいて、学校教育の思想の土台を築いた人物が、ヘルバルト（J.F.Herbart, 1776-1841）である。ヘルバルトは、ドイツの参事官の家庭に生まれた。大学で哲学を学んだのち、ブルクドルフにいたペスタロッチを訪問し、大きな影響を受ける。その後、彼は大学教授となり、**『一般教育学』**（1806）を著し、教育の目的を倫理学に、教育の方法を心理学に求め、教育学の体系化を試みている。

彼は自らの教育論において、教育の方法を「管理」「訓練」「教授」の３つの側面から論じている。「管理」とは、ときには賞罰などを用いて、子どもの心情へ直接的に働きかけることである。「訓練」とは、直接的に働きかけるという点では「管理」と似ているが、子どもを道徳性へと向かわせようとする教師の意志に基づいて行われる点において、「管理」とは異なっている。「教授」とは、「管理」と「訓練」が子どもに直接的に働きかけることであるのに対し、教材を介して、間接的に働きかけることである。また、彼にとっての「教授」とは、「経験と交流」を通して行われる、人間としての教養や人格の形成に深く結びついた授業（＝「**教育的教授**」）を意味していた。

ヘルバルトは、具体的な「教授」について、「専心」（対象に没頭して深く入り込むこと）と「致思」（得られた知識を総合して意味を発見すること）という子どもの思考の流れに即した教え方が必要であると考えた。また、ヘルバルトは，熟達した教師はさまざまな状況に臨機応変に対応する力量を持っており、このような力量のことを「**教育的タクト**」と呼んだ。そして、「教育的タクト」の習得を科学的な手法によって準備することを目的とし、「明瞭—連合—系統—方法」という**四段階教授法**を提唱した。「明瞭」とは、個々の事物を明瞭に習得する段階であり、「連合」とは、明瞭にされた事物を既知の事物と比較する中で連合を生ずる段階である。「系統」とは、連合された事物を体系化する段階であり、「方法」とは、3つの過程を経て得られた事物をほかの事象に応用することである。このように、ヘルバルトが構想した教育的行為の法則化の試みは、ヘルバルト学派に受け継がれ、その後の学校教育における「教授」の形式的段階説の実用化へとつながっていった。

ツィラー（Ziller, T. 1817-1882）は、「分析–総合–連合–系統–方法」からなる五段階教授法を発案し、**ライン**（Rein, W.1847-1929）は、ツィラーの理論をさらに吟味して、「予備–提示–比較–総括–応用」からなる五段階教授法を開発した。これらの教授法は、どのような教科内容でも、一定の段階を踏むことによって教授活動が可能であるという点において、学校教育に関する有用な知識であるとして歓迎された。ヘルバルトの教授法は、日本においても明治20年代、近代教育の確立という国家的要請のもとで積極的に導入された。

○日本の近世から近代にかけての教育

日本は明治維新以降、欧米モデルの近代学校教育を急速に進展させた。その背景には、前近代としての江戸時代における教育思想の影響があると言われている。江戸時代における教育は、庶民の手習い塾「寺子屋」で実践された。民間の初等教育機関である「寺子屋」では、師弟関係と前提とし、学習者の学習進度、必要とする実用的知識の程度に応じて「自学自習」する形で学習が進められていた。

その後、1872年に「学制」「学事奨励に関する被仰出書」が公布されて以降、身分、階級、性差を越えて共通の文化を伝達する国民教育システムが形成される。そして、教育内容が国家によって定められ、「学級」が編成され、一斉授業の授業様式が導入されることにより、「手習い塾」から「近代学校教育」への移行をとおして、個人・子ども中心から国家・教師中心へと転換していった。

明治末から昭和初期にかけては対象デモクラシーを背景として教育改革運動（大正自由教育）が起こり、欧米の教育思想に学びながら、個性尊重、自学主義、敬虔主義等の考え方が師範学校附属小学校や私立学校を中心に広がりをみせた。
　ここでは、江戸時代と日本の教育の近代化に影響を与えた代表的な教育思想家を取り上げる。

(1) 貝原 益軒

「人生まれて学ばざれば生まれざると同じ。学びて道を知らざれば学ばざると同じ。知って行うこと能わざれば知らざると同じ。」（貝原益軒, 1714）

　貝原益軒（かいばら　えきけん　1630-1714）は、筑前国（現在の福岡県）福岡藩の朱子学者である。万学の知識に通じ、教育・経済・歴史・薬物学など多方面の書物を記し、「日本のアリストテレス」と称されている。彼の著作『**和俗童子訓**』(1710)は、日本で最初の体系的な教育論と言われている。儒教思想に基づきながら、子どもの発達段階に即した教育法を説き、人間形成における環境の役割、模倣と習熟による身体知の獲得を重視する教育思想を提唱した。当時、広く庶民のあいだで読まれ、儒教的な子育て教育観を普及する役割を果たした。上記の言葉は、彼の豊富な人生経験を踏まえて書き綴られた『慎思録』（1714）に記されたものである。

(2) 福沢 諭吉

「天は人の上に人を造らず人の下に人を造らず。」
(福沢諭吉, 1872)

　日本の教育の近代化に影響を与えた福沢諭吉（ふくざわ　ゆきち　1630-1714）は、豊前国（現在の大分県）中津藩の下級武士の家に生まれた。緒方洪庵のもとで蘭学を学び、江戸時代に蘭学塾を開いた。明治維新前、３回にわたる欧米への渡航経験をもとに、『西洋事情』（1866-1870）を出版する。そして、1872 年には新しい時代における学問の重要性を説いた『**学問のすゝめ**』（1872）を出版する。彼は、人間は生まれながらに貴賤上下の別なく平等であり、それゆえ個人は自分で判断し、生計を立てるという独立自尊の精神をもたねばならない。よって身をたて世に出るために必要な実学を身につけなければならない（＝**立身出世**）と説いた。彼の教育思想は、西洋思想に学び、教育を通じての立身出世と、社会・国家の発展の両方を調和的に実現することを目指すものであった。

4. 現代の教育思想家たち

19 世紀後半から 20 世紀初頭にかけて世界各地で多様な教育改革運動（＝「新教育運動」）が展開された。それぞれの教育思想家たちの思想や実践には特徴があり、様々な点で違いがあるが、子どもの興味・関心・経験などを重視する「子ども中心主義」に共通性が見られる。例えば、スウェーデンの教育学者**ケイ**（Key, E.K.S. 1849-1926）は、20 世紀は子どもが中心となる世紀であるとして、**『児童の世紀』**（1900）を著している。彼女はまた、「国民国家」と「家父長制家族」という二つの抑圧装置から子どもを解放することを目指し、学校の目的を、「学校がなくてもすむ社会をつくることである」と述べている。

また、子どもの自発性と感覚教育を重視し、子どもの発達段階に応じた教具を用いた幼児教育法である「モンテッソーリ法」で知られるイタリアの医師教育家**モンテッソーリ**（Montessori, M, 1870-1952）は、ローマに「子どもの家」をつくり、障がい者の治療教育の研究成果を子どもの教育実践に応用した。

（1）デュルケーム

「（教育とは）若い世代を組織的に社会化することである。」

（デュルケーム, 1922）

デュルケーム（Durkheim, É. 1858-1917）は、フランスを代表する社会学者であり、教育社会学の提唱者である。家系は敬虔なユダヤ教信者だった。大学卒業後、ドイツ留学を経て、大学教授となり、『社会分業論』（1893）、『自殺論』（1897）等を出版した。のちに、今日の教育思想にも大きな影響を与えている**『教育と社会学』**（1922）、**『道徳教育論』**（1925）を出版した。

これまでの教育学は、実践哲学やキリスト教的な考え方と深く結びついていたが、デュルケームは教育の目的を、社会に適合的な能力や判断、行動のパターンを子どもに身につけさせること（＝子どもの社会化）であるとし、新たに社会学と結びついた「教育科学」を提唱した。また、子どもが最初に経験する社会集団は家族であるが、地域や国、国際社会という社会集団とは落差が大きいため橋渡し役としての学校が必要になる。学校では、現代社会と関わりながら個人としてどうあるべきかという「道徳性」を涵養し、「公共性」を形成することが重要となると述べている。

（2）デューイ

「教育とは、経験の意味を増加させ、その後の経験の進路を方向づける能力を高めるように経験を改造ないし再組織することである。」（デューイ, 1899）

デューイ（Dewey, J. 1859-1952）は、アメリカを代表する教育者、哲学者であり、教育改革運動の提唱者として重要な人物の一人である。アメリカに生まれた彼は、食料品店を営む父親と熱心なキリスト教信者の母のもとで育つ。少年時代は、新聞配達や農場の手伝いなどをして小遣いを稼いでいた。地元の大学を卒業した後、シカゴ大学などで大学教授を務めるとともに、1896 年に妻と一緒に実験学校（＝シカゴ大学附属小学校）をつくり、その経験を**『学校と社会』**（1899）にまとめた。彼は、この著作で広く世に知られることになった。

実験学校は、子どもたちが一定の決められた課題を机の上で学んでいくところではなく、子どもたちの活動的な仕事（＝**オキュペーション**）が中心となり、生活と結びつき、子どもが生活する場所であった。教室には、「一斉授業」で用いられる黒板、チョーク、教科書ではなく、作業台と道具が用意された。そして、学習者が、自らの生活体験の中から問題を発見し、実践的に解決していく、**問題解決学習**を提唱した。授業においては、子どもが中心となり、その周りに教育についての装置が組織され、教師は、子どもの学習を援助し、学び合いを促進する役割があると説いた。

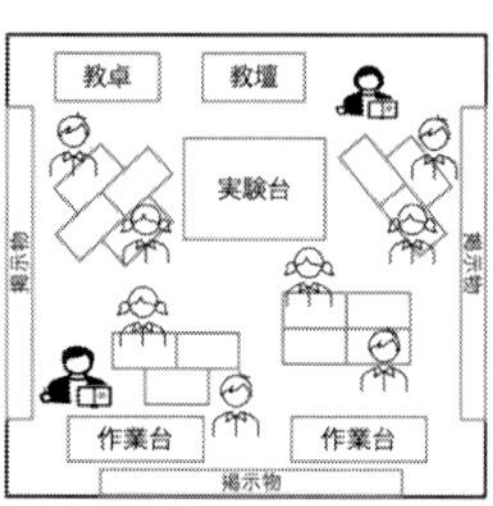

◎問題解決型の教室イメージ

デューイの教育思想は、経験による学習を重視し、「**なすことによって学ぶ**」（Learning by doing）」という原理に基づくことから、**経験主義**と呼ばれている。また、実験・経験から得られた知識を生活に役立てる道具とみなすことから**プラグマティズム**（実用主義）と呼ばれている。デューイが学校に求めたものは、「民主主義の萌芽」を育てる「新しい共同体」であった。

その後、デューイの教育理論は、次のアメリカの３人の教育学者、教育者に継承される。

まず、**キルパトリック**（Kilpatrick,W.H. 1871-1965）は、デューイの問題解決学習を具体化した目標設定・計画遂行・評価の段階を経て教授する「**プロジェクト・メソッド**」を提唱した。次に、**パーカースト**（Parkhurst,H.1887-1973）は、デューイとモンテッソーリの影響を受け、従来の学級単位の学習ではなく、生徒自らが設定した学習に基づいた「個別学習」を行う「**ドルトン・プラン**」を提唱した。そして、**ウォシュバーン**（Washburne,C.1889-1968）は、子どもたちの創造的な活動や社会的スキルの発達に着目し、カリキュラムを共通基礎科目と集団的・創造的活動に分類し、教科の特性によって学習方法を使い分ける「**ウィネトカ・プラン**」を提唱した。デューイの教育思想は、日本においても大正新教育運動の頃から「児童中心教育」として紹介されていた。

(3) シュタイナー

「子どもを畏敬の念で受け入れ、愛によってはぐくみ、自由のなかへ解き放つ」

（シュタイナー, 1922）

シュタイナー（Steiner, R. 1861-1925）は、オーストリア帝国（現在のクロアチア領）生まれの神秘思想家、教育思想家である。ウィーン工科大学において、数学・自然科学を学ぶとともにゲーテへの関心を深めている。彼の教育思想は、科学的・神秘体験を通じて精神世界を研究する人智学に基づいている。

シュタイナーは1919年にドイツで工場労働者の子どもたちが通う自由ヴァルドルフ学校で独自の世界観をもとにした教育実践を行った。この学校の特色としては、6歳から18歳までの12年間、子どもたちの発達段階に合わせた授業を行い、そのうち最初の 8 年間は、同じ担任教師のもと、同じクラスで学ぶ。また、教育実践の特徴として、音と言語を体の動きで表すオイリュトミー、直線・曲線など様々な線を多様な色で描いていくフォルメンの実践等が挙げられる。シュタイナー教育の目的は、芸術活動を通して自由を尊重し、自立を促す「**自由への教育**」である。上記の言葉は、彼が英国オックスフォード大学で行った連続講演の内容を紹介している“The Spiritual Ground of Education”（1922）に記されている。

(4) ニイル

「憎しみは憎しみを育て愛は愛を育てる。しかして、いかなる子どもも愛によらずして救われたためしがない。」（ニール, 1921）

ニイル（Neill,A.S.1883-1973）はイギリスの新教育運動の教育家である。スコットランドに生まれ、父は教師をしていた。14 歳で学校を卒業して以来、２年にわたり様々な職業を経験した後、見習い教師となる。その後、独学で大学に入学し、大学卒業後は出版業を経て、小学校の臨時校長となり、自由な教育の実践を志す。1921 年、ドイツの改革教育運動の影響を受けてドイツで新しい学園づくりに参画するが、財政難等のため、イギリスのサマーヒルの地に移り、「**サマーヒル・スクール**」として新たに出発する。ニールの学校は、「子どもを学校に合わせるのではなく、学校を子どもに合わせる」という教育理念のもと、子どもの自由を尊重し、生活や学習を規則などで縛らないという進歩的な計画を実践し、「世界で一番自由な学校」として知られている。上記の言葉は、教育における「自由」「自律」「自治」の重要性を説いた『自由な子ども』（1921）に記されている。

(5) フレイレ

「（問題解決型教育とは）意識の本質、すなわち意識の方向性に対応するもので、…双方向のコミュニケーションの存在を必要とする。…知識を認識させるための営みである。」（フレイレ, 1996）

フレイレ（Freire, P. 1921-97）は、ブラジルに生まれ、比較的裕福な公務員の家庭に育った。しかし、1930 年代の経済不況による貧困と学校に行けなくなった経験が彼のその後の社会運動につながっている。

フレイレは、**『被抑圧者の教育学』**（1996）において、教育は対話に基礎をおかねばならないという信念から始まり、すべての人が固有の人間として成長するために自ら貢献できるとし、「課題提起型教育」が本来の教育のあり方であると述べている。彼の教育論の基本原理として提起された「課題提起型教育」は、従来型の教育とされる「銀行型教育」とは異なり、教育内容や教育方法について教育者が決定するのではなく、学習者が抱えている問題に注目し、教育者と学習者がともに調査・研究を行い、課題解決していくものである。この「課題提起型教育」の目的は、新たな自己認識を創造すること、人々の中に新たな意識をもたらすことであった。また、彼は、識字教育の実践をとおして、人間の尊厳を尊重し、貧富の差、性別の違いに関わらず、学習者が文化の作り手になり、「沈黙させられている文化」を克服することができると述べている。彼の教育実践から「**エンパワメント**」という言葉が生まれたと言われている。

(6) イリイチ

「学校教育の基礎にあるもう一つの重要な幻想は、学習のほとんどが教えられたことの結果であるとすることである。」（イリイチ, 1971）

イリイチ（Illich, I. 1926-2002）は、オーストリア生まれの哲学者、社会評論家、文明批評家である。彼の教育思想は、コメニウス以来の近代学校のあり方を根本的に批判している。彼は、**『脱学校の社会』**（1971）を著し、学習は本来、自発的・自律的に行うことができる活動であるが、学校はそれを他律的な活動に還元してしまっていると述べている。

日本においては、1970 年代以降の校内暴力・不登校・いじめ等の学校教育をめぐる問題状況を背景に、彼の思想が注目されるようになった。彼の思想はこのような学校教育をめぐる問題状況について、学校教育が解決すべき問題ではなく、学校教育が生み出している問題であると捉え直す視点を私たちに提供してくれている。

おわりに

私たち人類は、長い歴史の中で、教育によって、さまざまな人の人生・生き方・考え方を学び、次の世代に伝えてきた。人間を深く理解するための方法は多様にあるが、その人が書いた文章、その人について書かれた文章、その人が生きた時代に関する文章を多角的に読むことを通して、その人をより深く・より豊かに理解することが可能となるだろう。

本章において、私たちは古代から始まり、現代まで様々な教育思想家たちと出会い、対話してきた。読者の皆さんには、本章で学んだことを手がかりに教育思想への関心を深め、自ら教育思想を学ぶ旅に出てほしい。そして、本章で出会った教育思想家たちの教育にする見方や考え方を通して、改めて現在の教育を問い直してみよう。

（石﨑　達也）

引用参考文献

① プラトン著・藤沢令夫訳『国家』（上・下）岩波書店、1979 年。

② アリストテレス・山本光雄訳『政治学』岩波書店、2000 年。

③ エラスムス著・沓掛良彦訳 『痴愚神礼讃 –ラテン語原典訳』 中央公論新社、2014 年。

④　コメニウス, J.A 著・井ノ口淳三訳『世界図絵』平凡社、1995 年。
⑤　コメニュウス, J.A.著・鈴木秀勇訳『大教授学』明治図書出版、1962 年。
⑥　フレーベル, F.著・荒井武訳『人間の教育』岩波書店、1964 年。
⑦　ペスタロッチ, J.H.著・長田新訳『隠者の夕暮・シュタンツだより』岩波書店、1993 年。
⑧　ルソー, J.J.著・今野一雄訳『エミール』岩波書店、1962 年。
⑨　ロック, J.著・服部知文訳『教育に関する考察』岩波書店、1967 年。
⑩　貝原益軒著・石川謙校訂『養生訓・和俗童子訓』岩波書店、1961 年。
⑪　貝原益軒著・伊藤友信訳『慎思録 –現代語訳』講談社、1996 年。
⑫　福沢諭吉著『学問のすゝめ』岩波書店、1978 年。
⑬　ケイ, E 著・小野寺信, 小野寺百合子訳『児童の世紀』冨山房, 1979 年。
⑭　デューイ, J.著・宮原誠一訳『学校と社会』岩波書店、1957 年。
⑮　デューイ, J.著・松野安男訳『民主主義と教育』岩波書店、1975 年。
⑯　シュタイナー,R.著・新田義之訳『オックスフォード教育講座：教育の根底を支える精神的心意的な諸力』、イザラ書房、2001 年。
⑰　ニイル, A.S.著・堀真一郎訳『新版 ニイル選集〈5〉自由な子ども』黎明書房、2009 年。
⑱　イリイチ, I 著・東洋, 小澤周三訳『脱学校の社会』東京創元社, 1977 年。
⑲　フレイレ, P.著, 三砂ちづる訳『被抑圧者の教育学』亜紀書房, 2018 年。

さらに理解を深めるために

⑳　今井康雄編著『教育思想史』有斐閣、2009 年。
㉑　教育思想史学会編『教育思想事典』増補改訂版、勁草書房、2017 年。
㉒　寺崎昌男編著『教育名言辞典』東京書籍、1999 年。

教育思想家たちのイラスト作成：高 夢衣

第４章

発見された子ども

―子ども観の変遷からみた教育の課題―

１．「子ども」だから教育が必要？

なぜ教育が必要なのかと問われたとき、あなたはどう答えるだろうか。おそらく、教育が必要なのはまだ「子ども」だからだという答えに、さほど違和感はないのではなかろうか。ところが、「子ども」を大人（一人前）にするために教育が必要だと社会で考えられるようになったのは、近代になってからである。

もちろん、それ以前のどの時代にも、年齢の若い人たちは常に存在していた。しかし近代以前の社会では、年齢の若い人たちは「子ども」ではなく「小さな大人」と考えられていた。例えば、西洋では子どもは「小さな大人」であり、教育は人間の生まれながらの本性を否定して神の意思に従わせるために行うものと考えられた。当時、若い人たちの多くは家族を離れ徒弟奉公に出て働いたが、奉公先では大人としての扱いを受けた。

現在のように、若い人たちが大人（労働）から隔離され「子ども」として教育されるべき存在となったのは、若い人たちに対する社会からの見方・考え方が近代化とともに大きく転換したからである。

(1) 近代に発見された「子ども」

「子ども」は「小さな大人」ではなく、自発的に成長する力を備え、純粋な可能性を秘めた存在である。このように「子ども」が大人と区別されるようになったのは、近代の人文主義（ヒューマニズム）思想の発展による。人文主義では、「子ども」はその本性によって自ら成長していく存在であり、特に幼少期においては、人間や自然との関わりにおいて発達が促進されるため、大人が教え込むことや、型にはめるような教育はできるだけ避けたほうがよいと考える。

こうした「子ども」の存在が典型的に描かれているのが、ルソー（Rousseau, J.J.：1712～1778）の小説『エミール』（1762）である[1]。『エミール』は、ルソーが自らを投影させて描いた父親が架空の少年エミールを大人になるまで育て上げる物語である。そのストーリーを通して、ルソーは「子ども」の生まれながらの本性を尊重し、「子ども」を大人と異なる独自の存在として扱うとともに、近代社会における人間形成のあり方を提案した。すなわち「子ども」は、ルソーによって発見されたと言ってもよい。当時の西洋社会は、いち早く大人社会のマナーやルールの習得が重視され、子どもに即した子育てが大切だとは思われていなかった。これに対してルソーは、子どもには子どもの自然があり、それに基づく固有な価値があるとして、子どもの成長に適した教育のあり方を示したのである。子どもの自然とは、人為的な社会によって汚されない、生まれながらの感覚と感情と理性の統一されたものである。ルソーは、子ども（および人間）の本性は「自然人」にあり、教育は子どもの自然（本来の姿）を回復する手段であると考えた。こうした子どもの感性的な知覚を大切にしたルソーの教育観は、「消極教育」と呼ばれている。

(2)　「子ども」を対象にしてきた近代教育学

ルソーの発見した「子ども」は、近代教育学の先駆者であるペスタロッチー（Pestalozzi, J.H.：1746～1827）をはじめ、フレーベル（Fröbel, F.W.：1782～1852）やデューイ（Dewey, J.：1859～1952）など、数々の教育思想家に大きな影響を与えてきた。

ルソーの合自然の原理をさらに発展させ、ノイホーフ、シュタンツ、ブルクドルフ、イヴェルドンなど、孤児院や貧民学校における自らの教育実践を通して独自の子ども観を提唱したのがペスタロッチーである。ペスタロッチーは、子どもは生来持っている内的な本性を内側から自然に即して成長していくため、子どもには、頭（知的能力）、心（道徳的能力）、手（技術的能力）の調和的な発達が不可欠であるとした。また、子どもはその直観や体験から認識を得るものであり、子どもに備わる本性は、実生活に即して開花される（「生活が陶冶する」）と考えた。

そのペスタロッチーから直接的な影響を受けたのがフレーベルである。フレーベルは、実際にペスタロッチーのもとを何度か訪ねており、思想的にも実践的にもペスタロッチーの考え方を継承し発展させている。フレーベルによれば、子どもは年齢に応じてその内発的自己活動を充実させるべきであり、教育とはすなわち子どもに内在する神性を開発することである。人間は神性を内在させており、それは特に子ども期の自発的な活動によって開花する。こうした自己活動の原理のもとでフレーベルによって創設されたのが、幼稚園（Kindergarten）である。

こうした「子ども」を対象に展開した近代教育学は、さらにデューイによる児童中心主義へと受け継がれていく [2)]。児童中心主義は、それまでの教師による教え込みから子どもの活動や興味を重視した自発的学習へと教育の転換を迫るものであった。デューイによれば、子どもが自分の興味や関心に沿って自ら問題を発見し、それを解決することが重要である。こうした理念のもと、デューイは自らの教育理論をシカゴ大学の実験学校（デューイ・スクール）において検証し、子どもは自らとそれを取り巻く環境との相互作用による経験を通して成長していくことを示した。

2. 子ども観をめぐる歴史的視座

「子ども」が発見された近代以降は、大人（社会）の描く「子ども」へのイメージをもとに子どもへの働きかけが行われるようになった。「子ども」は、そこに実在する生身の子どもではなく、歴史的ないし社会的に構成された観念である。こうして構成された「子ども」観について議論することで、近代教育学は、子どもの問題を子どもの本質から解釈するだけでなく、それを歴史的ないし社会的な文脈のなかで反省的に理解するようになったのである。

(1) 「子ども」観の変容

近代において「子ども」を発見したのはルソーであったが、その「子ども」への見方・考え方が歴史的にどう変化してきたのかについては、アリエス（Ariès, P.：1914～1984）の著書『〈子供〉の誕生』（1960）に詳しく描かれている。アリエスが注目したのは、家族の肖像画である。家族の肖像画が歴史的にどう変化しているのかを調べてみると、近代化に伴って「子ども」の描き方が少しずつ変化していることがわかった。すなわち家族の肖像画は、近代化とともに少しずつ子どもを中心とした構図で描かれるようになっている。このことから、近代以前の社会には、やはり大人と区別された「子ども」は存在せず、教育されるべき対象としての「子ども」という見方・考え方が西洋近代における家族形態の変化と学校制度の拡大とともに登場したものだということを示したのである。

こうした歴史的考察からわかるのは、「子ども」はいつの時代にもどこの地域でも見ることのできる普遍的な年齢段階などではなく、歴史的に構築され社会的に共有された観念だということである。したがって、近代における「子ども」の発見は、それまでは何の疑いもなく子どもから大人へ移行できていたのが、近代なって子どもと大人との間に大きな差異が生じてきたことを意味する。その結果として「子ども」を未熟な存在として大人から区別し、それを教育すべき対象として特徴づける必要性が生じたのである。

(2)「子ども」はもういないのではないか？

アリエスが指摘したように、「子ども」が歴史的、社会的に構成された観念であるとすれば、時代や社会の条件が変化するにつれて「子ども」への見方・考え方も変化していくということになる。実際、アメリカでは1970年代に、わが国では1980年代に、これまでのような無垢な「子ども」といったイメージが崩壊しようとしていた。つまり、生身の子どもたちは無垢でも純粋でもなく、例えば、大人の権威が失われると、大人に向けて成熟することにもはや価値を感じなくなり、「子ども」を従来のイメージでは理解できなくなったのである。

こうした子ども観の変容を描いたのが、ポストマン（Postman, N.：1931～2003）の著書『子どもはもういない』（1982）である。ポストマンは、1970～80年代のアメリカにおける「子ども」の変容に注目し、近代に発見された「子ども」という観念は、現代においてはもはや消滅してしまったのではないかと述べた。近代の「子ども」は、印刷術の登場とともに誕生し、印刷機の発明によって子どもに読み書き能力を習得させる必要性が生じ、その結果として「子ども（期）」という大人から区別された特別な時期が生み出された。具体的には、読み書きできる大人とそれができない子どもとの間に情報の格差が生まれ、その格差を埋めるために子どもに読み書き能力を向上させることが求められるようになったというわけである。ところが、テレビをはじめとする映像メディアの登場によって、子どもたちは読み書きの能力が不十分であっても数多くの情報を得ることができるようになった。つまり、活字文化（新聞や雑誌など）は、情報格差を通して大人と子どもの差異を生み出したが、その後の映像文化（テレビやビデオなど）の発達によって、子どもも大人と同様にあらゆる情報を入手できるようになったことから、大人の失敗を子どもが知り、大人の秘密を子どもが知るようになった。こうして次第に大人と子どもの区別が不明瞭になっていくにつれて、もはや「子どもはいなくなった」のではないかと主張したのである。

このように情報技術やメディアなどの発達とともに大人と子どもの区別が曖昧になっているといった事例は、現代でもあちこちで見られる。例えば、かつて大人は活字本を読み、子どもはマンガを読むという光景が見られたが、現在では大人が堂々とマンガを読んでいる。またテレビゲームが登場して間もない頃には、子どもが長時間テレビゲームをすることに大人は批判的であったが、いまや大人と子どもが家庭の中で一緒にゲームを楽しむことは珍しくない。さらに言えば、パソコンや携帯電話、とりわけタブレット端末やスマートフォンの急速な発達と普及により、いまや子どものほうが大人よりもはるかにその操作能力に長け、インターネットに接続されたネットワークを駆使して膨大な情報を得ている状況にある。もはや教育されるべき対象としての「子ども」は、いなくなったのではないだろうか。

(3) 「子ども」は「自己創出的システム」ではないのか？

「子ども」という観念が歴史的、社会的に構成されたものだというアリエスやポストマンの解釈を踏まえつつも、これまでの教育学で想定されてきた「子ども」は、あまりにも単純化されすぎていないかと指摘したのが、ルーマン（Luhmann, N.：1927〜1998）である。ルーマン（1987）は、従来の教育学は「子ども」を、人間が人間を操作し変容させるという近代教育学の前提のもとで、ひとつの「規則（プログラム）」に従い、ひとつの特定の「インプット」に対してひとつの特定の「アウトプット」を産出するような「単純な機械」として想定してしまっていることを示した。そうなると「子ども」は、科学的な真理、普遍的な正義、社会的な道徳といった知見が凝縮された「プログラム」（カリキュラム）に基づいて「インプット」（問い）に対する「アウトプット」（答え）を出す存在として解釈されることになる。ところが生身の子どもは、それぞれ自らの行為において常に個別的で瞬間的で推移的な反応を示すものである。もし何らかの機械が生身の子どものように個別的で瞬間的で推移的な自己を持っているなら、それはもはや機械と呼ぶには不適切である。このようにルーマンは、生物学で生まれた自己創出の概念を社会の機能的記述に援用するという自らの関心に基づいて、「子ども」を「単純な機械」として観ることの限界を指摘し、自己を自ら変化させながら環境に適応させるシステムとして、すなわち常に個別的で瞬間的で推移的に自ら反省（自己言及）しながら自らの学びを進める「自己創出的（オートポイエティックな）システム」として「子ども」を描いたのである。

３．「子ども」を観る文化の違い

「子ども」をどう観るかは、歴史的ないし社会的な文脈だけでなく、その生命観を支える精神風土、すなわち文化によっても大きく異なってくる。実際、わが国の「子ども」は西洋のそれとは異なる性格を備えている。例えば、自立した個として育てられる西洋の若者たちは、18 歳を越えるとほぼ例外なく親から独立し、親と離れて暮らすことが当たり前となるが、わが国の若者たちは、学校を卒業してもなお親と同居し、基礎的生活条件を親に依存する事例が数多く存在する。こうした違いは、まさに子ども観をめぐる文化の違いとして理解できる。

(1) 西洋から観た「子ども」

キリスト教の影響を受けた西洋の伝統では、人間は神の創造物であると考えられている。その西洋において「子ども」は、罪深い存在であるとされ、したがって子どものもって生まれた本性を否定し、神の意思に従わせるのが教育であると考えられた。まさに「鞭を惜しめば子を損なう」のである。

こうした子ども観は、近代化に伴う人文主義思想の展開によって次第に変化していくこととなった。すなわち近代の「子ども」は、その内在する本性を発達させる存在として解釈されるようになったのである。こうして「子ども」は、親の所有物でもなく国家の服従者でもない「個」として理解されるようになる。その結果、子どもの本性の展開が尊重されるとともに、子どもは「伸びる（成長する）対象」となり、その内面に働きかける技術の発展が望まれるようになったのである。

(2) わが国の子ども観

わが国においては、西洋のような絶対的な一神教はなく、むしろ人間には霊魂が宿り、その死後にはその霊魂が「あの世」に帰り、さらにまた別の命に宿って生まれ変わると考えられていた。いわゆる祖霊信仰および輪廻転生の考え方である。さらに言えば、わが国の社会には、子どもを親の付属物とする子宝思想が見られる。子宝思想とは、子どもは親の宝物であるという観念であり、親は自分の宝物である子どもに何をしてもよいということである。こうしたわが国の子ども観は、外国人には奇異に見えるようだ。実際、19 世紀前半にわが国を訪問した外国人が、日常の中で子殺しが存在しながらも、他方でこれほど子どもを大切にする国民はいないと語っている。これらの事例からも、わが国の子ども観にも文化的特徴が含まれていることが垣間見えるだろう。

4. 現代社会の「子ども」をどう観るか？

現代社会は、近代化および産業化、そして情報化やグローバル化、さらにはデジタル化といった流れの中で、ますます複雑化しており、価値観の多様化が進んでいる。当然、子どもに対する見方・考え方もますます多様化している。こうした現代の複雑化する社会では、子ども観についての議論がよりいっそう大切になる。というのは、大人が「子ども」をどう観るかによって、実際の子どもへの働きかけだけでなく、学校での教師と生徒の関係や学校観から教育観に至るまで、自らの立ち位置が決まってくるからである。

現代における子ども観を大雑把に分類してみると、次の４種類に理念化することができる。すなわち、①子どもを「かけがえのない花の種」とみる立場、②子どもを「大人になる希望の仲間」とみる立場、③子どもを「ぐ～んと伸びる学習者」とみる立場、④子どもを「自己意識の高いオレ様（特別な私）」とみる立場である。

(1) 「子ども」は「かけがえのない花の種」

まず、「子ども」を「かけがえのない花の種」だとする子ども観である。この立場では、子どもには必ずその子なりの生きる意味があり、どの子も将来に立派な花を咲かせるべき花の種であると考える。こうした子ども観は、子どもに備わる本性を実生活に即して開花させるという近代当初の子ども観に通じるものがあるが、現代におけるこの立場の典型例が、「夜回り先生」という異名をもつ水谷修である。

水谷（2004、p.32）によれば、「子ども」はみんな「花の種」である。どんな花の種でも、植えた人間がきちんと育て、時期を待てば、必ず花を咲かせる。これは「子ども」もまったく同じで、親や学校の先生、地域の大人たちやマスコミを含む社会すべてが、慈しみ、愛し、丁寧に育てれば、子どもは必ず美しい花を咲かせてくれる。もし花を咲かせることなく、しぼんだり枯れたりする子どもがいれば、それはまぎれもなく大人のせいであり、子どもはその被害者である。

水谷は、自分が夜間高校教諭のときに生徒指導の一環として始めた夜のパトロール（夜回り）を通して、夜の街では昼の世界で親や先生に認められず傷つけられた子どもたちが愛に飢えて浮遊していることを指摘した。そのうえで彼は、こうした「夜眠れない子どもたち」に声をかけ、また寄り添うことでひとりでも多くの子どもたちが大人（社会）への信頼を取り戻し、自分らしく生きていけるよう支援してきた。

こうした子ども観のもとでは、「教師」は「花の種」の開花に向けて救いの手を差し伸べる「支援者」であり、「学校」は「花の種」が開花するための「水分や栄養（愛や承認）を与える場」である。この文脈において「教育」とは、まさに「花の成長を支援すること」である。

(2)「大人の仲間」としての「子ども」

次に、「子ども」を「大人になる希望の仲間」とする子ども観である。この立場では、子どもは将来必ず大人の仲間入りをする存在であり、大人にとっては希望の存在であると考える。例えば、子どもたちに対して「私は君たちの仲間だ」とか「このクラスはみんな仲間だ」など、仲間や集団の絆を軸に「子ども」をとらえる考え方は現在でも数多くの場面で見られるが、こうした集団内での絆や関わりを重視した子ども観を持つ典型例が、「ヤンキー」と呼ばれた元高校教師の義家弘介である。

義家は、中学時代から不良で高校を退学処分になるが、その後に高校中退者を全国から受け入れるとした北海道の私立高校へ転入する。高校卒業後、交通事故で生死をさまようが、高校時代の恩師の看病もあって奇跡的に回復した。そのときに恩師と同じ教師の道を目指すことを決意し、母校の教壇に帰ってきたのである。この模様は、テレビドラマ化されるなど、社会に大きな反響を巻き起こした。

義家（2003、p.345）によれば、必要なのは、心ある大人たちが子どもたちと必死に寄り添い、そして格闘し、子どもたちの無限の可能性を秘めた心を揺さぶり続けながら、彼らの芽を引き出していく。そんな中で、大人たちは子どもたちの成長に「希望」を見出し、子どもたちもまた自らの明日に「夢」を抱きながら、未来に向かって進んでいくことである。

親や教師から認められず傷ついた子どもたちに救いの手を差し伸べるという点では、先述の水谷（夜回り先生）とよく似ているが、義家は「子ども」を自分の「仲間」とみる。彼にとって、生徒たちは「俺の夢」であるとしながらも、真剣に正面から向き合い、ともに心をぶつけ合うことで絆を深め、お互いの夢や希望を共有する「仲間」である。言い換えれば、彼にとって「子ども」とは、自分の殻を打ち破り、集団の中で揉まれ、あがき、多くの失敗を繰り返し、多くの喪失に涙しながら、それでも必死に寄り添いながら歩み続ける「仲間」なのである。

この立場のもとでは、「教師」とは、仲間（子ども）たちの絆に支えられながら情熱を持って希望を与える「熱血的リーダー」であり、「学校」とは子どもたちが自分の殻を打ち破り、集団の中で揉まれながら「仲間との絆を育んでいく場」である。この意味において「教育」とは、まさに友だちとの絆を深めること、すなわち「仲間意識の醸成」である。

(3)「子ども」は「ぐ〜んと伸びる学習者」

そして、「子ども」を「ぐ〜んと伸びる学習者」とする子ども観である。子どもたちは「未熟である」がゆえに「大人になる」ための勉強をしなければならない。とりわけ学齢期の子どもたちに重要なのは、一生懸命に勉強して学力を上げることである。このような考え方に違和感を持つ人は現代でもさほど多くはないであろう。こうした子ども観の典型例が「百マス校長」として有名となった陰山英男である。

陰山（2002、p.21）によれば、子どもは「ぐ〜ん」と伸びる存在であり、そのためには子どもたちに「伸びたことからくる自信」を持たせることが重要である。読み書き計算をはじめとした基礎基本の徹底反復を実践するのは、そこで力をつけた子どもたちが、自信を持ち、より高度な課題に向かって自ら努力を始めるからであり、そうした事実を子どもたちの中に発見したからである。立場の違いによっては、読み書き計算の反復練習が子どもの豊かな学びを奪うのではないかという批判もあるが、陰山は、揺るぎなき基礎が多様性に転化するからこそ、基礎基本が大切であると反論する。学校は勉強するところであり、学校が知育を中核として子どもの健全な成長を期し、健康や生活は家庭や地域が責任を持つべきものである。こうした立場から彼は、兵庫県の小学校の教諭時代に反復練習で基礎学力の向上を目指す「陰山メソッド」を確立し、その後の尾道市の小学校での校長時代にはそのメソッドをさらに洗練させ、学校現場での実践の改善に大きな影響を与えてきた。

この立場からみれば、「教師」とは、どうすれば子どもの学力が「ぐ〜ん」と伸びるのか、その指導法を絶えず工夫する「学びのコーチ」であり、「学校」とは、学力を保障しながら次の学びに向けた意欲を喚起する「学びの場」である。そして「教育」とは、まさに子どもの「学力向上」である。

(4)「子ども」は「自己意識の高いオレ様」

さらに、「子ども」を「自己意識の高いオレ様」化した存在とする子ども観である。現代の学校では、子どもたちはただ教室で席に座っていたくないという理由で自由気ままに立ち歩き、動き回っている。いくら教師が注意しても、またその子を理解しようと努力しても、まったく歯が立たない。こうした状況を、河上（1999）や諏訪（2009; 2005）は、子どもたちはもはや「生徒」であることをやめ、教師や大人と「対等な人間」として「オレ様」化していると観たのである。河上や諏訪などを擁する「プロ教師の会（埼玉教育塾）」の教師たちは、「新しい子ども」として「自己意識の高いオレ様」の登場を指摘している。

「オレ様」化とは、子どもが自分を絶対視し、他者の存在を忘れ、教師を翻弄するようになった事態を指す。具体的には、他人を受け入れず固くて狭い自我を持った子どもたちが大量に登場し、周囲や学校に合わないとすぐに「自分（オレ）」を正当化して学校を辞めてしまう。教師が説得を試みても「オレには必要ない」と言って応じようとしない。周囲や社会と調和しようとする努力をしないで、まず「自分（オレ）」を選んでしまうのである。

諏訪（2005、p.36-62）によれば、戦後の「子ども」は「農業社会的な子ども」から「産業社会的な子ども」を経て「消費社会的な子ども」へと変容したという。「農業社会的な子ども」とは、共同体的な精神風土と人間関係を強く抱え込んでいた子どもたちである。また、そうした共同体的なものからほぼ離脱した中で生きているのが「産業社会的な子ども」である。さらに最近では、共同体的なものがほぼ消滅しつつある現代の「消費社会的な子ども」が大量に出現している。例えば、授業中の私語をめぐる「子ども」の変容は、次のように説明される。授業中の私語はいつの時代にも問題視されるものであり、授業中の私語そのものは珍しいものではない。ところが、教師が私語を注意したときの反応は、これらで大きく異なる。すなわち、教師が全体に向かって「うるさいよ」と言えば、「農業社会的な子ども」の教室ではほぼ全員が静かになっていた。また「産業社会的な子ども」の場合、一部の生徒の私語を特定して注意すれば、それ以外の生徒の私語もなくなった。その一方で、「消費社会的な子ども」と呼ばれる現代の子どもたちは、他の生徒が注意されても自分の私語とは関係ないと思って私語をやめず、自分が直接注意されても、私語をしていないと言い張ったり、居直ったりするというのである。

こうした「オレ様」化した「子ども」（さらにはその背後にいる「モンスター」ペアレント）の出現によって、いまや教師は「教師」として認めてもらうことすら困難な状況となっている。こうした状況の中で、学校を「オレ様」や「モンスター」

に合わせようとすれば、もはや「学校」や「教育」そのものが成立しなくなってしまう。

5．子ども観の変遷からみた教育の課題

最後に、子ども観の変遷を踏まえながら、これからの教育の課題について考えてみたい。ルソーの発見した近代初期の「子ども」は、抑圧を取り除き自由にすれば自然によくなっていく存在であった。その子ども観がペスタロッチーやフレーベル、デューイなどに受け継がれ、子どもの自発的な活動や興味に基づく児童中心主義の基盤となった。また、こうした「子ども」の発見とその認識の変化は、アリエスの歴史的な考察を通して学問的に示された。その一方で、その後のポストマンにより、実際の子どもたちはもはや無垢で純粋な「子ども」ではなく、むしろ子どもと大人の区別が困難になり、「子どもがいなくなった」ことが指摘された。さらに、グローバル化やデジタル化の進展とともに価値観も多元化する現代社会では、「子ども」に対する見方・考え方もますます多様化してきている。

こうした現代の状況において、教育の課題は、これまでの子ども観を踏まえながらも、大人たちが目の前にいる子どもとの実際の関わりを通して、現代の「子ども」を理解するための新たな枠組みを絶えず社会に提案することであろう。「子ども」のイメージは、どの時代や社会にも通用するような普遍的なものではない。それゆえルソーが主張するように、子どもの本質を善として子どもへの抑圧を取り除いたとしても、現代の子どもは必ずしも「自然に」成長していくわけではない。また、大人たちは、それぞれが自分で望ましいと考える「子ども」のイメージを設定し、そのイメージに照らして現在の子どもの状況を批判したり、あるいは自分の子ども時代の経験をもとに現在の子どもを評価したりすることになりがちである。しかし、それでは現代の「子ども」を本質的に理解することにはならない。したがって、従来の子ども観ではとらえきれなくなった現在の子どもをよく観察し、それらの理解を可能にしてくれる新たな「子ども」観の構築が、今後の教育を構想するうえでも極めて重要となってくる。

【注】

1）『エミール』は、ルソーによる教育論であり、本書には「教育について」という副題がついている。本書は全体的に、自分が仮にエミール（想像上の男児）を

預かったとして、その子をどう教育していくかというモチーフでストーリーが展開されている。実際、主人公エミールの誕生から結婚まで、ひとりの家庭教師がその子の発達段階に応じて教育するプロセスが具体的に描かれている。その背景には、当時のフランスの知識偏重、大人中心の教育観があり、ルソーは『エミール』を通してそうした当時の考え方を批判し、子どもの感性を重んじる自然の教育を主張した。「創造主の手を離れるときはすべてが善いが、人間の手にかかるとすべてが悪くなる」という彼の一文に象徴されるように、ルソーは合自然的な消極教育の必要性を説いた。『エミール』には、近代教育思想の中心的課題のほとんどが含まれており、その意味で本書は、現代の児童中心主義的教育思想の源流をなしている古典的名著である。

2）児童中心主義とは、子どもの自然的本性を尊重する立場から、教育における子どもの興味や自発性の原理を重視する考え方である。これは、子どもを受動的存在とみなして教科書や教材を教え込もうとする教師中心主義的な教育に対する批判から生じたものであり、いわば教育の中心を教師から子どもへ転換させようとするものである。まさに「教育におけるコペルニクス的転回」（デューイ）である。この思想のルーツはルソーの自然主義にまで遡るが、その主な教育運動としては、20世紀初頭のドイツにおける「児童から」の運動、エレン・ケイやモンテッソーリの実践、デューイらによるアメリカの新教育運動などが挙げられる。

（卜部　匡司）

【参考文献】

①Ariès, Ph. L' Enfant et la Vie familiale sous l' Ancien Regime. Paris 1960.（＝杉山光信、杉山恵美子訳『〈子供〉の誕生－アンシャン・レジーム期の子供と家族生活』みすず書房、1980年）。

②卜部匡司「『子ども』へのまなざし－子ども観の変遷からみた教育」金龍哲編『教育と人間と社会』協同出版、2012年、50-62頁。

③陰山英男『「読み・書き・計算」で学力再生（新訂増補版）』小学館、2002年。

④河上亮一『普通の子どもたちの崩壊』文藝春秋、1999年。

⑤諏訪哲二『自己チュー親子』中公新書ラクレ、2009年。

⑥諏訪哲二『オレ様化する子どもたち』中公新書、2005年。

⑦Postman, N. The Disappearence of Childhood. New York 1982.（＝小柴一訳『子どもはもういない－教育と文化への警告』新樹社、1985年）。

⑧水谷修『夜回り先生』サンクチュアリ出版、2004 年。
⑨義家弘介『ヤンキー母校に生きる』文藝春秋、2003 年。
⑩Luhmann, N. Soziologische Aufklärung 4. Opladen 1987.

第5章
教育課程
―編成の原理とカリキュラム・マネジメント―

教育課程とカリキュラムは同義ではない。カリキュラム（curriculum）の語源は、ラテン語で「走るコース、走路」を意味するクレレ（currere）に由来する（佐藤，1996）。現在でも英語圏で、履歴書のことを「カリキュラムヴィーティー（curriculum vitae）」というように、カリキュラムには「その人が経験してきた履歴、背景」という意味が含まれる。カリキュラムは、第二次世界大戦後にアメリカから入ってきた概念で、日本では翻訳語として「教育課程」という言葉が用いられてきた。日本の学校教育において「教育課程」は「学校教育の目的や目標を達成するために、教育の内容を児童の心身の発達に応じ、授業時数との関連において総合的に組織した各学校の教育計画である」と定義され（文部科学省，2017）、その基準は「学習指導要領」として示されている。しかし、「教育課程」という翻訳語は、元来カリキュラムがもっていた意味からずいぶんとその範囲を狭めてしまった。広義のカリキュラムは、事前に作成される教育計画にとどまらず、学習者の学びの経験や教授活動に対する教員の価値観や構え、あるいは教育目標にアプローチする姿勢などを含んだ概念として捉えられている。現行学習指導要領（文部科学省，2017）において、新たに「カリキュラム・マネジメント」という概念が導入されたが、これは「教育課程」という狭義のカリキュラム概念からの拡大を企図したものと考えられる。

本章では、カリキュラムについてその多様な捉え方を踏まえたうえで、学校改善を目指す不断の営みとしてのカリキュラム・マネジメントに関する考え方を概観する。

1．さまざまなカリキュラムの類型

(1) 顕在的カリキュラムと隠れたカリキュラム

顕在的カリキュラム（マニフェストカリキュラム；manifest curriculum）とは、

学校教育目標にそって、意図的で計画的な教育課程に基づいて行われるカリキュラムのことである。例えば、学習指導要領に示された教育課程は、教育計画として明示されたカリキュラムであり、顕在的カリキュラムということができる。各学校が学習指導要領を基準として編成する各学校の教育課程も然りである。しかし、子どもたちが学校で学習しているのは顕在的カリキュラムにとどまらない。子どもたちは、教える側が計画した以上のものを暗黙裡に学習している。これを隠れたカリキュラム（ヒドゥンカリキュラム；hidden curriculum）という。隠れたカリキュラムには、学校や学級の人間関係、雰囲気、風土、伝統、制度、行動様式 等が含まれる。また、学級の雰囲気に大きく影響を及ぼす存在として教員が挙げられるが、教員の児童生徒に対する直接的な指導行動や態度とともに、教員の教育観および価値観、児童生徒に対する認知、教員の人間的な雰囲気などによって形成される非言語の影響は隠れたカリキュラムと捉えてよいだろう。つまり、カリキュラム・マネジメントにおいては、顕在的カリキュラムのみを検討するのでは十分とは言えず、子どもたちへの潜在的な影響力を考慮する必要がある。

(2) カリキュラムの 3 つの側面

IEA（国際教育到達度評価学会）が用いているカリキュラムの概念に着目すると、カリキュラム・マネジメントが動的なものであることが理解できる。IEA では、教育機会が児童生徒にどのように提供され、児童生徒がその機会をどのように利用し、どの程度目標が達成されるかを考えるうえで、広義のカリキュラム概念を用いている。このモデルには 3 つの側面がある（表 1）。

表 1　The TIMSS curriculum model（Mullis et al., 2001）

意図したカリキュラム（intended curriculum）	国家または自治体の教育制度の段階で決定された教育的文脈（目標・内容・方法）
実施したカリキュラム（implemented curriculum）	学校、教員、学級の段階で決定された教育的文脈
達成したカリキュラム（attained curriculum）	児童生徒が獲得した成果および内容

1 つめは、「意図したカリキュラム」である。これは、社会が要請する児童生徒

に身につけさせたいこととその学習を促進するために教育制度がどのように組織されるべきかを表している。国家が定める学習指導要領や各自治体が作成する教育指針などはこれに該当する。2つめは、「実施したカリキュラム」である。教室で実際に教えられていること、それを教える教員の雰囲気や態度の特徴、そしてその教え方である。各学校が定める教育課程と個々の教員の教え方がこれに該当する。3つめは、「達成したカリキュラム」である。これは実際に児童生徒が学んだことは何か、児童生徒が何をどのように捉えたかという成果である。

教育課程の編成には、3つの側面からの視点が必要となる。幸福で持続可能な社会の形成にはどのような学習が重要であるのかという意図されたカリキュラムからの視点。また、意図したカリキュラムをどのように解釈してどのように具現化するのか、児童生徒の実態や教育環境を考慮してどのように学習を提供するのかという実施したカリキュラムからの視点。最も重要なのは、実際に児童生徒が何を学んだのか、どのような資質・能力を身につけたのかという達成したカリキュラムからの視点である。カリキュラム・マネジメントにおいては、これら3つの側面から絶えず改善を図る姿勢が求められるのである。

2.カリキュラム編成に影響を与えた考え方

「カリキュラム」と「教育課程」の関係をここで整理しておきたい。奈須（1998）によるカリキュラム概念に、IEAのTIMSSカリキュラムモデルを加えると以下のように整理することができる（表2）。ここでは、カリキュラム編成に影響を与えた考え方をたどりつつ、顕在的カリキュラムである教育課程編成に必要な要件について考えることにする。

表2　カリキュラム概念の整理

<table>
<tr><td rowspan="3">カリキュラム</td><td>教科課程
学科課程</td><td>教科外課程</td><td rowspan="3">経験としてのカリキュラム
（達成したカリキュラム）</td></tr>
<tr><td colspan="2">顕在的カリキュラム（教育課程）
・意図したカリキュラム
・実施したカリキュラム</td></tr>
<tr><td colspan="2">潜在的カリキュラム
（隠れたカリキュラム）</td></tr>
</table>

(1) タイラー原理

アメリカの教育学者タイラー（Tyler, R. W.）は、教育する内容や方法がすでに決められたものとしてあるのではなく、教育には目標があって目標達成に向けた教育的経験を編成する必要があると主張した。タイラーは、教育課程編成の 4 段階を以下のように示している（Tyler, 1949）。

① 学校が達成すべき教育目標は何か。（適切な学習目標の設定）[1]
② これらの目標を達成するのに役立ちそうな学習経験をどのように選択すればよいか。（有用な学習経験の選択）
③ 効果的な指導のために、学習体験をどのように組織化できるか。（学習効果を最大化するための学習経験の組織化）
④ 学習経験の効果をどのように評価するか。（プロセスの評価と効果がなかった部分の修正）

この 4 段階は、タイラー原理と呼ばれる。タイラー原理は、教育目標の設定を出発点に置き、その目標に対応する教育評価を行うことを主張した点で、教育課程編成の合理的かつ実践的な手続きを示しており、教育課程編成の説明責任を果たす原理として画期的な意味をもっていた。

(2) ブルームのマスタリーラーニング（完全習得学習）論

タイラー原理に影響を受けたブルーム（Bloom, B. S.）は、「教育目標のタキソノミー（分類学）」を考案し、教育目標を　①認知領域　②情意領域　③精神運動領域の 3 つに分類した。認知領域は知識の理解と技術の習得に関する領域に、情意領域は態度や感情に関する領域に、精神運動領域は、運動協調、身体能力に関する領域であった。こうした教育目標の分類は、教育目標に質の違いがあることを示した点で教育課程の編成に大きな影響を及ぼしたといえる。

さらに、ブルームは設定した教育目標に照らして効果的に評価を行い、目標に到達した学習者に対しては発展的学習を、到達していない学習者には回復学習を行うマスタリーラーニング論を提唱した。マスタリーラーニングは、学習者の目標到達度を随時確認し、その到達状況に応じて必要な具体的指導を施し、最終的にすべての学習者にその学習を完全に修得させることを目指すものである。ブルームは効果的な評価として、以下の3つの評価を組み合わせることを提唱している。

① **診断的評価・・・**指導の前に実施する学習者の実態（興味や既有知識など）を把握するための評価のこと。それに合わせて目標を達成するのに最適な教材や教え方を選択する。

② **形成的評価・・・**学習指導の過程において実施する評価のこと。これまでの指導の結果、学習者にどのくらい学習の成果が見られるかを判断し、個々の学習者のつまずきを把握する。

③ **総括的評価・・・**授業、形成的評価、補習的指導を繰り返していき、学習指導の終了時において実施する評価のこと。学習者の最終的な学習到達度を判断する。

マスタリーラーニングでは3つの評価の中で特に形成的評価を重視する。指導者は、授業を進めていくなかで、学習者を注意深く観察したり、質問したり、あるいは簡単なテストを実施して、学習の状態を確認、把握しようと努める。この確認、把握作業を行うことにより、学習者の取り組むべき学習課題を個別に指示し、学習の進展を図ることが可能になる。この形成的評価の考え方は、学習者の成績や優劣をつけるための評価ではなく、指導者の次の指導に反映されるデータとしての意味をもつ。これが、いわゆる「指導と評価の一体化」であり、教育課程を改善していく原理だといえる。

(3) 目標設定と2つのアプローチ

文部省とOECD共催の国際会議（1974）において、アトキン（Atkin, J. M.）によって「羅生門的アプローチ」という考え方が示された。これにより「工学的アプローチ」と並べて教育課程編成に関する2つの立場が提起された。

タイラー原理やマスタリーラーニング論に見られるような、一般的な目標（大目標）から明確な行動目標（小目標）を立てて、目標の到達度（数値）で評価するという目標へのアプローチの仕方が工学的アプローチである。工学的アプローチは、その合理性や検証可能な手続きにおいて一定の評価を得たが、同時に目標に対して収束的で限定的なアプローチとなりがちであることや学習者の柔軟な発想や創造性が切り捨てられることなどに対する批判を生みだした。いわば、羅生門的アプローチは、工学的アプローチに傾倒した教育課程編成に対するアンチテーゼであった。

まるで工業製品を生産するかのように、目標を細分化し、達成に向けた効率的な手立てを講じ完成度のチェックを重ねる工学的アプローチに対し、学習者主体の創造的な教授・学習過程を重視したのが羅生門的アプローチである（表 3）。「羅生門的」とは、ひとつの事実も多様な視点から多義的に解釈され得るという場面を描いた芥川龍之介の小説「羅生門」に由来している。目標設定は一般的目標にとどめ、事前に計画された目標の範疇からはみ出すことも考慮に入れ、目標にとらわれない評価（ゴール・フリー評価）を実施する。これにより、学習者の独創性や他者との協働性、粘り強さなど、学習状況を多面的にとらえ活性化させていこうとするのである。工学的アプローチが理数系教科などの系統主義的な学習との親和性が高いのに対し、羅生門的アプローチは総合的な学習の時間や特別活動などの経験主義的な学習と親和性が高い。

アイスナー（Eisner, E. W.）は、創造性を育む活動においては学習者の学びは多様に展開するという芸術教育の立場から、マニュアル的な工学的アプローチを批判した。彼の考え方は、羅生門的アプローチと類似している。羅生門的アプローチでは、あらかじめ行動目標も評価観点も明確にされていないので、教授・学習過程においては即興性が重視される。ゆえに、指導者は文脈に応じて学習者の経験の質を認識し、多様な質の差異を識別できる「鑑識眼」と、鑑識を言語化して伝える力が求められるのである。つまり、アイスナーは、教育活動の複雑性、偶発性、指導者や学習者個々人の個性の存在を重要視して固有の文脈において指導者と学習者との間で繰り広げられる事実を鑑識眼によって解釈し、臨機応変に実践する力が必要となると主張したのである。どちらか一方というわけではなく、教育課程編成においては、2 つのアプローチからの視点をもたねばならない。

表 3　「工学的アプローチ」と「羅生門的アプローチ」の手続きの対比

工学的アプローチ	羅生門的アプローチ
一般的目標 ↓ 行動的目標 ↓ 教材 ↓ 教授・学習過程 ↓ 行動目標に照らした評価（数値評価）	一般的目標 ↓ 創造的教授・学習活動 ↓ さまざまな視点から言語化 ↓ 一般的目標に照らした判断評価（記述）

（田中ら，2018）を参考に一部を改変した

３．教育課程編成の基本

(1) スコープとシーケンス

教育課程を編成する上で重要な２つの観点がスコープ（scope）とシーケンス（sequence）である。ライフル銃についている望遠鏡のこともスコープというが、スコープとは、教育課程を編成するとき、どういった教育内容を選択するのかという視野、学習の範囲あるいは領域のことであり、シークエンスとは、教育課程編成をするとき、教育内容をどのような順番で配列するかという、順序のことである。

まずスコープについて考えてみる。「何を教えようか」と望遠鏡を覗きながら教育内容を選択するとき、指導者の思い付きで決めたのでは偏った学びになりかねない。教育内容は教育の目的や目標に即して決められなければならない。例えば、目的が「医師の養成」であれば、スコープは医学領域中心となり、目的が「教員の養成」であればスコープは教育学領域が中心となる。

(2) スコープを決める２つの立場

スコープをどの立場から覗くのかによっても内容は変わってくる。学習者の立場で覗けば、学習者の生活経験やニーズが反映された範囲が見え、経済・産業界の立場から覗けば、学問の基礎と系統が反映された範囲が見えるだろう。スコープをどう決めるかについて、「経験主義」と「系統主義」という代表的な 2 つの立場をからみたカリキュラムを紹介しておく（表 4）。

【経験型カリキュラム】・・・経験主義の立場。教育内容を子どもの生活経験、子どもの必要や要求に従って、できるだけ子どもとともに、その都度構成しようとするもの（安彦。1990）。学習者の興味関心や生活との関連を重視した内容をまとめてスコープ（範囲）として設定する。具体的には、「環境」「福祉」「健康」「いのち」「自然」「金融」「人間関係」「平和」などで、総合的学習の時間の学習テーマとして設定されることが多い。

【教科型カリキュラム】・・・系統主義の立場。学問の系統に従い、教科・科目が独立して組織、構成され、並列的に配置されているもので、基本的に知識の分類に従っている。子どもの側の興味関心や意欲はほとんど無視されている（安彦，1990）。具体的には、「国語」「数学」「英語」「保健体育」「理科」「社会科」などの「教科」である。

表 4　経験型カリキュラムと教科型カリキュラムの長所と短所

	経験型カリキュラム	教科型カリキュラム
長所	学習者の興味関心や生活に即しているため、学ぶ意義が明確になりやすく、学習への意欲をもちやすい。	既存の科学体系を踏まえており、知識・技能を体系的に修得する道筋が明確。一斉座学の授業を行いやすく、効率的。
短所	知識・技能の体系的な修得が困難。 体験活動を重視するため授業進度が遅れがち。授業の構想や準備の負担が大きい。受験に対する不安が生じやすい。	学習者が学習に対する意義を見失いやすく、興味関心を持続できない。知識の詰め込みが生じやすく、学習についていけない学習者が出やすい。

これについても、どちらか一方が正しいということではなく、両者の長所と短所を踏まえて教育課程を編成していく工夫が重要になる。教育の現場では以下のように両方の長所をうまく取り入れようとするカリキュラムが編成されている（表 5）。

表 5　カリキュラムの類型　（安彦，1990 を参考に作成）

	構成のしかた	事例
相関カリキュラム	相互に重複する無駄がある場合や、関係づけた方が学習効果が高まると予想される場合に、2 つ以上の教科を相互に関係づけて教えるようにしたもの	・類似の教科間の相関（地理と歴史） ・やや異質の教科間の相関（国語と歴史） ・教科と教科外課程との相関（数学とクラブ活動） ・「クロス・カリキュラム」もこれに含まれる
融合カリキュラム	教科という枠を取り外し、類似の内容を取り出して融合し、一つの領域あるいは教科を新しく作り出したもの	・「理科」と「社会」を融合して「生活科」を作る ・「物理」「科学」「生物」「地学」を融合して「理科」とする
広域カリキュラム	教科の枠はなくなり、いくつかの大きな文化領域から構成されるカリキュラム	・大学の一般教育カリキュラム領域（人文科学、社会科学、自然科学） ・「教科型」「経験型」という区分
コア・カリキュラム	特定のテーマ、学習者の関心、社会の問題などを中核（コア）とし、周辺に基礎的知識・技術などを配置して、構造化されたカリキュラム	・医療従事者養成、教員養成のためのコア・カリキュラム ・総合的な学習の時間のテーマに沿った学習過程

現行学習指導要領において、カリキュラム・マネジメントの重要ポイントとして「教科等横断の視点」が示され、また、総合的な学習の時間が教育課程編成の鍵となることが指摘されている（中央教育審議会，2016）。すなわち、教育課程編成にあたっては、相関カリキュラムやコア・カリキュラムの視点からの編成が一層求められているといえよう。

(3) シーケンス

通常、シーケンスを考える場合は学習者の発達段階に即して配列する。特に、教科カリキュラムにおいては、簡単なものから難しいものへ、単純なものから複雑なものへ、具体的なものから抽象的なものへと、発達段階に合わせて段階的に教える内容を発展させていくように順序を決めることが多い。また、経験型カリキュラムでは、学習者の興味関心の高いものから、あるいは学習者の生活の中で関連の深いものからという順序も取り入れられている。

ブルーナー（Bruner, J.S.）は、「どの教科でも、知的性格をそのままにたもって、発達のどの段階のどの子どもにも効果的に教えることができる」と述べ、伝え方を工夫すればどの年齢の子どもにも本質的な「構造」を教えることができると考えた。そこで、子ども達の学年がさらに上がった時に、また別の形で同じ「構造」に出会うようにカリキュラムを組む必要があるとして、「らせん型カリキュラム」を提唱した。同じ構造をもつ学習でありながら徐々に高度な内容になるように、らせん型に配置するのである。ここで注目したいのは、本質的な内容に関しては、発達段階に合わせて手立てを講じながら何度も繰り返し扱う必要があるということであり、それは、とりもなおさず、教える側が「本質は何か」を捉えておかねばならないということでもある。

4. カリキュラム・マネジメントの進め方

(1) カリキュラム・マネジメントとはなにか

高度情報化、グローバル化による社会の急激な変化の中で、日本の学校教育では、よりよい社会を創るという目標を共有し、社会と連携しながら、子どもたちが新しい時代を切り開いていくために必要な資質・能力を育む、いわゆる「社会に開かれた教育課程」の理念が掲げられ、カリキュラム・マネジメントによる学校教育全体の改革が目指されている。

カリキュラム・マネジメントとは「生徒や学校、地域の実態を適切に把握し、教育の目的や目標の実現に必要な教育の内容等を教科等横断的な視点で組み立てていくこと、教育課程の実施状況を評価してその改善を図っていくこと、教育課程の実施に必要な人的又は物的な体制を確保するとともにその改善を図っていくことなどを通して、教育課程に基づき組織的かつ計画的に各学校の教育活動の質の向上を図っていくこと（文部科学省，2017）」である。カリキュラム・マネジメントの3つの側面として、以下の点が強調される。

① 教育の目的や目標の実現に必要な教育の内容等を教科等横断的な視点で組み立てていくこと
② 教育課程の実施状況を評価してその改善を図っていくこと
③ 教育課程の実施に必要な人的又は物的な体制を確保するとともにその改善を図っていくこと

つまり、各学校の教員たちは、教育を受ける児童生徒や学校のある地域の実態を踏まえ、学習指導要領を基準にして教育の目的や目標の実現に何が必要であるかを考え、保護者や教員の願いも込めて教育課程編成に取り組む必要がある。その際、教育環境の改善を含め、教育課程改善のためのサイクルを確立することが重要であり、そのことが「マネジメント」という語に託されている。

(2) 実態把握と課題の共有

カリキュラム・マネジメントを具体的に進めていくには、どのようにすればよいのだろうか。スキルベック（Skilbeck, M.）が提唱した「学校を基礎にした教育課程編成（School Based Curriculum Development）」の考え方が参考になる。スキルベックは、タイラー原理に改良を加え、新たに「状況分析」という段階を位置付けた5段階を示している。

①状況分析、②目標の明確化、③教授・学習過程の設計、④教授・学習過程の解釈と実施、⑤教育評価、である。いわば、PDCAにResearchを加えたR-PDCA（R［Research・調査研究］⇒P［Plan・計画］⇒D［Do・実行］⇒C［Check・評価］⇒A［Action・改善］）のサイクルである。状況分析には外部と内部がある。外部状況には、社会・文化的な変化、両親の期待、企業からの要請、地域社会の価値観、人間関係の変化、イデオロギー、教育システムの要求と変化（例えば、教育政策の変化、地方自治体の要求や圧力、カリキュラム計画、教育に関する調査）、

教育課題の変化、教員へのサポート体制（例えば、教員研修機関、教育研究所）、学校における資源等、が含まれる。内部状況には、児童生徒の実態（適性、能力、教育的ニーズ）、教員の実態（価値観、態度、技術、知識、経験、長所と短所）、課題の把握、現行カリキュラムの不備、学校の物的資源、設備投資の可能性等、が含まれる。このように状況分析の範囲は多岐にわたり広範であるが、状況分析を重視するのは「子どもたちにこのような資質・能力を身につけさせたいという目標を共有したこの学校の教員たちが、この学校の教育的な資源を最大限に活用しつつ、目の前にいる子どもたちに最良の学びの経験を提供したい」というボトムアップ型、かつオーダーメイド型のカリキュラム観に立つからである。ただし、日本の場合はナショナル・カリキュラムとして学習指導要領が存在し、これを無視するわけにはいかない。学習指導要領などのトップダウン型のカリキュラムと学校の状況を密接に関連させながら、個々の学校の文脈に即したカリキュラム・マネジメントの進め方が求められるのである。

十分な情報収集がなされ、状況分析が行われることにより、教育課程のどの部分を改善する必要があるのかが見えてくる。各学校は、学校評価や校内研究の取組などから前年度の成果と課題を整理し、これを材料にして教育課程の改善点を出し合い、教員間で自校の課題について検討し合意形成を図ることが重要である。あれもこれもと一度に大改革をするのではなく、課題を焦点化し継続して取り組んだ学校がよい成果につなげている。

(3) 改善策の検討

教育課程の改善を効果的に行うためには、ウィギンズとマクタイ（Wiggins & McTighe）の逆向き設計の考え方を用いるのが有効である。逆向き設計とは、教育によって最終的にもたらされる結果から遡って教育を設計することである。すなわち、指導が終わってから評価について考えるのではなく、指導の前に指導後の学習者の姿をイメージして評価を構想しておくのである。具体的には、改善のための目標が達成できたかどうかを判断できるエビデンス（証拠）を、改善策を計画する段階で明確にしておくようにしたい。この際、エビデンスとして量的な指標（数値目標）だけを設定するのではなく、質的なデータ、例えば、子どもたちの記述、作品、ビデオ記録なども含めて想定しておくことが重要である。主体性や協働性、創造性、リーダーシップ、根気強さなどの非認知能力の育成を課題として設定したときには、量的なデータだけでは十分に評価できない。また、目標や評価計画は一度設定したとしても変更の利かないものではなく、実践を通して実態とのズレが生じた場合には、設定した目標や評価計画を修正することも想定しておく必要がある。

(4) 教員の協働による力量形成と改善策の実施

教員間で課題が共有できたら、それを解決するための具体的な方策を明確にし、取組を進める。例えば「授業中に発言や発表を自発的にしない児童が 60%以上いる」という実態把握から「授業中に自分の考えを表出する機会を増やす」という課題を共有したとき、どんな対応策が考えられるだろうか。「自分の考えをノートに書いてから発表する」「選択肢を用意し、自分の選択の理由を考える」「ペアで自分の考えを話す」等、一人で考えるよりはブレーンストーミングを実施して多くの教員でアイデアを出し合うことにより、たとえ経験の少ない教員であっても多様な改善策を得ることが可能になるだろう。児童の発達段階も、学級の雰囲気も違う、教科によっても違うことを考慮すれば、対応策を統一する必要はない。個々の教員が、目の前の子どもたちにマッチした方法を考え、試してみればよいのである。つまり、実践と反省を繰り返し、最適解を模索するのである。

重要なのは、実践と省察のプロセスを一人の教員がそれぞれに行うのではなく、協働で行うことである。組織として改善を図るには一部の教員らによる自主的な協働にとどめてしまうことなく、学校全体で協働の時間が確保できるように計画を立てることが重要である。組織したチームで、実践の様子を報告し合い、意見を交換し、省察し、また新たな実践に挑むことを繰り返すのである。それには同僚の実践に関心をもち、よい部分は取り入れて自分の実践を高めていこうとする姿勢が求められる。このような教員の協働によって、学校全体の教員たちの力量は高められ、教育課程の改善が推進されていくのである。時代、社会は大きく変化している。変化に対応する形で、あるいは変化を先取りする形で、カリキュラム・マネジメントが行われ、それによって教育は常に変化していることを理解しておきたい。

(深沢　和彦)

注 1)　タイラーは目標設定にあたって、次の 3 つのことを考慮する必要があるとしている。①学習者に関する実態調査　②現代生活の調査（社会的要請）　③教科専門家から得られる示唆（学問的要請）

参考文献

①安彦忠彦著「カリキュラムの類型」『新教育学大事典』第２巻、第一法規、1999年

②ブルーム B.S.・ヘスティングス J.T.・マドゥス G.F.・梶田叡一著『教育評価法ハンドブック－教科学習の形成的評価と総括的評価』渋谷憲一・藤田恵璽（翻訳）第一法規、1993年。

③ブルーナー J.S.著『教育の過程』鈴木祥蔵・佐藤三郎（訳）岩波書店、1963年。

④中央教育審議会答申「幼稚園、小学校、中学校、高等学校及び特別支援学校の学習指導の改善及び必要な方策等について」、2016年。

⑤文部科学省「人権教育の指導方法等の在り方について」、2006年。

⑥佐藤 学『教育方法学』岩波書店、1996年。

⑦Skilbeck, M.著『School－Based　Curriculum　Development』, Harper＆Row, Publishers、1984年。

⑧田中耕治・水原克敏・三石初男・西岡加名恵　『新しい時代の教育課程第４版』有斐閣、2018年。

⑨Tyler, R. W. 著『Basic principles of curriculum and instruction』 Chicago: University of Chicago Press. 、1949年。

⑩Wiggins, G. P., & McTighe, J. 著『Understanding by design』Alexandria, VA: Association for Supervision and Curriculum Development.、2005年。

第6章

21世紀型学力

—学力観はいかに変わってきたか—

わたしたちは日常的に「学力」という言葉を使っているが、そもそも「学力」とは何だろうか。学校教育の主たる目標は、子どもたちに「学力」を付けさせることにある。それゆえ、学校において教師たちは教育活動を通じて子どもの学力向上に向けて日々熱心に取り組んでいる。しかし、学力が身についたかどうかを「学力」をテストの結果のみで捉えてよいのだろうか。テストによって測定される「学力」はあくまでも測定された結果としての「学力」であり、「学力」そのものを意味しているとは言えない側面もある。「学力」は時代や論者によって多様に解釈されている。統一的な「学力」に対する見方があるわけではなく、また、「学力」という「実体」があるのでもない。時代とともに学力が様々に語られており、とりわけ今日の学力概念はグローバル化とよばれる社会状況を背景として生じたものである。近年はAI（人工知能）やSociet5.0 （超スマート社会）などに代表されるデータ駆動型社会の到来など新たな社会の中で生きていくための人間の知的な能力や資質（態度や価値観）とともに議論されている。

1.「学力」とは何か？

「学力」という言葉を文字どおりに説明すれば、「学習する能力」や「学習して得た能力」ということになる。しかし、日本語の「学力」を英語に訳そうとすると、「達成」や「到達」を意味する「achievement」の言葉を想像するが、しっくりこない。テストで測定された学習到達度を意味する「achievement」とは異なるイメージが日本語の「学力」には存在するためである。また、現代中国語にも「学力」の語はあるが一般的に用いられておらず、「学業水準」という言葉が用いられ、その意味も学業成績水準や学習到達度である。日本では「学力」という言葉に「力」の文字が入っているため、テストの成績で測ることのできるものといった意味だけでなく、その背後にある、人間のものごとを認識する能力の意味も含んでイメージされている。つまり、今日われわれが用いている「学力」は極めて日本的な概念といえる。

そもそも「学力」という言葉は、江戸時代は「学力」（がくりき）と呼ばれていた。当時の学力は儒教などの経典を読み、理解する力としての意味であった。明治になると学力の語は徴兵検査時に実施された壮丁教育調査で用いられた。そこでは、天皇制教育を行っている学校で学んだ知識の習得状況を示す学業成績を学力と捉えていた。

学力問題が社会の関心事となり、学力低下を問題視する「学力論争」が起こるのは戦後以降のことである。今日に至るまで学力論争が繰り返されているが、それは学力概念が時代や語る人の見方や考え方が反映されたものであり、社会状況や論者によって「学力」の意味が多様に解釈されるところに理由がある。戦後の学力論争で問われてきたものは、「学力」において、知識内容の習得による認識面と主体的な態度などの情意面との関係をどう処理するか、言い換えれば、測定できるもののみを学力とすべきか、それとも、学習の意欲・態度も含めるべきかといった議論であった。また、一口に学力論争・学力論議と言っても、それぞれの論者の論点によって、学力の低下が問題なのか、それとも学力の格差が問題なのか、あるいは、学力の質そのものが問題なのかの議論に分けられる。近年は、ゆとり教育との関係で学力低下の問題が議論されたり、また、地域間の教育格差、家庭の経済的状況、親の学歴等などの背景要因と関連づけて学力格差の問題として語られることが多い。

2. 学習指導要領からみる学力観の変遷

学校教育を通じて身につけさせることが目指される能力を「学力」として捉えるならば、学力は学校教育の教育目標や教育内容と深く関わりをもつ。わが国では、学校の教育内容の基準を学習指導要領として示している。学習指導要領は約10年ごとに改訂を繰り返している。最初に作成されたのは1947（昭22）年である。その後、大きく8回改訂されており、小学校版で示せば、1951（昭26）年、1958（昭33）年、1968（昭43）年、1977（昭52）年、1989（平元）年、1998（平10）年、2008（平20）年、2017（平29）年である。改訂ごとに教育課程の中身が変わり、それに沿うかたちで各教科の目標や内容も変化している。つまり、改訂ごとにその時代において子どもたちが身につけることが目指される学力像が示されているといえる。では、それぞれの学習指導要領の改訂においてどのような学力観が打ち出され、また、学力を巡ってどのような議論が起きたのだろうか。以下、学習指導要領の改訂に沿って、当時の学力観及び学力を巡る論争の論点を確認していく。

(1) 経験主義教育の時代：1947年、1951年学習指導要領

わが国で最初に作成された1947年の学習指導要領は、各学校・教師の教育活動のさいの「手びき」として位置づけられていた。そこでは、戦前に見られた国による画一的な教育ではなく、社会の要求と子どもの生活に即して教育内容を考え教育活動を展開するよう、学校現場の教師の創意工夫を促すことが目指されていた。同指導要領によって、小学校では従来の「修身」「公民」「地理」「歴史」を廃止して「社会科」が導入され、「家庭科」と「自由研究」が新設された。こうした子どもの生活や経験を重視する教育は当時「経験主義教育」や「生活経験主義教育」と呼ばれ、教科学習を通じて学んだ知識や技能を直接的に生活場面で使用できる力を「学力」として捉える傾向がみられた。1951年改訂の学習指導要領でも生活経験を重視する方針が引き継がれ、従来の教科のみの教科課程に加え、「自由研究」を発展的に解消して小学校に「教科以外の活動」が、中学校に「特別教育活動」が加えられることになった。

子どもの経験を重視する経験主義教育は、戦前の教育と区別されるかたちで「新教育」と呼ばれたが、この新教育の在り方が、戦前と比べ子どもの基礎学力を低下させているとの声が上がり、学力論争が起こった。当時教育心理学者の青木誠四郎は、新教育が目指しているのは生活の中に問題を捉え、生活を理解する力としての新しい学力であるとし、基礎学力低下に反論した。対して、国語教師であった国分一太郎は、読み書き計算は学習の土台になる力であり、そうした力の育成のためには皆が共通に習得すべき知識内容を「ミニマム・エッセンシャルズ」（最低限の必要量）として確保し、義務教育終了までに子どもたちに身につけさせるべきと主張した。

1960年代になると、学力の中身をどう規定するかについて議論が展開されるようになる。「知識」を支えるものとしての「態度」（思考態度）に着目し、それを学力構造の中心に位置づけたのが広岡亮蔵であった。測定可能な知識や形成可能な知識・技能のみを学力として捉えるのではなく、知識とともに学習者の心構え（学ぶ力や意欲）である「態度」を重視する学力モデルを望ましい学力の姿として提示した（広岡1964、p.25）。

しかし、測定可能なものを「学力」と捉え、教育課程として組織された教育内容を教え、その結果として出てきた能力を「学力」と呼ぶべきとした教育学者の勝田守一の学力論を支持する論者も当時多かった。勝田の場合、広岡のように「知識」と「態度」を結びつけることはぜず、学力から「態度」を切り離し、知識の習得という認知的な部分に学力概念を限定すべきとしていた。

(2) 系統主義教育の時代：1958年、1968年学習指導要領

このように基礎学力低下や学力の概念規定を巡る論争が繰り返される中で、教育内容の中身が見直されることになった。1958年改訂の学習指導要領では「試案」の文字が消え、学習指導要領が教育課程の国の基準として法的拘束力を持つようになった。内容も、経験主義の教育から教科や知識の系統性を重視する教育へと転換が図られた。この転換が顕著となったのが1968年改訂の学習指導要領だった。1960年代は経済界で主張された人的能力主義政策に基づき、学校教育でも経済を支える人材の育成が重視された時期であり、優秀な人材を選別し、また、企業で役立つ人材を効率的に育てる役割を学校がしだいに担うようになっていった時期でもある。こうした状況を受け、同指導要領でも理数系などの科目を中心に教科の充実が図られ、新しい内容も加えられ、さらには指導時期の前倒しもなされた。

しかし、各教科の充実により知識量は増えた一方、学校の勉強について行けない「落ちこぼれ」「落ちこぼし」の問題や、校内暴力などの問題が浮上した。教科や知識の系統性重視の教育が批判の対象となり、それは「学力のゆがみ」や「病める学力」などと批判され、再度学力を巡る論争が1970年代に起こった。この論争は学力における学習者の「態度」の位置づけが論点となったことから「態度主義論争」と呼ばれた。そのさい着目された事例に中学生の描いた「四本足のニワトリ」がある。中学校で全校生徒にニワトリを描かせたところ、正しくニワトリを描いた生徒は少なく、多くの生徒が4本足のニワトリを描いたというものである。この事態に重くみた坂元忠芳は、その原因を子どもたちの生活の断片化と教育荒廃にあるとし、子どもの生活体験を豊かにし、学力の基盤である子どもの「わかる力」とともに、それを支える感情や意欲といった態度的なものを育成すべきと主張した。坂元の主張を「態度主義」と批判したのが藤岡信勝だった。藤岡は学力を、結果が測定可能で、誰にでも分かち伝えることができるよう組織された教育内容を学習して到達した能力と捉えた。子どもの生活体験は問題ではなく、脊椎動物の進化という科学的な知識を身につけだかどうかが問われるべきであって、教育内容の科学性を高めることこそが重要であると論じた。

坂元と藤岡の対立から距離をとっていたのが中内敏夫である。中内は学力を「モノゴトに処する能力のうちだれにでも分かち伝えうる部分」（中内 1976、p.54）と規定した上で、「知識（自然や社会の事実）」「範疇（概念・形象・方法・テーマなど）」「習熟」の三要素から構成されるものと捉えた（中内 1976、p.59）。彼は学力を、共通の教育内容を教わった結果身についた知識を自分のものとして十分にこなし、思想や生き方にまで発展させた状態である「習熟」の段階において追求すべきだと主張した。中内の場合、学力における「態度」の問題を学習者の心構えの問題に帰するのではなく、教師による指導との関係でと捉えることを試みた（田中ら 2013、pp.93-94）。しかしながら中内も、学校で共通した教育内容を教わった結果身についた知識を学力として捉えている点は、坂元や藤岡と共通していた。

このように学習指導要領の改訂とともに議論された1970年代までの学力論争は「生活」（経験・体験）か「科学」（知識・系統）かの間で揺れ動いていた。そこには、理念としての「学力」と到達点として測定可能な「学力」との対立構図が存在していた。しかし、どの論者も教育課程として組織された教育内容が伝達可能であるという前提のもとで「学力」を捉え、その中でどのような能力が望ましい学力かを議論していたところにこの時期の論争の特徴がある。

(3) 「ゆとり」と「新しい学力観」の登場：1977年、1989年学習指導要領

1970 年代の学力論争を経て出された 1977 年改訂の学習指導要領は、教科や知識の系統性を重視して教育内容を増やしてきた傾向に歯止めをかけるものであった。「人間性」と「ゆとり」をキーワードとし、学習指導要領の基準の弾力化や授業時間数の削減を行い、「ゆとりあるしかも充実した学校生活」を実現することが目指された。このゆとり路線は 1989 年改訂の学習指導要領でより明確化された。学校教育では「豊かな心を持ち、たくましく生きる人間の育成」「自ら学ぶ意欲と社会の変化に主体的に対応できる能力の育成」「国民として必要とされる基礎的・基本的な内容を重視し、個性を生かす教育の充実」「国際理解を深め、わが国の伝統と文化を尊重する態度の育成」が重視され、標準授業時間や教科内容の削減が継

続して行われ、また、小学校低学年の社会・理科が廃止されて「生活科」が新設された。89年改訂の指導要領に伴って注目されたキーワードが「新しい学力観」（または「新学力観」）という学力に対する考え方だった。この語自体は改訂当初から使われていたわけではなく、その実施を巡る文部省の通知・通達の中で後付け的に用いられた語である。1992年の学校週5日制導入で授業時間の削減が必要となる中、「学力」を知識や技術の量として捉えるのではなく、「学ぶ意欲」「思考力」「判断力」「表現力」「応用力」「行動力」を身につけさせることに求め、それを「新しい学力観」という言葉で表わしたのである（原田2007、p.17）。

上述のとおり1970年代までの学力論争では、「生活」か「科学」かといった議論や、「態度」を学力の中心に据えるべき否かの議論が主流だった。これと異なる立場での学力論が1980年代に現れた。その象徴的な論者が教育心理学者の佐伯胖である。佐伯は、子どもの認知プロセスに着目し、「学力」を能力の一種と捉えるのではなく、子どもの中にあるものを、様々な知識や技能についての「知っている」「分かっている」「できる」というような「知的性向」として捉えるべきと主張した（佐伯1982、pp.12-13）。佐伯の論の登場は、複雑化した現実生活の中にあって、知識を伝達する側である大人が、生活（経験）か科学（系統）かといった従来の枠組みを用いて学校教育で伝達すべき知識内容を構想できなくなったことを象徴しているといえる（今井2008、p.124）。

その後の1990年代の学力論議では、伝達すべき知識内容の中身を問うことが減り、授業内容とは切り離された「学習態度」が評価の主たる対象となり、変化の激しい社会に主体的に対応できる力の育成を学校教育で求める傾向が色濃く表れてくる。その傾向は、1991年改訂の指導要録の「観点別学習状況」（4観点からなる各教科の学習の記録）欄において、4観点の記載順序が、従来の「知識・理解」「技能」「思考」「関心・態度」から、「関心・意欲・態度」「思考・判断」「技能・表現」「知識・理解」に変わり、子どもの学力にとって「関心・意欲・態度」が最も大切な要素として注目されることになった点にも示されている（志村2005、p.36）。

(4)「生きる力」と「確かな学力」の登場：1998年、2008年学習指導要領

1990年代以降、学力に対する考え方や捉え方において知識内容の習得よりも「関心・意欲・態度」が重視する傾向は、しだいに「生きる力」という言葉で表現され

るようになる。1996（平 8）年の中教審答申「21 世紀を展望した教育の在り方について」では、「生きる力」は従来の「新しい学力観」の考え方を包括的に示したもので、変化の激しい社会を担う子どもたちに必要な力として位置づけた。その上で、ゆとりの中で「生きる力」を育むことを 21 世紀の学校教育の目指すべき方向性として示した。この「生きる力」の中身としてイメージされていたものは、「基礎・基本を確実に身に付け、いかに社会が変化しようと、自ら課題を見つけ、自ら学び、自ら考え、主体的に判断し、行動し、よりよく問題を解決する資質や能力、自らを律しつつ、他人とともに協調し、他人を思いやる心や感動する心などの豊かな人間性、たくましく生きるための健康や体力など」であった。この方針に沿って改訂された 1998 年の学習指導要領は「ゆとり教育」の総仕上げとして位置づけられ、授業時間・内容を削減してゆとりをもたせるとともに、「総合的な学習の時間」が新設されることになった。

しかし、「生きる力」をキーワードに据えた 1998 年の学習指導要領は、その告示の直後から生じた学力論争の中で批判されることになる。論争は『分数ができない大学生』（岡部ら編 1999）という著作が出されたことで大学生の「学力危機」「学力崩壊」が叫ばれるようになり、それが小中学生の学力問題へとシフトしていった。ゆとり教育の中で「生きる力」の育成を目指すことが子どもの学力を低下させることになるのではないかといった危機感や議論が沸き起こり、ゆとり教育批判へと発展していったのである。

このゆとり教育批判を巡る学力論争を受け、文部科学省は 2002（平 14）年に「確かな学力の向上のための 2002 年アピール『学びのすすめ』」を発表し、「新しい学力（観）」に代わって、新たに「確かな学力」の育成の方針を打ち出した。2003（平 15）年の中教審答申「初等中等教育における当面の教育課程及び指導の充実・改善の方策について」では、「確かな学力」を「生きる力」の知的側面と位置づけ、「知識・技能はもちろんのこと、これに加えて、学ぶ意欲や、自分で課題を見つけ、自ら学び、主体的に判断し、行動し、よりよく問題を解決する資質や能力等までを含めたもの」と定義した。これによって、それまで曖昧と言われてきた「生きる力」は「確かな学力」として学校教育を通じて育成すべきものとの見方が示された。

さらに、2007（平 19）年改正の学校教育法第 30 条第 2 項（小学校教育）では、生涯にわたり学習する基盤が培われるよう、「基礎的な知識及び技能の習得」「これらを活用して課題を解決するために必要な思考力、判断力、表現力その他の能力」

「主体的に学習に取り組む態度」を養うことに留意しなければならないと規定された。これを受け、学校教育において「確かな学力」を育むためには、①基礎的・基本的な知識及び技能、②知識・技能を活用して課題を解決するために必要な思考力・判断力・表現力等、③主体的に学習に取り組む態度を養うことに努めるべきとされた。これが後に「学力の3要素」と呼ばれるようになるものである。

こうした教育基本法や学校教育法の改正を受けて改訂された2008年の学習指導要領では、「生きる力」を支える「確かな学力」「健やかな体」「豊かな心」の調和が重視されることになった。「生きる力」の知的側面である「確かな学力」を育む上でも、「ゆとり」か「詰め込み」かではなく、「基礎的・基本的な知識・技能の確実な習得とこれらを活用する力の育成をいわば車の両輪として伸ばしていくことが必要」との考え方が示された。この「確かな学力」のバランスのとれた育成という考え方に基づき、授業時数が増加され、また、学習意欲の向上や学習習慣の確立が目指されることになった。

(5) 「学力の3要素」から「資質・能力の3つの柱」へ：2017年学習指導要領

2008年改訂の学習指導要領は上述の「学力の3要素」に基づいて実施されてきたが、次期学習指導改訂に向けて中教審が2016(平28)年に出した答申「幼稚園、小学校、中学校、高等学校及び特別支援学校の学習指導要領等の改善及び必要な方策等について」では、「未来や社会を構想していけるような力」など、「学力」をより広く捉える傾向がみられる。つまり、グローバル化の進展や絶え間ない技術革新等の影響下で激しく変化する社会で生きる子供たちには、変化を受け身として捉えるのではなく、その変化に主体的に関わり、自らの未来や社会を構想していけるような力を育成することが重要であると強調されている。そしてそこでは、次期学習指導要領改訂に向けた改善点として、「生きる力」を構成する資質・能力の具体化の必要や、生きる力と各教科等の教育目標や内容の関係の不十分さ、学習指導要領が教育内容中心で構成されている点の見直しなどが挙げられた。

こうした指摘を受け、2017年の学習指導要領の改訂では、予測困難な社会の中で子供たちが自ら未来の社会を切り拓ひらくために必要となる力について、従来の「生きる力」を育むという目標に変化はないとしながらも、それを構成する要素を「学力」という言葉ではなく、「資質・能力」という言葉で表現している。具体的には、従来の「学力の 3 要素」を、「知識及び技能（何ができるか・何を理解しているか）」「思考力、判断力、表現力等（理解していること・できることをどう使うか）」「学びに向かう力、人間性等（どのように世界と関わり、よりよい人生を送るか）」という「資質・能力の 3 つの柱」で再整理している。これらがバランスよく育まれるよう、アクティブ・ラーニングの視点から探究的な学習を取り入れるなど「主体的・対話的で深い学び」を通した学習指導の改善を求めている。また、各教科等の目標や内容も、この柱に基づき、各教科等の特徴に応じた物事を捉える視点や思考など取り入れた見方・考え方を軸に再構成されている。さらに、こうした資質・能力を育成するために、教科横断的な学習の展開、教育課程と社会との連携及び協働を図る「社会に開かれた教育課程」の実現や、各学校での教育課程や教育活動の質的改善を図るカリキュラム・マネジメントの実施、児童生徒の一人一人の発達を支援する指導の充実なども強調されている。評価の観点も、資質・能力の 3 つの柱に対応するかたちで「知識・技能」「思考・判断・表現」「主体的に取り組む態度」に改められている。

今回の改訂の特徴については、学習指導要領が従来の内容（コンテンツ）中心から資質・能力（コンピテンシー）を基盤としたものへと学力論が大幅に拡張されたと見るもの（奈須・吉永 2023、p.8）や、教育課程の基準が教育内容（コンテンツ）中心から到達目標（コンピテンシー）と学習過程・指導方法へと重点を移した点を指摘するものがある（田村 2018、p.4）。いずれにしても、学んだ内容を活用する能力や未来を構想する能力をいかに育てていくかを重視した改訂となっているといえる。

(6) 「令和日本型の学校教育」における学びの転換と求められる資質・能力

2017 年の学習指導要領で目指された資質・能力の着実な実施を図るべく、中教審は 2021（令 3）年に答申「『令和の日本型学教教育』の構築を目指して～全ての子供たちの可能性を引き出す、個別最適な学びと、協働的な学びの実現～」を公表している。そこでは「社会の変化が加速度を増し、複雑で予測困難となっているなかで子供たちの資質・能力を着実に育成する必要があり、そのためには、新学習指導要領の着実な実施が重要である」との認識に立ち、これまでの画一的・同調主義的な学校文化からの構造的な転換が目指されている。そのために教師は、多様な子供一人一人が自立した学習者として自ら学習を調節して学び続けられるよう「個に応じた指導」を充実させ、一人一人の学習進度や学習到達度に応じて指導方法等の柔軟な提供・設定を行う「指導の個別化」や一人一人に応じた学習活動や学習課題に取り組む機会を提供することで学習が最適となるよう調整する「学習の個別化」を行うことが必要であるとの概念が提示されることになった。これを学習者の視点から整理したものが「個別最適な学び」である。ただし、この「個別最適な学び」が「孤立した学び」にならないよう、探究的な学習や体験活動などを通じて、多様な他者と協働しながら、あらゆる他者を価値のある存在として尊重し、様々な社会的な変化を乗り越え、持続可能な社会の創り手となることができるような資質・能力を育成するために「協働的な学び」を充実させることの必要性も強調されている。「個別最適な学び」と「協働的な学び」を一体的に充実させ、「主体的・対話的で深い学び」の実現に向けた授業改善につなげていくことが求められている。

3.「キー・コンピテンシー」とPISA型学力

上述のとおり、1990年代以降の学習指導要領では児童生徒が身につけるべき力として、「新しい学力観」を発展させた「生きる力」や、「生きる力」を支える「確かな学力」が提唱されることになった。さらに「確かな学力」は、基礎的・基本的な知識・技能の確実な習得だけでなく、思考力・判断力・表現力や学習意欲なども含め、知識・技能を活用できる力として捉えられ、それが「学力の 3 要素」として提示されることになった。2017年の学習指導要領改訂では「学力」が「資質・能力」という言葉で捉え直され、「知識及び技能」「思考力、判断力、表現力等」「学びに向かう力、人間性等」の「資質・能力の3つの柱」として提示された。

こうした学力観の変遷は、グローバル化が進む変化の激しい社会の中で、学校教育においても知識を習得させるだけでは不十分で、知識を使いこなしたり、創造したりする力を育成すべきといった社会的要求が高まったことが背景にある。変化の激しい社会において子どもたちに育成することが求められる資質・能力に関する議論は、わが国だけでなく、諸外国でもみられる。そのさい参照されるのが、「キー・コンピテンシー（Key Competency）」という概念枠組みである。これは、経済協力開発機構（OECD）のDeSeCo（Defining and Selecting of Competencies）プロジェクト（1997～2003）が知識基盤社会の時代を担う子どもたちに必要な能力を「キー・コンピテンシー」として定義づけたものである。ここでいうコンピテンシーは、「社会・文化的、技術的ツールを相互作業的に活用する能力」（コミュニケーション能力や読解力等）、「社会的に異質な集団での交流」（ソーシャルスキル等）、「自律的に行動する能力」（人生設計能力等）の 3 つのカテゴリーで分類されている。これらのコンピテンシーは分類の枠組みであって、ある特定の文脈における複雑な要求に対して、いろいろなコンピテンシーをいろいろな程度で活用していくことが求められている（ライチェンほか 2006、pp.202-209）。このコンピテンシーを枠組みとして考案されたのが、OECD による PISA 調査（Programme for International Student Assessment）であった。この PISA 調査は主に PISA リテラシーと称される「読解リテラシー」「数学的リテラシー」「科学的リテラシー」といった 3 分野の能力を図るもので、カリキュラムの習熟度を測定するものではない。「生徒がそれぞれ持っている知識や経験をもとに、自らの将来の生活に関係する課題を積極的に考え、知識や技能を活用する能力があるかをみるものである。常に変化する世界にうまく適応するために必要とされる新たな知識や技能は、生涯にわたって継続的に習得していかなければならないため、その意味では、生涯にわたって学習者であり続けられるような知識、技能がどの程度身に付いているかをみるもの」である（国立教育政策研究所編 2007、p.3）。

キー・コンピテンシーが定義され、PISA 調査が実施されたことにより、これまで国ごとに異なって理解されていた学力を共通に測定して、比較することが可能になった。しかし、PISA 調査結果に基づく学力検証が進むにつれ、教育現場においてそれ以外の能力や、あるいは能力として概念化できないものの育まれる領域が教育実践の中から削られていく可能性がある。また、DeSeCo によれば、3 つのコンピテンシー概念枠組みは独立して機能するのではなく、組み合わさって機能するものとされる。にもかかわらず、わが国では PISA リテラシーが他のキー・コンピテンシーと切り離され、「PISA 型学力」「PISA 型読解力」「活用力」といったかたちで学校現場に浸透しているところにもその傾向が認められる（松下 2010、p.23）。

4．21 世紀および 2030 年に向けて求められる学力

PISA 型学力の根拠であった OECD の「コンピテンシー」概念は、2015～2018 年に実施された OECD の Education2030 プロジェクトで見直しがなされている。見直しの理由として、各国で用いられている「スキル」や「コンピテンシー」といった概念には、知識や認知的スキル以外にコミュニケーション能力や価値観など汎用的スキルや非認知スキルなど多様な要素が強調されていることや、スキルやコン

ピテンシー概念を重視する傾向は一致しつつも、概念に不統一性がみられたことによる（白井 2020、p.16）。見直しの結果、2019 年に「OECD ラーニング・コンパス（学びの羅針盤）2030」を提示された。このラーニング・コンパスとは教育の未来に向けた「学習の枠組み」を指す。ここでは、2030 年のウェルビーイングの実現が目標に掲げられ、その学習枠組みの中核に「知識」「スキル」「態度」「価値観」から構成されるコンピテンシーが示されている。そして、DeSeCo で定義した「キー・コンピテンシー」を 2030 年に向けて更新し、そのコンピテンシー（能力）を「新たな価値を創造する力」「対立やジレンマに対処する力」「責任ある行動をとる力」の3つに再編成し、この 3 つを「変革をもたらすコンピテンシー」として位置づけるなど（白井 2020、p.151）、汎用的スキルがより強調されるかたちとなっている。なお、この学習枠組みに示されたコンピテンシー概念については、学力構造の中心に「態度」（思考態度）を据えていた広岡の学力モデルとの類似も指摘されている（松下 2023、p.109）。

コンピテンシー概念の見直しにもみられるとおり、近年の学力論は、国際的な動向を見ても、知識やスキル（技能）の習得だけでなく、身につけるべき態度や価値観が含まれている。これは、わが国の「資質・能力の 3 つの柱」にも見られる要素である。変化の激しい社会において必要とされる知識を生涯にわたり獲得し、それを仕事や地域社会、個人の生活等で活用していく資質・能力やスキルを身につけることは、諸外国の学校教育でも共通して求められている力であり、それを 21 世紀型の学力あるいは 2030 年に向けて求められる学力と呼ぶことはできるだろう。

たしかに「資質・能力」に基づく学力観は、テストでは計れない学習過程を評価している点では、子供たち一人一人に応じた多様な評価を行うことが可能になるかもしれない。しかし、そのための評価は具体的にどうすれば客観的に行うことができるのか。資質・能力を評価しようとすればするほど、資質・能力が汎用的スキルなど人間の能力全体を包含しているだけに、教育現場が窮屈になるとの指摘もある（松下 2020、p.242）。結局のところ、変化の激しい社会にいかに上手く適応できるかといった観点から構想された資質・能力に基づく学力観では、産業界など教育の外部である社会状況から要請された資質や能力を「学力」として捉え、それを学校教育で育成しようとしているともいえる。

「学力」とは、本来的に言えば、学校において教科の学習を通じて形成される文化（体系化された知識内容）の習得を意味する。今日のような技術革新の目覚ましい発展に伴い知識の更新が求められる社会の中で、学校教育を通じて子どもに伝えることのできる知識内容とは何だろうか。AI などに代表されるデータ駆動型社会にあっては、データを収集、活用、分析し、新たな価値や知識を生み出していく力が求められているが、そこではしばしば、教育内容と切り離されたかたちで、効率よい学習方法や態度の育成に重点を置いた学力に係る議論が展開されがちである。

21 世紀や 2030 年に向けて求められる学力とは何を考えるさい、学力向上にかかる方法や態度の議論にとどまるのではなく、教育内容の中身についての議論を深めることを通じて「学力」そのものを問い直すことが必要なのではないだろうか。近年の学力論については、「官民挙げて熱心に学力向上に取り組んでいる一方で、学力をめぐる本質的で困難な問題は先送りにされているといわざるをえない」との批判もある（松下 2023、p.111）。今後の学力を巡る議論は、2030 年の未来に向けて学校、教育、社会がどうあるべきか、子供たちが自らのウェルビーイングのために未来を創り出す力をどう育てていくのか、そしてそのための学校教育での知識内容をどう構成し、子どもたちにどう伝えていくのか考える議論へと展開、発展させていくことが求められる。

（日暮　トモ子）

引用・参考文献

①石井英真「学力論議の現在－ポスト近代社会における学力の論じ方」松下佳代編『<新しい能力>は教育を変えるか－学力・リテラシー・コンピテンシー』ミネルヴァ書房、2010 年、pp.141-178。

②今井康雄「「学力」をどうとらえるか」田中智志編『グローバルな学びへ』東信堂、2008 年、pp.105-137。

③国立教育政策研究所編『生きるための知識と技能：OECD 生徒の学習到達度調査（PISA）2006 年調査報告書』ぎょうせい、2007 年。

④佐伯胖『学力と思考』第一法規、1982 年。

⑤佐藤学・澤野由紀子・北村友人編著『揺れる世界の学力マップ』明石書店、2009 年。

⑥佐藤学「学力問題の構図と基礎学力の概念」東京大学学校教育高度化センター編『基礎学力を問う：21 世紀日本の教育への展望』東京大学出版会、2009 年。

⑦志村宏吉『学力を育てる』岩波新書、2005 年。

⑧白井俊「OECD Education 2030 プロジェクトが描く教育の未来－エージェンシー、資質・能力とカリキュラム」ミネルヴァ書房、2020年。

⑨田中耕治・井ノ口淳三『学力を育てる教育学（第2版）』八千代出版、2013年。

⑩田村知子「日本のカリキュラム・マジメントの現状と課題」原田信之編著『カリキュラム・マネジメントと授業の質保証－各国の事例の比較から－』北大路出版、2018年、pp.1-31。

⑪中央教育審議会「21世紀を展望した教育の在り方について（答申）」1996年。

⑫中央教育審議会「初等中等教育における当面の教育課程及び指導の充実・改善の方策について（答申）」2003年。

⑬中央教育審議会「幼稚園、小学校、中学校、高等学校及び特別支援学校の学習指導要領等の改善及び必要な方策等について（答申）」2016年。

⑭中央教育審議会「令和の日本型学教教育」の構築を目指して～全ての子供たちの可能性を引き出す、個別最適な学びと、協働的な学びの実現～（答申）」2021年。

⑮ドミニク・S・ライチェンほか『キー・コンピテンシー：国際標準の学力をめざして』明石書店、2006年。

⑯中内敏夫『増補・学力と評価の理論』国土社、1976年、pp.54-59。

⑰奈須正裕・岡村吉永編著『転移する学力』東洋館出版、2023年。

⑱原田信之『確かな学力と豊かな学力』ミネルヴァ書房、2007年。

⑲広岡亮蔵「学力、基礎学力とは何か－高い学力、生きた学力」『別冊現代教育科学』第1号、1964年、pp.5-32。

⑳松下佳代編『＜新しい能力＞は教育を変えるか－学力・リテラシー・コンピテンシー』ミネルヴァ書房、2010年。

㉑松下佳代「資質・能力と学力」木村元・汐見稔幸編著『アクティベート教育学①教育原理』ミネルヴァ書房、2020年、pp.231-243。

㉒松下良平「学力論の相剋」教育哲学会編『教育哲学事典』丸善出版、2023 年、pp.108-111。

第7章
教育方法の構造と探究としての学び

「教育」とはどのような営みなのか、学校とはどんな教育の場なのか、学校教育を経て、どんな大人になり、どんな社会をつくっていくのか、こうした大きな問いをたてた場合にこだわりたいのが、具体的な教育の方法のあり方である。

学校の授業という場であれば、教師はどこから、どんなトーンで、誰に向かって、どんなリズムで、どこを見ながら、何を、どう話すのか、身振りはどうか、どんな服装だろうか、その時の天候はどうだろうか、何時間目の授業であろうか、その授業の前後に子どもたちはどんな時間を過ごすのであろうか、こうした具体的で、かけがえのない学校教育の一場面を想定しながら、教育の「方法」を考えてみよう。

教育の「方法」を考える際に欠かせないのが、構造的な捉え方をする、ということである。これは、教育という営みそのものの構造を捉えることも意味する。その教育は、どのような目標のために、何が、どのように営まれ、そのことの意味はどこにあるのかを評価するという「目標―内容―方法―評価」という一連の構造で教育をとらえることからはじめてみよう。

その上で、いかに教えるのかという教育方法への問いを、いかに学ぶのかという子どもたちの学習と生活にあてはめながら考えることで、何のために生きるのか・学ぶのかという探究の問いに迫るような学びをどう促していくのかという問いへと昇華させながら、教師をはじめとした教育者の仕事や教育という営みについて考えてみよう。

1. 教育における「目標―内容―方法―評価」の構造

(1)「目標―内容―方法―評価」という教育の構造的な把握

教育という意図的な働きかけには、つねに何のために教えるのかという目標志向性がつきまとう。例えば、数学で方程式を教える場合には、方程式という捉え方を教えることで何を教えようとしているのか、方程式の計算ができることで何を教えようとしているのか、そもそも方程式を教えることで数学をどのようなものとして教えようとしているのか、という目標志向性がないと方程式を教えるという数学の教育という営みは成り立たない。

ある教育上の目標を達成するために、適切な教育の内容が選択される。方程式の計算を教えるのであればそれにふさわしい内容が選択されるし、飽和水溶液の性質を教えるのであればそれにふさわしい内容が選択される。あくまで、目標が内容を規定するのであって、その逆ではない。

学校教育の場合、この「目標」の一部は教育課程編成の「基準」である「学習指導要領」に記されている。ただし、それは育成を目指すべき資質・能力や、各教科・領域毎の目標であって、学校教育全体や一つ一つの授業時間の細部を規定しているわけではない。各学校では学校教育目標が設定され、さらにその目標を達成するための具体的な学校教育計画もつくられている。試みに、自分の出身校のホームページや学校情報を手に入れてみるとよいだろう。あるいは、いま自分自身が住んでいる地域や学んでいる地域の学校の情報を調べてみるとよい。校訓などと並んで、学校教育目標が必ず設定されているはずである。

さらに学校教育の場合、教育の「内容」の大部分は学習指導要領で定められている。例えば、一番思い出に残っている学校の授業を思い浮かべてみてほしい。その授業が、どのような学習指導要領上の枠組みで実施された授業なのか、確認してみるとよいだろう。どの学校段階の、何年生の、どの教科の、どんな単元・題材だったのかを想定すれば、学習指導要領でどのような「目標」と「内容」が設定されているのかが確認できる。

何のために、何を教えるのかが決まった上で、どのように教えるのかという方法が選択される。色彩の表現が内容であれば、実際に絵を描くという方法が選択される必要があるし、読解の内容であれば実際に文章を読むという方法が設定される必要がある。あくまで、目標が内容を規定し、内容が方法を規定するのであり、これが「教育における目標─内容─方法の連関」（深澤、2014、pp.24-25）である。この連関のもとで営まれた教育を価値・意味づける営みである「評価」を加えたものが、教育における「目標―内容―方法―評価」の構造である。

この「目標―内容―方法―評価」の構造を捉える際に重要なポイントが二つある。一つは、教育の構造を「目標―内容―方法―評価」という構造から捉えることで、具体的な教授段階を構想することができる、という点である。このことは、教育の「方法」のもつ独自の意義を強調することとも関連する。いま一つは、教える側の「目標―内容―方法―評価」の構造だけではなく、学ぶ側にも「目標―内容―方法

―評価」の構造がある、という点である。

(2) 教授段階の構想と教育方法のもつ独自の意義

「目標―内容―方法―評価」は学校の授業においては、学習指導案において具体的に構想され、記述される。何ページにも及ぶ指導案でない略案であろうとも、文章にはなっていないメモ書きであっても、教師は毎時間、「目標―内容―方法―評価」を具体的に構想して授業に臨んでいる。多くの授業は、時間軸に即してその展開が構想される。いわゆる、「導入―展開―終結」などである。こうした授業展開の形式の基盤を形成したのが、近代学校教育制度の普及とあいまって世界的に展開されたヘルバルト学派の教育論である。

明瞭・連合・系統・方法からなるヘルバルトの四段階の教授の分節（Artikulation）は（ヘルバルト、1968、p.115）、明治期の日本にも導入された。その授業で何を扱うのかを明確にし（明瞭）、前時までの学習内容と本時の学習内容とを系統立てて教え（連合・系統）、実際に応用問題などに取り組む（方法）といった教授の段階は、近代学校教育制度の黎明期において、授業づくりの重要なヒントとなった。

「目標―内容―方法―評価」の構造を捉えることは、近代学校教育制度が普及した時より重視されてきた視点であるとともに、教育の構造的な把握によって具体的な教授段階の構想が意図されてきた。さらにこの構造に踏み込んで考える場合、教育の「方法」の独自な意義に注目する必要がある。というのも、具体的な教授段階あるいは教育実践を想定する場合には、目標―内容という捉え方に教育方法の構想が反作用することもあるからである。

例えば、ジグソー法という学習の方法を授業で導入することを想定してみよう。むろん、目標と内容に照らしてジグソー法をはじめとした具体的な教育方法が選択される必要がある。社会科で考えてみれば、アフリカ諸州を学ぶために、グループで役割を分担して主体的な調べ学習と発表を行ってもらうために、ジグソー法という学習方法が選択される必要がある。しかしながら、目の前の子どもたちの状況や子ども同士の関係性に鑑みて、ジグソー法の導入という「方法」の選択が先行する、ということは教育実践上ままあることである。ジグソー法でなくとも、ICT の活用や、グループワークの活用など、様々な方法が想定されうるだろう。その場合、選択した方法に照らして、目標や内容が再設定されることがある。これが、方法からの目標―内容への反作用であり、目標―内容に対する方法の相対的独自性である。

ヘルバルトの四段階教授法といった近代学校教育制度の構築以降の教育を視野に入れた場合、教育の「目標―内容―方法―評価」という構造的な把握によって具体的な教授段階が構想されてきたこと、そして教育方法のもつ独自な意義が重視されてきたことを認識しておく必要がある。

(3) 子どものカリキュラムと「教える―学ぶ」の構造

教授を段階で捉えることで近代学校教育制度の普及に貢献したヘルバルト学派の教育を「旧教育」だと断じて、20 世紀における「新教育」の到来を期待したのがデューイであった。デューイは、教える側の論理からのみ教育を捉えるのではなく、学ぶ側の視点から教育という営みを捉えることの重要性を、次のように指摘したのである。すなわち、「旧教育は、重力の中心が子どもの外部にあるということを述べることで、要約することができるだろう。その中心は、教師、教科書、その他どこであろうともかまわないが、とにかく子ども自身の直接の本能と活動以外のところにあるのである。このような論拠に立つなら、子どもの生活については、あまり語られないのが実状である。子どもの学習することについては、多くのことが語られるかもしれないが、学校というのは、子どもが生活をする場所ではないことになる。今日わたしたちの教育に到来しつつある変化は、重力の中心の移動にほかならない。それはコペルニクスによって天体の中心が、地球から太陽に移されたときのそれに匹敵するほどの変革であり革命である。このたびは子どもが太陽となり、その周囲を教育の様々な装置が回転することになる。子どもが中心となり、その周りに教育についての装置が組織されることになるのである」(デューイ、1998、p. 96、傍点部は原文のママ）、というのである。

いわゆる「教育におけるコペルニクス的転回」と呼ばれる一節であるが、このことは「目標―内容―方法―評価」の構造にもあてはまる。すなわち、教える側に「目標―内容―方法―評価」が設定されるのと同様に、学ぶ側にも「目標―内容―方法―評価」の構造があるのである。教員免許取得のための教職課程を教える大学の教員側に、何のために、いま何を、どのように教え、そのことがどんな意味を持つのかが振り返られるのと同様に、教職課程を受講している学生にも、何のために大学に入学し、何のために教職課程を履修し、いま何を、どのように学んでいるのかという構造があるのである。教える側の構造や意図と、学ぶ側の構造と意図は、必ずしも一致しない。というよりも、往々にしてズレるものである、という認識が重要である。

教える側の論理と学ぶ側の論理を、「上からの」教育学と「下からの」教育学として対置し、その異同や場合によっては両者がぶつかる点を考慮に入れた上で、具体的な教育の方法を構想する必要がある。これが、教える―学ぶの関係性を認識することであり、両者の関係性の間に「問い」を立て、そのズレやそのことの意味を捉えることが「評価」という営みである。この構造を図示したものが、図１である。

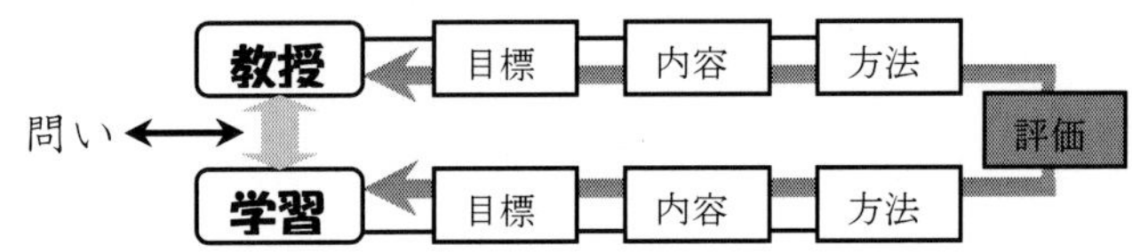

図１：「目標―内容―方法―評価」の構造

以下では、この教えると学ぶとの間のズレや矛盾に着目し、教育という営みや学びによる生き方の探究という視点を考えてみよう。

２. 学びの論理と探究としての学び

(1) 銀行型教育から対話の教育へ

知っている教師が、知らない子どもたちを抑圧する構図を問題視し、その構図の克服を社会の縮図としての学校の改革に向けたのがブラジルの教育学者・フレイレであった。フレイレは、知る者（教師）と知らない者（子ども）との間の非対称性が、教育という探究のプロセスを疎外していることを指摘し、知識を詰め込む「銀行型教育」を批判した（フレイレ、2011、p.81）。

この「銀行型教育」は次のことに帰結するとフレイレは指摘する（フレイレ、2011、p.82）。

a) 教育する者はする者、される者はされる者。

b) 教師は知っている、生徒は知らない。

※c)～e) は省略（註：引用者）

f) 教師が何をやるかを決め、実行し、生徒はそれに従う。

g) 教師は行動する。生徒は教師の行動を見て自分も行動したような幻想を持つ。

h) 教師が教育の内容を選ぶ。生徒はその選択に参加することはなく、ただ選ばれたものを受け入れる。

i)教師に与えられている権威は職業上の機能的なものであるにもかかわらず、あたかも知そのものの権威を与えられていると混同することで、生徒の自由と対立する。生徒は教師の決定に従わなければならない。

j)教師が学びそのものの主体である､生徒は教師にとっての単なる対象である。

このフレイレの指摘は、教育とは何か、あるいは学びとは何かということの根源を問いかけるものでもある。フレイレ自身は、ブラジルでの識字教育実践を通じて、「対話」を軸とした教育実践を提起したが、われわれはこの a)～j)の指摘をどのように捉え、また教育そのもの改革にいかに取り組むことができるであろうか。

(2) 問うことを学ぶ

「学ぶ」とはまねすることを意味する「まねぶ」を語源とすることはこれまでにも耳にしたことがあるかもしれないが、「学ぶ」ということの意義を追究してきた教育学者に佐伯胖がいる。佐伯は、「子どもたち自身が自らのうちに問いを持つ」（佐伯、2003、p.55、傍点部は原文のママ）ことを重視した。学問とは問うことの学習であると捉える佐伯は、子どもこそが学び、問いをもつ主体となるための教師の「発問」の意義を強調した。

「発問」とは、答えを知らない者が答えを知っているものに問う「質問」とは異なり、答えを知っている者（教師）が答えを知らない者（子ども）に問うという独自の構造を有している。佐伯は、「子どもの探究がはじまる探究こそが真の発問」（佐伯、2003、p.57）であるとして、次のような発問のあり方を提起した。

1　観点を変えるための発問
2　別の仮定を導入してみる発問
3　例を考え出させる発問
4　例を与えて考えさせる発問
5　単純化して考えさせる発問
6　矛盾を指摘する発問
7　「ほんとうにそうか？」と問う発問
8　少しずつ条件を変えて極限値まで変化させる発問

佐伯はそれぞれの発問について若干の補足を加えているが､それぞれの発問を授業の中で具体的に想定することができるであろうか。発問のあり方を問うことで、子どもが問いを学ぶ学問をする授業に､子どもが探究する学びの姿を見いだそうとしたのが佐伯であった。

(3) 生きることを学び合う

「知っていること」と「知らないこと」「知りたいこと」との間、すなわち「既知」と「未知」との間に「問い」を立てる認識方法論を提起したのは、ペスタロッチーであった。「問い」を立てるということは、「答え」に至る探究を生むことであり、人間として生きることでもある。大田堯は、「わたくしは、人間が生きているということの証拠は、人間が問題をもって生きていることだと考えてきた。『問』と『答』との間のはりつめた緊張が、子どもやおとなの内面で燃えつづけているかぎり、人間はなお人間らしく生きていることなのだと考える」（大田、1990、p.15）として、「問と答との間」のはりつめた緊張に教育の本質を見いだそうとしたのである。したがって大田は、三権分立とは司法・立法・行政だとすらすら答えることができても、「なぜ三権が分立しなければならないのか？」という問に対して「そんなことはテストには出ないんだよ」という答をさせるための授業づくりがなされるのであれば、学校における子どもの生活は社会・世界から遊離してしまいかねないことを危惧するのである。

ただし、教育における「目標―内容―方法―評価」の構造を捉えた上で、子どもの探究としての学びの意義を重視したとしても、それだけでは見落としてしまう側面がある。それは、子ども同士の集団的関わりの側面である。ある子どもの「問い」は他の子どもにとってどのような意味があるのか、あるいはその問いが学級全体の授業にとってどのような意味があるのか、といった側面に着目する意義である。大人（教師）や学級の仲間といった他者との共同のもつ発達論的意義に着目したのがヴィゴツキーであり、そこで提起されたのが「発達の最近接領域」という概念である。

発達の最近接領域は次のように説明される。すなわち、「二人の子どもの知能年齢を調べ、二人が同じように八歳だったと仮定しよう。だが、それにとどまらず、この二人の子どもが自分で自主的には解くことのできない、その後の年齢の問題を、かれらに教示、誘導質問、解答のヒントなどを与えながら行わせたときに、どのように解くかを明らかにしようと試みるならば、かれらのうちの一人は共同の中で助けられ、指示にしたがいながら十二歳までの問題を解くのに、他の子どもは九歳までの問題しか解かないことがある。この知能年齢、あるいは自主的に解答する問題によって決定される現下の発達水準と、子どもが非自主的に共同のなかで問題を解く場合に到達する水準との間の相違が、子どもの発達の最近接領域を決定する」（ヴィゴツキー、2001、p.298）。この指摘は、「現下の発達水準」と「共同の中で問題を解く場合に到達する水準」との隔たりに、子どもの次の発達可能性があるという指摘である。

「学び」という営みのもつ独自性に留意しながら、探究としての学び、生きることの学びをいかに生起させることができるのであろうか、子どもたち自身が問うことができる授業や教育をどのようにつくっていくことができるのであろうか。

3．問うことによる学びの創出と教育方法の構想

（1）テクノロジープッシュの教育方法改革との対峙

COVID-19感染症の世界的な蔓延は、世界にこれまでにない経験をもたらした。これまでにも教育上の革新は様々に認められうるが、2020年を前後した未曾有の「パンデミック」は、世界上のほぼすべての人に同じ体験と苦労を強いたという点で、教育を考える上でも重要な局面であったといえよう。

COVID-19の影響の有無にかかわらず、テクノロジー・技術革新による教育の刷新は遅かれ早かれ議論されていたであろう。ただし、COVID-19がGIGAスクール構想をはじめ、国内外のテクノロジープッシュの教育方法改革を加速させたことは間違いないだろう。COVID-19が教育に与えた影響は広範であり、ICTやオンライン活用のみに特化されうるものではないが、2020年代以降の教室風景は、それ以前とは大きく異なっているのも事実である。

2021年11月に広島県の学校教員を対象に調査した結果によれば、重要な問題だと考えられていたのは、行事や部活、研修や日々のコミュニケーションなどの対面での活動と、ICTの授業環境および家庭も含む学習環境であった（広島大学教育ヴィジョン研究センター、2023、p.43）。他方で、これまでの様々な学校行事が実施できなくなった状況に照らして、学校行事の精選やこれまでにない活動の創出につながるという側面も指摘され、COVID-19の「以前の学校」に戻ることも、これまでにない「新しい学校」へ移行することも、どちらにも逡巡する教師の姿が浮かび上がってきた（広島大学教育ヴィジョン研究センター、2023、pp.68-70）。また、保健や環境衛生の専門家である養護教諭は、子どもだけではなく教師たちにも「疲労感」が見られることに着目し、学校という場そのものの捉え直しも提起されることが示唆されている（広島大学教育ヴィジョン研究センター、2023、

pp.132-133）。

同調査における「オンライン」および「ICT」への対応の影響としては、ICT活用による多忙感やネットワーク環境の整備上の課題、そして学習意欲や学力の低下を危惧する声などが見られた（広島大学教育ヴィジョン研究センター、2023、pp.126-128）。またその上で、「オンライン対応」および「ICT機器利用」はCOVID-19感染症拡大による一過性のものではなく、継続的に新たな学びのあり方を模索し、その内容の議論が求められることが指摘される（広島大学教育ヴィジョン研究センター、2023、p.129）。

こうしたテクノロジープッシュも背景に、「個別最適な学び」と「協働的な学び」が教育政策上の重要な概念となり、GIGAスクール構想等の推進もあいまって、子どもたちの一人一台端末の整備やオンライン環境が急速に整ってきている。また、ビッグデータを活用した生成AIの登場によって、様々な表現（文章や映像など）を創作することや、これまでのデータ蓄積から個人にあった商品やアイディアの提案も可能となっており、こうした傾向はさらに加速していくことが予見される。しかしながら、「問題は『私』に合わせて個別化されたサービスが、実は統計的に相関を見いだされた集団のデータから引き出されていること」（杉田、2022、p.197）にあることも指摘され、「個人的なデータ」を絶え間なく記録することと個人が「人間であること」を教育はいかに問うことができるのかに直面しているともいえよう。ICT や高度なテクノロジーのみに頼らずに、子どもたちの手と想像力で教育と社会を創造していくための教育方法の構想も求められるだろう。

(2) 学びの場の問い直しと空間構成の視点

テクノロジーやビッグデータといったメディアにとどまらず、教育が営まれている環境や教育という具体的な営みを仲立ちするメディアに注目して、ノートと鉛筆という筆記具が学校を変えたことを史的に明らかにしたのが、佐藤秀夫の『ノートや鉛筆が学校を変えた』という1988年の著作である。「学校の文化史」として刊行されたシリーズの第一巻で本書は、書くということ、記録するということ、これらを媒体する紙・ノートと鉛筆の存在に着目した教育史を描いている。

教室という学習の空間を想起した場合、「黒板」に着目して『黒板の思想』（堀内、1981）を手にとってもおもしろいだろう。黒板は緑色であるのになぜ緑板ではなく「黒」板なのか、黒板のもつ教育的機能はどこにあるのか、という点に迫りながら、教室という空間を見つめ直してほしい。理科室や家庭科室、技術室の椅子にはなぜ背もたれがないのか、教室の窓はなぜ左側にあるのか、教室や廊下の壁や場合によっては天井には、いつ、どんなものが掲示されているか、それは誰によって掲示されているのか、といった教室・学校という空間を見つめ直すことで、教育という営みを構造的に際立たせることができる。

博物館などの資料館では、「展示」の仕方が様々に工夫されている。博物館の展示教育においては、「静止展示」・「映像展示」・「飼育栽培展示」・「復元展示」・「動態展示」・「演示」・「体験展示」・「参加型展示」に展示の仕方が分類されている（酒井 2000、30 頁）。静止展示という展示の仕方だけで見ても、いくつもの教育方法上の工夫がみられる。例えば、筆者がドイツ・オルデンブルクの歴史資料館を訪れた際には、ある展示室には羊の像とヒトラーの銅像の二つが並べられていた。一人の作者による、ナチス台頭の前の作品と後の作品との比較展示である。その二つの像を見て後ろを振り返ると、ナチス時代に失われた芸術作品のリストが展示してある。展示の分類はいずれも「静止展示」であるが、何のために、何を、どのように展示するのか、という「目標―内容―方法」の連関を資料館の展示にも見いだすことができる。

教室という教える場の空間をどのように構成するのか、それはまた、保健室や廊下を含めた学校という空間をどう捉えるのか、体育館や運動場、農場や実験場といった多様な学びの場をどう捉えるのか、そして公民館や地域の交流の場も含めた学校を基盤とした共同体・コミュニティーをどう捉えるのかによって、探究としての学びを促す教育のあり方は多様に構想されうるのである。

(3) スクール・コミュニティーにおける授業研究と授業の改革

教育・授業が営まれている教室が学校のどこに位置するのか、そして学校が地域のどこに位置するのか、その地域が世界のどこに位置するのかという視点から教育を捉え直して見ようとするとき、同時に、教育という営みは多様なステークホルダーによって担われていることに気がつくだろう。地域の方の見守りを受けながら登下校をした経験がある人もいるであろうし、学校の教員以外の様々なゲストから授業を受けたこと、あるいは修学旅行や遠足などの学校以外の場で様々な教育を受けたことがある経験のある人もいるであろう。

「地域と学校との協働」というテーマは古くて新しいテーマでもある。とりわけ高等学校における「探究」が、学校における教育活動と地域との交流を促進し、いわゆるコミュニティー・スクール（学校運営協議会を設置する学校）の設置促進によって地域の多様なアクターが学校経営に関与するようになってきている。他方で、学校の規模適正化、いわゆる学校の統廃合の問題は日本だけではなく、少子化が進行する諸国において重要な問題となってきている。地域と学校との協働、そして学校種間の協働をテーマとして、学校において教えるという営みをいかに問い直すことができるであろうか。

ここでは例えば、広島県の学校種間連携と地域と学校との協働の実践事例を取り上げてみよう（Yoshida, Sugita, Kumai, Fukuda, 2021, pp.193-195）。広島県三次市の吉舎という地域は、1 高等学校 1 中学校 2 小学校 2 保育所からなる一つの学区、吉舎学区を構成している。吉舎学区では、保小中高の連携のもとで、多様な教育実践が営まれている。2020 年 1 月には、小中高の合同での授業研究が実施された。テーマは「吉舎の活性化のための企画をしよう」であり、小中高生がグループで議論をし、①地域キャラクターの活用、②地域清掃活動、③地域行事、の三つのお題についてその協議の結果を提案した。同授業には、地元のケーブルテレビや新聞社、地域の住民や保護者、そして大学の研究者などの様々なステークホルダーが参加し、それぞれのスタンスからこの一つの授業を切り取っていった。テレビ局や新聞社といったマスメディアのステークホルダーは、映像と文章を介して、子どもたちの生き生きとした議論の様子を克明に描き出した。地域の行政関係者は、子どもたちからの地域清掃活動の時期の変更といった提案を受け入れ、実際に翌年度から提案された清掃活動に従事している。大学の研究者は研究の関心に沿って、小中高合同授業研究と地域と学校の協働がもたらす学校教育の影響を様々に分析して記述していった。コミュニティー・ベースの授業研究（Community-based Lesson Study）と題された本実践報告は、多様なステークホルダーによって授業という営み、そして授業を振り返りながら地域と学校が子どもたちにどのような教育を提供しうるかを省察する授業研究／レッスン・スタディーという営みの多様な可能性を示唆している。

学校を中心とした地域共同体（スクール・コミュニティー）をどのように捉え、また地域の中にある学校、学校の中にある教室、そこで営まれる教育をいかに捉えることができるのかというわれわれ自身の探究が、これからの教育方法の構想にとっても重要であることが示唆されよう。

複雑な営みである教育という事象は、「目標—内容—方法—評価」という構造から捉えることができ、またその構造的な把握によって教育方法の具体的な構想に目を向けることができる。子どもたちが学んでいる状況や現状に目を向け、生きることの探究に向けた「問い」を編みながら、教室・学校・地域という教育が営まれている場をいかに構想することができるかは、われわれ教育者の構想力にかかっている。

（吉田　成章）

参考文献

① ヴィゴツキー著、柴田義松訳『新訳版・思考と言語』新読書社、2001 年。

② 大田尭『学力とはなにか』国土社、1990 年。

③ 佐伯胖『「学び」を問いつづけて』小学館、2003 年。

④ 酒井一光(2000)「展示の形態と分類」小原巖編『博物館展示・教育論』樹村房。

⑤ 佐藤秀夫『ノートや鉛筆が学校を変えた』平凡社、1988 年。

⑥ 杉田浩崇「情報技術社会における統治性に接ぎ木されない主体像―ポストヒューマン的社会状況における『人間であること』を論じるために―」石井英真・仁平典宏・濱中淳子・青木栄一・丸山英樹・下司昌編『教育学年報 13 情報技術・AI と教育』世羅書房。

⑦ デューイ著、市村尚久訳『学校と社会』講談社、1998 年。

⑧ 広島大学教育ヴィジョン研究センター（EVRI）監修、丸山恭司・滝沢潤・草原和博・森田愛子・木下博義・尾川満宏・吉田成章・安藤和久（編）『「コロナ」を教師はどう捉えたか―広島県学校教員意識調査の分析―』溪水社、2023 年。

⑨ 深澤広明「教育方法学研究の対象と方法」日本教育方法学会編『教育方法学研究ハンドブック』学文社、2014 年。

⑩ パウロ・フレイレ著、三砂ちづる訳『新訳 被抑圧者の教育学』亜紀書房、2011 年。

⑪ ヘルバルト著、是常正美訳『一般教育学』玉川大学出版部、1968 年。

⑫ 堀内守『黒板の思想』黎明書房、1981 年。

⑬ Yoshida, N., Sugita, H., Kumai, S., Fukuda, A., Lesson Study with Multiple Stakeholders: Community-based Lesson Study. In: Kim, J., Yoshida, N., Iwata, S., Kawaguchi, H.(Ed.), *Lesson Study-based Teacher Education: The Potential of the Japanese Approach in Global Settings,* London: Routledge, 2021.

第8章

教科としての道徳教育

—日本における道徳教育の展開—

急速な社会の変化にともない、児童生徒の生活や意識も大きく変化してきている。特に、不登校、いじめの問題は年々深刻化してきており、社会問題となっている。その背景には、児童生徒のコミュニケーション能力の低下、学習意欲の低下、特別な配慮を必要とする児童生徒の増加などがある。

学校教育には、実際の社会や生活で生きて働く「知識及び技能」の習得、未知の状況にも対応できる「思考力・判断力・表現力」の育成、そして、学んだことを人生や社会に生かそうとする「学びに向かう力・人間性」の育成が求められている。

文部科学省は、新しい学習指導要領の目標に「生きる力　学びの、その先へ」を掲げ、「生きる力」の育成の充実を図るために、社会の変化を見据えた新たな学びのあり方を提起している。新たに学ぶこと、これからも重視する教育内容として、「プログラミング教育」「外国語教育」「主権者教育」等とならび、「道徳教育」が挙げられている。

道徳教育においても、「主体的・対話的で深い学び」（＝アクティブラーニング）の視点から、「何を学ぶか」だけでなく、「どのように学ぶか」も重視した授業改善を図ること。カリキュラム・マネジメントを確立し、教育活動の質を向上させ、学習の効果の最大化を図ることが求められている。

本章では、文部科学省が小中学校の教科として2019年に新設した「特別の教科　道徳」について、1．道徳と教育をめぐる歴史的変遷、2．「特別の教科　道徳」成立の背景、3．学習指導要領における「特別の教科　道徳」、4．道徳科の授業づくり、5．これからの道徳教育という5つの項目から概説していく。

１．道徳と教育をめぐる歴史的変遷

本項では、明治期の修身科の成立から戦後にかけての歴史的変遷について、重要なキーワードをもとに概説する。

(1) 「修身」と「教育勅語」

明治維新以降に展開される学校教育は、欧米諸国をモデルとした教育政策に基づいている。日本の近代学校における「**修身**」の成立は、1872 年の「学制」における「修身科」の設置にみられる。成立当初の「修身」は、西欧主義的傾向をもつものであったため、元田永孚（もとだ ながざね）は天皇を中心とした道徳教育の必要性を主張した。その後、学校教育では、知識教育偏重から知育と徳育のバランスをとり、徳育については儒教主義で行うように要請する「教学聖旨」（1897）が示されたことにより、儒教に基づく道徳教育が重視されるようになり、修身の教科書も統一化が図られた。これによって、「修身」は国体維持のための教科となっていき、日本という国が大きく儒教主義に基づく国家主義へと転換していく役割を果たした。

この間、徳育をめぐる様々な議論が展開されている。福沢諭吉（ふくざわ ゆきち）は、社会の「公議輿論」こそが、道徳の基本であると主張した。森有礼（もりありのり）は、これまでの儒教的徳育中心主義を批判し、体育による集団性と知育による合理性とを基盤とした社会的倫理性の形成を重視した。加藤弘之（かとう ひろゆき）は、諸宗教による徳育を学校で競争的に実施させることを主張し、「徳育論争」のきっかけをつくった。杉浦重剛（すぎうら じゅうごう）は、「日本教育原論」（1887）において、「理学」こそが、道徳の向上に寄与すると説いた。

その後、1885 年伊藤博文（いとう ひろぶみ）内閣の文部大臣に就任した森は、教育制度の大改革を行ない、これまでの「教育令」を廃止され、「小学校令」が制定されることにともない、「修身」を筆頭科目とした。しかし、森の徳育論は十分に浸透しないまま、民衆への思想統制の一環として「修身」が位置づけられ、1890 年に元田らが起草した「**教育ニ関スル勅語（教育勅語）**」が発布された。教育勅語は、天皇から直接国民に下賜（かし）するという形式がとられたことにより、天皇に対して忠誠を尽くす国民をつくり出すことを目的とした教育政策が推進された。日本が戦争に突入してからは、国民には、天皇のために生命を捨てること、国に奉公することが求められた。

日本は太平洋戦争の敗戦を契機として、連合国最高司令官総司令部（GHQ）の占領下に置かれ、教育分野も改革が迫られた。なかでも学校教育における「修身科」と「教育勅語」の取り扱いが問題視された結果、日本歴史・地理とともに「修身科」は停止され、天皇制と深く結びついた「教育勅語」も全国の学校から回収され、民主主義的な価値観へ転換されることになった。

(2) 「道徳の時間」の特設

終戦から1950年にかけて、青少年の犯罪が増加したことから、当時の文部大臣である天野貞祐（あまの　ていゆう）は、修身科の復活を主張した。これをきっかけに道徳教育のための教科を設置する議論が始まり、1958年に小学校、中学校において「道徳の時間」が新たに特設された。「道徳の時間」は、教科ではないが、教育課程上、各教科、特別教育活動、学校行事と並ぶ一領域として教育課程の中に位置づけられ、授業（週1時間、年間35時間）が義務づけられた。一方、「道徳の時間」の導入は「修身科」の復活であるとして、教師を中心に反対の声が多く、実際の授業においても、形式的な指導にとどまったり、この時間をレクリエーションや教科学習に充てたりするなど、教師や国民に十分に理解された上で実施されるには至らなかった。

(3) 「生きる力の育成」と「心のノート」

道徳教育をめぐる日本の学校教育の変遷をまとめると、1998年の学習指導要領の改訂では、知・徳・体のバランスのとれた「生きる力の育成」を目指す教育のあり方が示された。特に、「豊かな心の育成」は、「道徳の時間」を要として学校教育全体を通じた「道徳教育」の主な役割であるとされた。その後、道徳教育における「心の教育」が重視され、2002年に道徳教育用の教材として「心のノート」が作成され、全国すべての小・中学生に無料配布された。「道徳の時間」において「心のノート」を活用することにより、子どもが道徳的価値について自ら考えたり、自己の生活や体験をふりかえることや学校と家庭のつながりを重視した道徳教育の実践が期待された。一方で、国家による心の支配であるという批判や、あらゆる問題の解決を心の問題に還元しようとする心理主義的な傾向があると批判された。そして、2006年に「教育基本法」が改正され、道徳心、公共心、愛国心など日本人の心を育む教育目標が掲げられた。

２.「特別の教科　道徳」成立の背景

(1) 道徳の教科化をめぐる議論

道徳の教科化が検討される中で、現代の子どもの今日的な課題として、「他人のことを考えず、自分にとって得になることを優先させる」「他人への責任転嫁など、責任感が欠如している」「物や金銭等の物質的な価値や快楽を優先する」「夢や目標に向けた努力が軽視される」「目先の利便性や効率性を重視する」等、子どもの規範意識の低下、社会性の欠如が指摘された。

一方、学校における道徳教育の課題について、「学校は道徳教育を十分に行っていないのではないか」「学校によって道徳教育の温度差があるのではないか」という問題提起がなされる中で、「教育改革国民会議報告 － 教育を変える17の提案」（2000）において、「学校は道徳を教えることをためらわない」という共通理解のもと、以下の３つの提言が出された。①小学校に「道徳」、中学校に「人間科」、高校に「人生科」などの教科を設け、専門の教師や人生経験豊かな社会人が教えられるようにする。そこでは、死とは何か、生とは何かを含め、人間として生きていく上での基本の型を教え、自らの人生を切り拓く高い精神と志を持たせる。②人間性をより豊かにするために、読む、書く、話すなど言葉の教育を大切にする。特に幼児期においては、言葉の教育を重視する。③学校教育においては、伝統や文化を尊重するとともに、古典、哲学、歴史などの学習を重視する。また、音楽、美術、演劇などの芸術・文化活動などの体験学習を重視する。また、異年齢交流や地域の社会教育活動への参加を促進する。

その後、2008年の教育再生会議では、「社会総がかりで教育再生を・最終報告—教育再生の実効性の担保のために」において、①心身ともに健やかな徳のある人間を育てる。②徳育を「教科」として充実させ、自分を見つめ、他を思いやり、感性豊かな心を育てるとともに人間として必要な規範意識を学校でしっかり身につけさせる。③家庭、地域、学校が協力して「社会総がかり」で、心身ともに健やかな徳のある人間を育てる。④体育を通じて身体を鍛え、健やかな心を育む。「いじめ」、「暴力」を絶対に許さない、安心して学べる規律ある教室にする。⑤体験活動、スポーツ、芸術文化活動に積極的に取り組み、幼児教育を重視し、楽しく充実した学校生活を送れるようにするとともに、ボランティアや奉仕活動を充実し、人、自然、社会、世界と共に生きる心を育てることが提言された。

また、「すべての学校で、すべての先生が同じ程度に道徳教育の指導をできるようにならないか」「すべての子どもたちの手元に教科書が行き渡れば、どこの学校でも同じ程度の道徳教育が行われるのではないか」「「道徳の時間」の指導結果を明らかにして、指導の改善を図れるようにする仕組み（評価）をつくれば指導の充実が図れるのではないか」という道徳の教科化の実現に向けた議論がなされるも教科化には至らなかった。

(2) 「いじめ問題への対応」としての道徳教育

いじめ問題が深刻化する中で、「大津いじめ自殺事件」をきっかけとして、2015年に「いじめ防止対策推進法」が制定された。この法律の制定過程において、「いじめ問題等への対応について（第一次提言）」（教育再生実行会議, 2013）では、以下のようなことが提言されている。①心と体の調和の取れた人間の育成に社会全体で取り組む。道徳を新たな枠組みによって教科化し、人間性に深く迫る教育を行う。②社会総かがりでいじめに対峙していくための法律を制定する。③学校、家庭、地域、全ての関係者が一丸となって、いじめに向き合う責任のある体制を築く。④いじめられている子を守り抜き、いじめている子には毅然として適切な指導を行う。⑤体罰禁止の徹底と子どもの意欲を引き出し、成長を促す部活動指導ガイドラインを策定する。

特に、学校においては、日常の生徒指導や多様な体験活動などを含めて、すべての教育活動を通じた道徳教育を行うことが強調されている。

このように、いじめ問題に対する社会的要請に応えるために、「いじめ防止対策推進法」とともに、2015（平成27）年度から改正学習指導要領に基づき、道徳の授業が先行実施されることになった。小学校「特別の教科　道徳」は2018（平成30）年から、中学校「特別の教科　道徳」は翌2019（平成31）年から全面実施された。

新設された「特別の教科　道徳」が目指すものについては、2013（平成25）年の「道徳教育の充実に関する懇談会」報告において、道徳教育について「自立した一人の人間として人生を他者とともにより良く生きる人格を形成することを目指すもの」と述べられている。

(3) 「学習指導要領」にみる道徳教育が求められる背景

今日、道徳教育が求められる背景として、「小学校学習指導要領解説　第1章 総説 1 改訂の経緯」よれば、道徳教育とは、人間尊重の精神、生命に対する畏敬の念を前提とし、児童（生徒）が、異なる意見や考えをもった人々が尊重し合い、協働して社会をつくっていくために求められるルールやマナーを学ぶとともに、児童（生徒）の規範意識を育むことを目指して行われる教育活動であり、児童（生徒）一人一人が、人として、「よりよく生きるとは何か」「自分はどのように生きるべきか」等の問いと向き合い、自らの生き方を育んでいく自己との対話的を重ねる営みであることがわかる。また、道徳教育は、児童（生徒）一人一人が、社会を構成する主体であるという自覚をもち、現代社会が抱える困難な諸課題と向き合うため、高い倫理観や他者と対話し協働する資質･能力を身につけていくために大きな役割を果たすものであるとしている。

３．学習指導要領における「特別の教科　道徳」

本項では、「小学校学習指導要領（平成 29 年告示）解説　特別の教科　道徳編」の内容を中心に、学びのポイントを解説していく。

(1) 道徳教育・道徳科の目標

小学校における道徳教育の目標は「小学校学習指導要領　第１章総則の第１の２（2）」に次のように示されている。

道徳教育は，教育基本法及び学校教育法に定められた教育の根本精神に基づき，**自己の生き方**を考え，主体的な判断の下に行動し，自立した人間として他者と共によりよく生きるための基盤となる道徳性を養うことを目標とする。

ここでの学びのポイントは、道徳教育が目指すものは、教育基本法第 1 条「**人格の完成を目指し、平和で民主的な国家及び社会の形成者として必要な資質を備えた心身ともに健康な国民の育成**」や学校教育法に定められた教育の根本精神に基づいていることである。また、小学校では、「自己の生き方」となっている部分について、「中学校学習指導要領」では、「人間としての生き方」、「高等学校学習指導要領」では、「人間としての在り方生き方」となっており、学校段階に応じて、考える内容を深めていくことが重要である。

そして、主体的な判断に基づいて道徳的実践を行い、自立した人間として、他者と共によりよく生きるための基盤となる**道徳性**を養うことが教科としての道徳教育（＝道徳科）の目標である。道徳性とは、人間としてよりよく生きようとする人格的特性であり、道徳教育は道徳性を構成する諸様相である**道徳的心情、道徳的判断力、道徳的実践意欲と態度**を養うことを求めている。

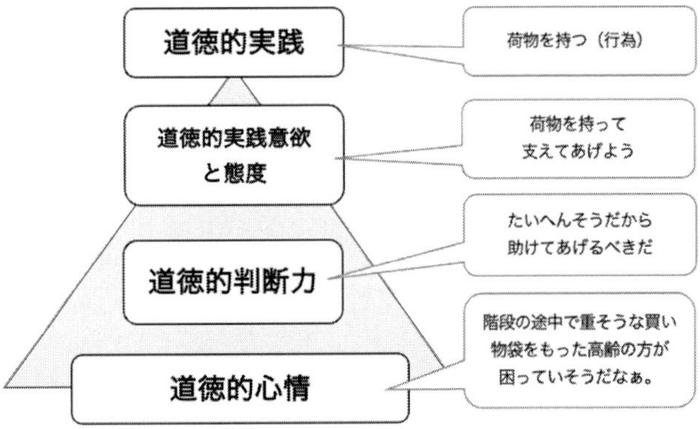

図１：道徳性を構成する諸様相

このような道徳教育への理解を深めるために、次の詩を紹介する。

行為の意味

———あなたの〈こころ〉はどんな形ですか
と　ひとに聞かれても答えようがない
自分にも他人にも〈こころ〉は見えない
けれど　ほんとうに見えないのであろうか

確かに〈こころ〉はだれにも見えない
けれど〈こころづかい〉は見えるのだ
それは　人に対する積極的な行為だから

同じように胸の中の〈思い〉は見えない
けれど〈思いやり〉はだれにでも見える

それも人に対する積極的な行為なのだから

あたたかい心が　あたたかい行為になり
やさしい思いが　やさしい行為になるとき
〈心〉も〈思い〉も　初めて美しく生きる
———それは　人が人として生きることだ
—宮澤 章二『新装版　行為の意味』

道徳科の授業を通して養った〈こころ〉を他者に対する〈こころづかい〉へ、考えたり感じたりした〈思い〉を他者に対する〈思いやり〉へと展開していく。このように目に見えない思いが他者に対する積極的な行為として顕在化するような道徳教育が目指されているのではないか。さらに、「小学校学習指導要領解説　第1章総説　2改訂の基本方針」において道徳教育の位置づけや活動について、以下のように記されている。

道徳教育は，教育の中核をなすものであり，学校における道徳教育は，学校のあらゆる教育活動を通じて行われるべきものである。

同時に、道徳教育においては、これまで受け継がれ、共有されてきたルールやマナー，社会において大切にされてきた様々な道徳的価値などについて､児童が発達の段階に即し，一定の教育計画に基づいて学び，それらを理解し身に付けたり，様々な角度から考察し自分なりに考えを深めたりする学習の過程が重要である。

このように道徳教育は、教育の中核をなすものであり、あらゆる教育活動を通じて行われる必要がある。その内容は、これまで受け継がれてきたルールやマナー道徳的価値などを扱い、一定の教育計画に基づいて、児童（生徒）が理解し、身につけるようになるために､自分なりに考えを深めたりする学習の過程を重視するものであることわかる。

次に、教科としての道徳教育（＝道徳科）の目標について、「小学校学習指導要領解説　第2章道徳教育の目標　第2節道徳科の目標」に次のように示されている。

学校における道徳教育は，特別の教科である道徳（以下「道徳科」という。）を要として学校の教育活動全体を通じて行うものであり，道徳科はもとより，各教科，外国語活動，総合的な学習の時間及び特別活動のそれぞれの特質に応じて，児童の発達の段階を考慮して，適切な指導を行うこと。

ここでの学びのポイントは、道徳教育は、道徳科を要として学校の教育活動全体を通じて行うものであり、各教科、外国語活動、総合的な学習の時間、特別活動、それぞれの特質に応じて、子どもの発達段階を考慮した上で、適切に指導を行うことが求められているということである。

道徳科は以下のような学習過程を通して道徳性を養う。①道徳的諸価値について理解する ②自己を見つめる ③物事を多面的・多角的に考える ④自己の生き方についての考えを深める。

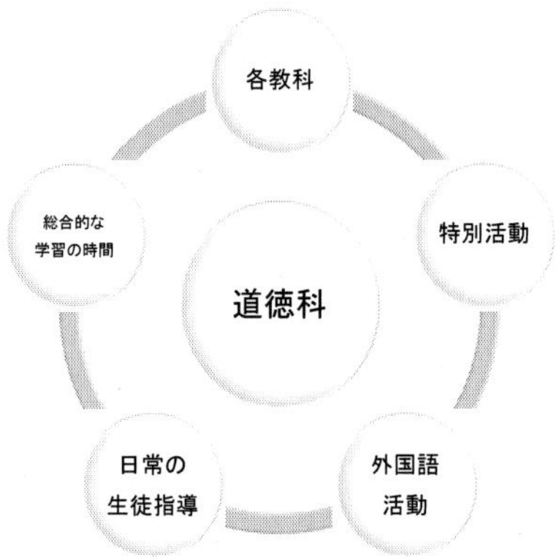

図２：学校の教育活動全体を通して行う道徳教育

また、道徳性を養うことを目的とする道徳科においては、教師の一方的な押し付けや単なる生活経験の話合いなどにならないよう指導計画や方法の工夫が求められている。

(2) 道徳科の内容

道徳科の内容について、「小学校学習指導要領　第３章道徳科の内容　第２内容」において、以下のように述べられている。

まず、内容項目とは、教師と児童が人間としてのよりよい生き方を求め、共に考え、共に語り合い、その実行に努めるための共通の課題である。児童にとっては、自らが道徳性を養うための手がかりとなるものである。指導に当たっては、内容項目を教え込んだり、知的な理解のどどまることがないように留意する必要がある。

次に、内容項目は、**「A 主として自分自身に関すること」**（自己の在り方を自分自身との関わりで捉え、望ましい自己の形成を図ることに関するもの。）「**B 主として人との関わりに関すること**」（自己を人との関わりにおいて捉え、望ましい人間関係の構築を図ることに関するもの。）「**C 主として集団や社会との関わりに関すること**」（自己をさまざまな社会集団や郷土、国家、国際社会との関わりにおいて捉え、国際社会と向き合うことが求められている我が国に生きる日本人としての自覚に立ち、平和で民主的な国家及び社会の形成者として必要な道徳性を養うことに関するもの。）「**D 主として生命や自然、崇高なものとの関わりに関すること**」（自己を生命や自然、美しいもの、気高いもの、崇高なものとの関わりにおいて捉え、人間として自覚を深めることに関するもの。）の４つの視点から分類されており、さらに、「第１学年及び第２学年」、「第３学年及び第４学年」、「第５学年及び第６学年」の学年段階に分かれて示されている。

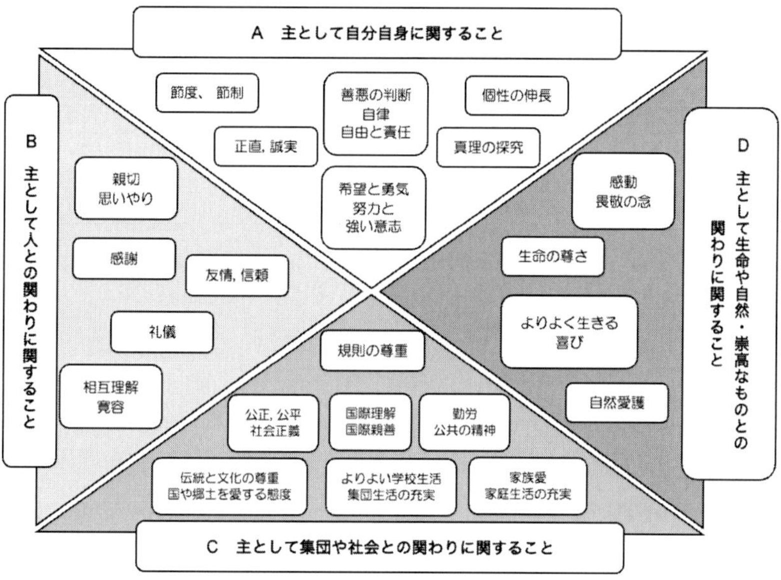

図３：道徳科の内容項目一覧

これらの内容項目は、道徳科のカリキュラム・マネジメントの観点から、関連的、発展的に捉え、取り扱いを工夫することが求められる。また、各学校において、児童や学校の実態などを考慮して道徳教育の目標を設定し、重点的な指導を工夫することが求められている。

また、「小学校学習指導要領　第３章　特別の教科道徳　第２内容」（26-27 項）には、体系化された内容項目が示されており、書く内容項目の概要と学年段階ごとの指導の要点が示されている。指導を行う際には、実際に指導を行う学年段階の指導の要点だけではなく、各学校段階において、考える内容がどのように深まっているかを確認しておくことが望ましい。

例えば、小学校１年生を対象に、内容項目「B　主として人との関わりに関すること」のうち、「親切，思いやり」の授業を行う際に、「相手の立場に立って親切にすること」を考える授業をすることは難しい。まず、「身近にいる人に温かい心で接し，親切にすること」を実践するような取り組みが望ましいと思われる。

(3) 道徳科の指導

○ 指導計画の作成と内容の取り扱い

道徳科の指導計画については、「小学校学習指導要領　第３章　特別の教科道徳　第３の第３の１」において、各学校ごとに道徳教育の全体計画に基づき、各教科、外国語活動、総合的な学習の時間及び特別活動との関連を考慮しながら年間指導計画を作成することが求められている。また、校長が道徳教育の方針を明確にし、全教師が協力して道徳教育をできるように指導力を発揮し、道徳教育の推進を主に担当する教師（＝**道徳教育推進教師**）を中心として、道徳教育の全体計画に基づく道徳科の年間指導計画を作成するように求められている。

年間指導計画の作成の意義は、教科化以前の道徳の授業が、計画的、発展的に行われてこなかったという問題を改善することができる点、低学年から系統的に道徳的価値について学ぶことができる点、学年段階に応じた主題設定、児童生徒の実態、学習過程において多様な指導方法を展開する上での指針となる点等が挙げられる。

具体的に、小学校低学年では、理論的な授業や考えることを中心とした授業は難しいため、一人一人の子どもの気持ちを大切にし、視覚に訴え、動作化や役割演技を用いる。中学年では、生活体験に即した主題を設定し、「なぜ？どうして？」という発問を通して、自分の気持ちや思いと向き合うことを促す。高学年では、知的刺激を与えるような主題を設定し、話合い活動を重視する。中学校では、主題や道徳的価値に関する議論を中心とした授業展開が考えられる。

○ 道徳科の指導

これまでの「道徳の時間」の授業では、読み物資料の心情理解のみの授業、一定の価値観の押し付け授業、型にはまった授業などがみられたが、これからの道徳科の指導においては、次のような基本方針において指導を進めることが求められる。

まず、道徳科は、児童生徒一人一人が、道徳的価値についての理解を基に、自己を見つめ、物事を多面的・多角的に考え、自己の生き方についての考える深める学習を通して、内面的資質としての道徳性を主体的に養ってくものであるという**道徳科の特質を理解する**こと。次に、**教師と児童生徒、児童生徒同士の信頼関係を基盤においた学習活動を展開すること**。

指導方法においては、道徳的価値を教え込んだり、行為の仕方を指導したりするのではなく、児童生徒自らが道徳的価値について考え、葛藤し、自分との関わりでとらえる時間を十分にとった上で、児童生徒が**道徳的価値を自覚できるような指導方法を工夫する**。児童生徒の発達段階や個人差に留意し、一人一人の感じ方や考え方を大切にした**個に応じた指導を工夫する**。同時に、児童生徒が道徳的価値について、多面的・多角的に考え、自分との関わりで考えることができるように**多様な指導方法を工夫する**。具体的には、話合いや議論を通した**問題解決的な学習**や**体験的な学習**などを積極的に取り入れた授業を展開する。それぞれの授業を魅力的なものとするために、**道徳教育推進教師を中心とした指導体制**の充実を図り、教師間の協力的な指導や学び合いを促したり、保護者や地域の人々の参加や協力が得られるように工夫する。

次に、赤堀（2016）をもとに、道徳科の目標に示された学習過程を示す。

① 道徳的諸価値について理解する

価値理解　内容項目を人間としてよりよく生きる上で大切なことであると理解する。

人間理解　道徳的価値は大切であってもなかなか実現することができないという人間の「弱さ」などを理解する。

他者理解　道徳的価値を実現したり，実現できなかったりする場合の感じ方，考え方は一つではない，多様であるということを前提として理解する。

② 自己との関わりで考える

自己を見つめ，これまでの自分の経験、感じ方・考え方と照らし合わせながら考える。

③ 物事を多面的・多角的に考える

物事を一面的に捉えるのではなく，児童生徒自らが道徳的価値の理解を基に考え様々な視点から物事を理解し，主体的に学習に取り組むことができるようにする。

④ 自己の生き方についての考えを深める

児童生徒が道徳的価値の理解をもとに自己を見つめ、物事を多面的・多角的に考えることを通して形成された道徳的価値観をもとに、自己の生き方についての考えを深めていくことができるようにする。

図４：道徳科の目標に示された学習過程

(4) 道徳科の評価

学習における評価は、児童生徒にとっては、自らの成長を実感し意欲の向上につなげていくものであり、教師にとっては、児童生徒の学びを見取り、指導の目標や計画、指導方法の改善・充実に取り組むための資料となるものである。

道徳教育の評価の意義とは、それぞれの教育活動において、一人一人の児童生徒がよりよく生きようとする自覚を持ち、道徳性の育成を促す働きがあるとともに、教師もあらゆる機会や教材などを通して道徳性を養うことを意識し、適切に対応しているかを振り返り、指導の改善に生かすところにある（＝**指導と評価の一体化**）。

前述したように、これまで教科外活動とされてきた「道徳の時間」が教科化され、他の教科と同様に、「検定教科書」を使用し、「評価」の対象となる教科となった。

道徳科の評価について、「小学校学習指導要領　第３章　特別の教科道徳 第３指導計画の作成と内容の取り扱い」の４」によれば「児童生徒の学習状況や道徳性に係る成長の様子を継続的に把握し、指導に生かすように努める必要がある」とされているが、一方で「数値などによる評価は行わないものとする」と述べられている。

道徳科の目標を実現するためには、道徳科の目標と指導・評価が密接な関連をもって実施されることが重要である。道徳科において、児童生徒のうちに道徳性が養われたか否かは、容易に判断できるものではない。教師と児童生徒との人格的な触れ合いによる**共感的な理解**のもと、指導においては、**児童生徒一人一人が活躍する授業**や**教師が生徒の声に耳を傾ける授業**を実践し、話合いを通して多様な見方や考え方に気づき、学びの意義を実感できるような授業となるような工夫が求められる。それに対して、評価においては、教師は児童生徒との温かな人格的な触れ合いに基づき、児童生徒の学びの姿を通して、**よさや成長を見取り、生徒を認め、励ますこと**が求められる。

道徳科における児童生徒の学びを見取る手がかりとして、一面的な見方から多面的な見方へと発展しているか。道徳的価値の理解を自分との関わりの中で深めているかという点が挙げられる。

具体的には、①数値による評価ではなく、記述式で行う。②個々の内容項目ごとではなく、縦断的、横断的に見取る、まとまりを踏まえた評価を行う。③他の児童生徒との比較による評価（＝相対評価）や目標への到達度を測る評価（＝絶対評価）によるのではなく、生徒の成長に着目し、良い点や可能性、成長の過程・状況を積極的に受け止めて認め、励ます評価（＝個人内評価）を行うことが求められている。

評価のための具体的な工夫としては、児童生徒の学習の過程や成果などの記録を計画的にファイルに蓄積したものや児童生徒が道徳性を養っていく過程での自身のエピソードを累積したものを評価に活用したり、作文や感想文、レポート、スピーチやプレゼンテーション、質問紙の記述など具体的な学習の過程を通じて児童生徒の学習状況や道徳性に係る成長の様子（＝児童生徒の姿）を把握することが考えられる。一方、発言が多くない児童生徒や考えたことを文章に記述することが苦手な児童生徒に対する評価については十分に留意し、「困難さ」の状態を把握した上で、教師や他の児童生徒の発言に聞き入ったり、考えを深めようとしたりしている姿に着目するなど、発言や記述ではない形で表出する**児童生徒の姿**に着目して学びを見取るということも重要である。

なお、道徳科の評価を推進するに当たっては、学習評価の妥当性、信頼性等を担保するために、学校として組織的・計画的に行われることが重要である。具体的には、学年ごとに評価のために集める資料や評価方法等を明確にしておくことや評価結果について教師間で検討し評価の視点などについて共通理解を図ること、評価に関する実践事例を蓄積し共有することなどが挙げられる。道徳科の評価において、組織的・計画的な取組を蓄積と定着させることは、道徳科の評価の妥当性、信頼性等の担保につながるだけでなく、一人一人の教師が、道徳科の評価に対して自信をもって取り組み、負担感を軽減することにもつながる。

4．道徳科の授業づくり

前述した学習指導要領における道徳科の目標・指導・評価をふまえ、本項では、筆者の「道徳の指導法」における演習活動「道徳の授業デザイン」の作成プロセスを通して、［**補充—深化—統合**］の観点を踏まえた道徳科の授業づくりのポイントを整理する。なお、［補充—深化—統合］という言葉は、今回の「学習指導要領」では、明示されてはいないが、基本的な考え方は引き継がれていると思われる道徳科の授業を行う上でのポイントである。［補充］とは、学校生活全般で行われる道徳指導において、目の前の児童生徒に不足していると思われる課題を補うという取り組みのことである。［深化］とは、道徳科の授業において、題材等を用いて課題に関する理解をさらに深めようとする取り組みのことである。［統合］とは、道徳科の授業において学んだことを児童生徒の日々の生活に生かしていこうとする取り組みのことである。

今回取り上げる題材は、「手品師」である。物語の概要は以下の通りである。

物語の概要：腕はいいがあまり売れない手品師がいた。ある日、しょんぼりしている男の子に会い、手品を見せることで男の子は元気を取り戻す。次の日も手品を見せることを約束した。その夜、仲のよい友人からの電話で大劇場に出るチャンスがあることを知らされる。手品師は、大劇場のステージに立ちたい気持ちを捨てきれずに悩むが、男の子との約束の方を選ぶ。そして次の日、たった一人の小さなお客様を前にして、素晴らしい手品を演じるという話である。

STEP 1 ：<u>道徳科の内容項目の中から本時のめあてを設定する。</u>

例）道徳的価値：「A 正直, 誠実」今回は、小学校6年生を対象とした授業のため、「高学年の内容項目「 (2) 誠実に,明るい心で生活すること」を確認する。ここで大切な点は、「高学年」だけではなく、各学年段階において、「A

正直，誠実」が具体的にどのような道徳性を養うことを目指しているのかも確認する。

STEP２：ねらいとする道徳的価値に対する授業者の考えや願いを明確にする。

例）「誠実に生きるとはどういうことか？」という問いに対して、心の葛藤をテーマとした題材である「手品師」の物語を通して、多角的な視点から考えられるようになってほしいと考えた。具体的には、誠実に生きるということに対して、「他者に対する誠実な対応」と「自分自身に対する誠実な対応」という２つの視点から考えてもらいたい。

STEP３：ねらいとする道徳的価値についての「児童生徒の実態」と「目指す児童生徒像」を明確にする。

例）「児童生徒の実態」：児童の実態としては、約束を守らないなど、他者に対する誠実な対応ができていないことが見られる。また、周りの雰囲気に流されて、自分の思いとは異なる行動をしてしまっていることが見られる。

「目指す児童生徒像」：「手品師」の心の葛藤を理解し、しっかりと自分自身と向き合った上で、他者に対して誠実な対応ができる児童になってほしい。

STEP４：焦点を当てる人物の心情、行動、出来事を明確にする。

例）「手品師」の心情や行動

STEP５：「つかむ発問」「深める発問」「ふりかえる発問」を検討する。

例）**つかむ発問**：児童生徒が経験したことがありそうな葛藤場面を考える（＝**補充**）

・こんな時どうする？

「Ａさんは、Ｂさんと帰る約束をしていたけど、Ｃさんから「今日は残り遊びできるから一緒に遊ぼう」と言われ、Ｃさんと残り遊びしました。この状況でのＡさん誠実な対応は、どんな対応でしょう？あなただったらどうしますか？」

例）**深める発問**：題材をもとに考えを深める問いを考える（＝**深化**）

・手品師はどんな気持ちだったでしょう？

・あなたが手品師だったとしたら、どちらを選択しますか？

Ａ：男の子との約束を守る

Ｂ：大舞台に立ちたい

・あなたが手品師だとします。

A：男の子との約束を守るために、友人にどんな対応をしますか？

B：大舞台に立ちたいと思ったら、男の子にどんな対応をしますか？

例）**ふりかえる発問**：児童生徒が自分ごととしてとらえられるような問いを考える（＝**統合**）

・今回の学びを通して、今後、もし自分が手品師と同じような状況になった時に、どのように考えたり、行動しようと思いますか？

STEP 6：**「発問」を中心として、授業展開、指導方法、指導上の留意事項を検討する。**

例）授業の展開

導入：「つかむ発問」（＊板書を生かし児童生徒に多くの意見を出してもらう）

展開：「手品師」を読む活動→「深める発問」→話合い活動（＊ペアワークからグループワークに展開する）→全体共有

終末：「ふりかえる発問」（＊児童生徒一人一人がふりかえる時間を十分に確保した上で感想を書いてもらう）→教師の説話

以上のような授業づくりを行なった上で、実際の授業を展開し、授業後は、十分な評価を行う。評価の際には、設定したねらいをもとに児童生徒の姿を把握する。併せて授業者自身が自らの授業に対する評価を行い、指導を省察し、学習計画、指導過程、指導方法、授業改善に取り組むことが重要である。場合によっては、授業を公開して、他の教師による評価を得ることも重要である。

また、文部科学省が「特別の教科 道徳」の趣旨の実現を図るために作成した映像資料等を道徳科の授業づくりの参考とし、道徳の授業づくりのイメージをつかんだ上で、様々な道徳の授業づくりに挑戦してほしい。

5．これからの道徳教育

人間が人生の意味は何かと問う前に、人生のほうが人間に対し問いを発してきている。だから人間は、本当は、生きる意味を問い求める必要などないのである。

人間は、人生から問われている存在である。人間は、生きる意味を求めて問

いを発するのではなく、人生からの問いに答えなくてはならない。

そしてその答えは、それぞれの人生からの具体的な問いかけに対する具体的な答えでなくてはならない。

― V.E.フランクル『死と愛』

筆者は、「道徳科の指導法」の授業の冒頭で、このフランクル（Viktor Emil Frankl, 1905-1997）の言葉を紹介している。これからの道徳科の授業は、フランクルの言葉にあるように、学習者にとっては、人生において様々な困難に直面した時に、困難を問いとして受け止め、その具体的な答えを導く時間となり、授業者にとっては、「教師としての自分」から「一人の人間としての自分」に立ち戻り、授業の中で、子どもたちとともに「自己」を見つめ、自らの生き方について問い／問われ続ける時間となるだろう。

今日の日本における道徳教育は、「生きる力の育成」を目的とし、教科外活動とされてきた「道徳の時間」が「特別の教科　道徳」として教科化されたことにより、その方法論・授業内容において、**「読む道徳から考える道徳へ」**、**「教える道徳から議論する道徳へ」**の質的転換や児童生徒が課題を自ら見つけ、自力で解決する「問題解決型学習」の実施が教師に求められている。その一方で、教室という場には、「よさ」への志向性が常に内在している。

道徳の教科化以前に、児童生徒が、教室という場で、自らの思い、特に一見否定的・消極的なものと捉えられる可能性のある「思い」を臆することなく開示することは容易ではない。「よさ」への志向性を内在した教室という場において、教師自身も無意識のうちに「よさ」を志向してしまうこともあるだろう。

今回の教科化により「検定教科書」と「評価」が導入されるなど、さらに「よさ」への志向を強いられかねない要因が加わり、「道徳科は正解のない教科である」と言いつつ、児童生徒のみならず、教師にも「正解」としての「よさ」が求められているのではないかという現場の教師の声からも、これらの問題が顕在化することが予測される。このようなジレンマに陥っている「特別の教科　道徳」について、その方法に「客観性」や「合理性」を求めすぎないようにする必要があるだろう。また、話合いや議論だけでは、児童生徒の道徳性は育たない。教師に求められているのは、児童生徒一人一人が、考え、悩み、迷う体験のなかで、何を話しても、周りの人がしっかりと聴いてくれている、受け止めてくれていると感じることができる

「対話の場」づくりであり、教師は子どもたちの声を聴き、子どもたち同士が、他者の声を聴き合い、ともに考え、悩み、迷うという「主体的・対話的な学び」を大切にする必要があるだろう。

また、これからの道徳教育は、グローバルな視座から、古くは「認知発達理論」に基づいて「他律的道徳から自律的道徳へ」という道徳心の発達段階を明らかにしたピアジェの研究、それに続く、3水準6段階の「道徳性の発達理論」を提唱したコールバーグの研究に始まり、リップマンによる「子ども哲学」の実践、ノディングスのケアの倫理に基づく対話的実践等を手がかりとして、理論と実践の往還の中で、さらに発展していくことが期待される。

以上、本章では、「教科としての道徳教育」の学びのポイントについて、歴史的経緯、「学習指導要領」の内容を中心に概説してきた。本章の内容が、将来、子どもの教育に携わる仕事をしたいと考えている読者の皆さんにとって、「道徳」について、自ら考える機会を提供するとともに、将来、「道徳」の授業をする時に役に立つことを願っている。

（石﨑　達也）

引用参考文献

① 赤堀博行監修『これからの道徳教育と「道徳科」の展望』東洋館出版社、2016年。

② 赤堀博行監修・日本道徳科教育学会編『道徳教育キーワード辞典-用語理解と授業改善をつなげるために』東洋館出版社、2021年。

③ コールバーク,L.著・岩佐信道訳『道徳性の発達と道徳教育』麗澤大学出版会、1987年。

④ ノディングス,N.著・ブルックス,L.著・山辺恵理子・木下慎・田中智輝・村松灯翻訳『批判的思考と道徳性を育む教室：「論争問題」がひらく共生への対話』学文社、2023年。

⑤ フランクル,V.E.著・霜山徳爾訳『死と愛-実存分析入門』みすず書房、1983年。

⑥ 宮澤章二著『新装版　行為の意味』ごま書房新社、2018年。

⑦ 文部科学省「道徳教育アーカイブ～「特別の教科　道徳」の全面実施～」（https://doutoku.mext.go.jp）。

⑧ 文部科学省「小学校学習指導要領解説 特別の教科道徳編（平成29年告示）」

廣済堂あかつき、2018年。
⑨　文部科学省「中学校学習指導要領解説 特別の教科道徳編（平成29年告示）」教育出版、2018年。
⑩　リップマン,M.・オスカニアン,F.・シャープ,A.M.著・河野哲也・清水将吾監訳『子どものための哲学授業–「学びの場」のつくりかた』河出書房新社、2015年。

第９章
生徒指導の意義・原理・構造

１. 生徒指導の意義

(1) 生徒指導の定義

生徒指導とは、児童生徒が、社会の中で自分らしく生きることができる存在へと、自発的・主体的に成長や発達する過程を支える教育活動のことである（生徒指導提要 2022年）。一人一人の児童生徒の人格を尊重し、個性の伸長を図りながら、社会的資質や行動力を高めることを目指して行われる教育活動である。

すなわち、生徒指導はすべての児童生徒のそれぞれの人格のよりよい発達を目指すとともに、学校生活がすべての児童生徒にとって有意義で興味深く、充実したものになることを目指している。

教育基本法第１条では、学校教育の目的を「人格の完成を目指し、平和で民主的な社会の形成者として必要な資質を備えた心身ともに健康な国民の育成」と示され、さらに同法第２条第２号に「個人の価値を尊重して、その能力を伸ばし、創造性を培い、自主及び自立の精神を養う」と掲げられている。

この学校教育の目的や目標達成に寄与する生徒指導は、各学校の教育目標を達成する上で、重要な機能を果たすものであり、学習指導と並んで、学校教育において重要な意義を持つものと言える。

(2) 生徒指導の目的

各学校においては、生徒指導が教育課程の内外において、一人一人の児童生徒の健全な成長を促し、児童生徒自ら現在及び将来における自己実現を図っていくための自己指導能力の育成を目指すという積極的な意義を踏まえ、学校教育全体を通して、その一層の充実を図っていくことが重要である。

生徒指導提要（2022年）では生徒指導の目的を、児童生徒一人一人の個性の発見とよさや可能性の伸張と社会的資質・能力の発達を支えると同時に、自己の幸福追求と社会に受け入れられる自己実現を支えることと示されている。

「自己実現」の基礎にあるのは、日常の学校生活の場面における様々な自己選択や自己決定である。そうした自己選択や自己決定の場や機会を与え、その過程において、教職員が適切に指導や援助を行うことによって、児童生徒を育てていくことにつながる。

ただし、自己選択や自己決定がそのまま自己実現を意味するわけではない。選択や決定の際によく考えることや、その結果が不本意なものになっても真摯に受け止めること、自ら選択や決定に従って努力することなどを通して、将来における自己実現を可能にする力が育まれていくのである。また、そうした選択や決定の結果が周りの人や物に及ぼす影響や、周りの人や物からの反応などを考慮しようとする姿勢も大切である。

自己実現とは、単に自分の欲求や要求を実現することにとどまらず、集団や社会の一員として認められていくことを前提とした概念なのである。

次に生徒指導において「発達を支える」とは、児童生徒の心理面（自信・自己肯定感等）の発達のみならず、学習面（興味・関心・学習意欲等）、社会面（人間関係・集団適応・家族関係等）、進路面（進路意識・将来展望等）、健康面（生活習慣・メンタルヘルス等）の発達を含む包括的なものである。

また、生徒指導の目的を達成するためには、児童生徒一人一人が自己指導能力を身に付けることが重要であり、児童生徒が深い自己理解に基づき、「何をしたいか」、「何をするべきか」、主体的に問題や課題を発見し、自己の目標を選択・設定して、この目標の達成のため自発的、自律的、かつ他者の主体性を尊重しながら、自らの行動を決断し実行する力、すなわち「自己指導能力」を獲得することが目指されているのである。

(3) 生徒指導の実践上の視点－教師は学校生活の中で何に配慮していくか－

児童生徒の自己指導能力の獲得を支える生徒指導では、多様な教育活動を通して、児童生徒が主体的に課題に挑戦してみることや多様な他者と協働して創意工夫することの重要性等を実感する事が大切である。

①　自己存在感の感受

児童生徒の教育活動の大半は、集団一斉型や小集団型で展開される。そのため、集団に個が埋没してしまう可能性がある。そうならないようにするために、学校生活のあらゆる場面で、「自分も一人の人間として大切にされている」という自己存在感を、児童生徒が実感することが大切である。また、ありのままの自分を肯定的に捉える自己肯定感や、他者のために役立った、認められたという自己有用感を育むことも極めて重要であると捉えられる（国立教育政策研究所生徒指導・進路指導研究センター2015年）。

② 共感的な人間関係の育成

学級経営・ホームルーム経営の焦点は、教職員と児童生徒同士の選択できない出会いから始まる生活集団を、どのようにして認め合い・励まし合い・支え合える学習集団に変えていくのかということに置かれる。失敗を恐れない、間違いやできないことを笑わない、むしろ、なぜそう思ったのか、どうすればできるようになるのかを、皆で考える、支持的で創造的な学級・ホームルームづくりが生徒指導の土台となる。そのためには、自他の個性を尊重し、相手の立場に立って考え、行動できる相互扶助的で共感的な人間関係を、いかに早期に創り上げるかが重要となる。

③ 自己決定の場の提供

児童生徒が自己指導能力を獲得するには、授業場面で自らの意見を述べる、観察・実験・調べ学習等を通じて、自己の仮説を検証してレポートにするなど、自ら考え、選択し、決定する、発表する、制作する等の体験が、何よりも重要である。

児童生徒の自己決定の場を広げていくためには、学習指導要領が目指す「主体的・対話的で深い学び」の実現に向けた授業改善を進めていくことが求められる。

④ 安心・安全な風土の醸成

児童生徒一人一人が、個性的な存在として尊重され、学級・ホームルーム等で安全かつ安心して教育を受けられるように配慮することが重要である。他者の人格をおとしめる言動、いじめ、暴力行為などは決して許されるものではない。お互いの個性や多様性を認め合い、安心して授業や学校生活が送れるような風土を、教職員の支援のもとで、児童生徒自らが創り上げるようにすることが大切である。

そのためには、教職員による児童生徒への配慮に欠けた言動、暴力や体罰等が許されないことは言うまでもない(学校教育法第11条　体罰の禁止)。

２.生徒指導の原理

(1) 生徒指導の基盤となる児童生徒理解－改めて児童生徒理解の重要性－

生徒指導を進めていく上で、その基盤となるのは、児童生徒一人一人についての児童生徒理解の深化を図ることと言える。一人一人の児童生徒はそれぞれ違った能力・適正・興味・関心等を持っている。また、児童生徒の生育環境も将来の進路希望も異なる。それゆえ、児童生徒理解においては、児童生徒を多面的・総合的に理解していくことが重要であり、学級担任・ホームルーム担任等の日頃の人間的な触れ合いに基づくきめ細かい観察や面接などに加えて、学年の教員、教科担任、部活動等の顧問などによるものを含めて、広い視野から児童生徒理解を行うことが大切である。

児童生徒理解は、一人一人の児童生徒を客観的かつ総合的に認識することが第一歩であり、日頃から一人一人の言葉に耳を傾け、その気持ちを敏感に感じ取ろうという姿勢が重要である。特に思春期では、子どもから大人への急激な成長の変化をとげる時期であり、様々な不安や悩みを経験しながら自分自身を見つけていくことになる。これに加えて進学等による生活環境の急激な変化を受けている中学生や高校生の不安や悩みにも目を向け、児童生徒の内面に対する共感的な理解を持って、児童生徒理解を深めることが大切である。そのためには、児童期・青年期の心理の特徴を熟知しておくよう努めなければならない。

しかし、経験のある教職員であっても、児童生徒一人一人の家庭環境、生育歴、能力、適性、興味・関心等を把握することは、非常に難しいことである。また、授業や部活動などで、日常的に児童生徒に接していても、児童生徒の感情の動きや児童生徒相互の人間関係を把握することは容易ではない。

さらに、スマートフォンやインターネットの発達によって、教職員の目の行き届かない仮想空間で、不特定多数の人々と交流するなど、思春期の多感な時期にいる中学生や高校生の複雑な心理や人間関係を理解するのは困難を極める。したがって、いじめや児童虐待の未然防止においては、教職員の児童生徒理解の深さが鍵となる。また、児童生徒理解の深化とともに、教員と児童生徒との信頼関係を築くことも生徒指導を進める基盤であると言える。教員と児童生徒の信頼関係は、日頃の人間的な触れ合いと児童生徒と共に歩む教員の姿勢、授業等における児童生徒の充実感や達成感を生み出す指導、児童生徒の特性や状況に応じた的確な指導と不正や反社会的行動に対する毅然とした指導などを通じて形成されていくものである。

⑵ 望ましい人間関係づくりと個別指導・集団指導

学校教育は、集団での活動や生活を基本とするものであり、学級や学校での児童生徒相互の人間関係のあり方は、児童生徒の健全な成長と深く関わっている。児童生徒一人一人が存在感をもち、共感的な人間関係を育み、自己決定の場を豊かに持ち、自己実現を図っていける望ましい人間関係づくりは、極めて重要である。

人間関係づくりは、教科指導やそれ以外の学校生活のあらゆる場面で行う必要がある。自他の個性を尊重しつつ、互いの身になって考え、相手のよさを見つけようと努める集団、互いに協力し合い、よりよい人間関係を主体的に形成していこうとする人間関係づくりとこれを基盤とした豊かな集団生活が営まれる学級や学校の教育環境を形成することは、生徒指導の充実の基盤であり、かつ生徒指導の重要な目標の一つでもある。

このように個人の成長と集団の成長とは、不可分の関係にあるが、指導場面においては、個別指導と集団指導とを分けて考える視点も重要である。

個別指導とは、個を高めることを意識して行う指導と表現できる。個別指導には、集団から離れて行う指導と、集団指導の場面においても個に配慮することの二つの概念がある。授業など集団で一斉に活動している場合において、個別の児童生徒の状況に応じて配慮することも個別指導と捉えられる。また、集団に適応できない場合など、課題への対応を求める場合には、集団から離れて行う個別指導の方が、より効果的に児童生徒の力を伸ばす場合も少なくない。

また、集団指導とは、集団を高めることを意識して行う指導と表現できる。集団指導では、社会の一員としての自覚と責任、他者との協力性、集団の目標達成に貢献する態度の育成を図る。児童生徒は役割分担の過程で、各役割の重要性を学びながら、協調性を身に付けることができる。自らも集団の形成者であることを自覚し、互いが支え合う社会の仕組みを理解するとともに、集団において、自分が大切な存在であることを実感する。指導においては、あらゆる場面おいて、児童生徒が人として平等な立場で互いに理解し信頼した上で、集団の目標に向かって励まし合いながら、成長できる集団をつくることが大切である。

そのために教職員には、次のことを基盤とした集団づくりを行うように工夫することが求められる。

① 安心して学校生活ができる
② 個性を発揮できる
③ 自己決定の機会を持てる
④ 集団に貢献できる役割を持てる
⑤ 達成感・成就感を味わうことができる
⑥ 集団での存在感を実感できる
⑦ 他の児童生徒と好ましい人間関係を築ける
⑧ 自己肯定感・自己有用感を培うことができる
⑨ 自己実現の喜びを味わうことができる

３. 生徒指導の構造

生徒指導は、児童生徒の課題への対応を時間軸や対象、課題性の高低という観点から類別することで構造化することができる。図１は、４層からなる生徒指導の重層的支援構造を示したものである。

(1) 発達支持的生徒指導

発達支持的生徒指導は特定の課題を意識することなく、全ての児童生徒を対象に、学校の教育目標の実現に向けて、教育課程内外の全ての教育活動において進められる生徒指導の基盤となるものである。これが、本来の積極的な生徒指導である。

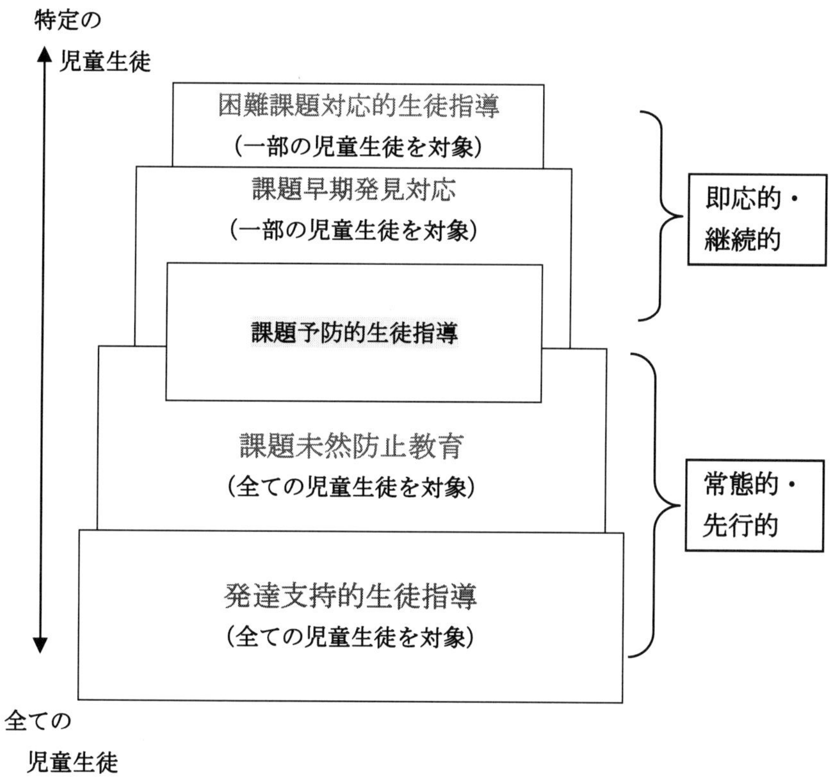

図１　生徒指導の重層的支援構造（生徒指導提要より－p19）

「発達支持的」というのは、児童生徒に向き合う際の基本的な立ち位置を示している。すなわち、あくまでも児童生徒が自発的・主体的に自らを発達させていくことが尊重され、その発達の過程を学校や教職員がいかに支えていくかという視点に立っている。すなわち教職員は、児童生徒の「個性の発見とよさや可能性の伸張、社会的資質・能力の発達を支える」ように働きかけるのである。

発達支持的生徒指導では、日々の教職員の児童生徒への挨拶、声かけ、励まし、賞賛、対話、及び授業や行事等を通した個と集団への働きかけが大切になる。例えば、自己理解力や自己効力感、コミュニケーション、他者理解力、思いやり、共感性、目標達成力、課題解決力などを含む社会的資質・能力の育成や自己の将来をデザインするキャリア教育など、教員だけではなく、スクールカウンセラー等の協力も得ながら、共生社会の一員として市民性教育・人権教育等の推進などの日常的な教育活動を通して、全ての児童生徒の発達を支える働きかけを行っていくことが必要である。

(2) 課題予防的生徒指導：課題未然防止教育

課題予防的生徒指導は、課題未然防止教育と課題早期発見対応から構成される。課題未然防止教育は、全ての児童生徒を対象に、生徒指導の諸課題の未然防止をねらいとした、意図的・組織的・系統的なプログラムの実施である。

具体的には、いじめ防止教育、ＳＯＳの出し方教育を含む自殺予防教育、薬物乱用防止教育、情報モラル教育、非行防止教室等が該当し、年間指導計画に位置づけ、実践・実行することが重要である。

(3) 課題予防的生徒指導：課題早期発見対応

課題早期発見対応では、課題の予兆行動が見られたり、問題行動のリスクが高まったりするなど、気になる一部の児童生徒を対象に、深刻な問題に発展しないように、初期の段階で諸課題を発見し対応する。

例えば、ある時期に成績が急落する、遅刻・早退・欠席が増える、身だしなみに変化が生じたりする、落ち着きがなく仲間との人間関係がうまくいっていない児童生徒に対して、いじめや不登校、暴力行為、自殺などの深刻な事態に至らないように、早期に教育相談や家庭訪問などを行い、実態に応じて迅速に対応することが求められる。

(4) 困難課題対応的生徒指導

いじめ、不登校、少年非行、児童虐待など特別な指導・援助を必要とする特定の児童生徒を対象に、校内の教職員だけでなく、校外の教育委員会等、警察、病院、児童相談所、ＮＰＯ等の関係機関との連携・協働による課題対応を行うのが、困難課題対応的生徒指導である。

困難課題対応的生徒指導では、学級・ホームルーム担任による個別の支援や学校単位では対応が困難な場合に、生徒指導主事（主任）や教育相談コーディネーターを中心にした校内連携型支援チームを編成したり、校外の専門家を有する関係機関と連携・協働したネットワーク型支援チームを編成したりして対応する。

児童生徒の背景には、児童生徒の個人の性格や社会性、学習障害・注意欠陥多動性障害・自閉症などの発達障害といった個人的要因、児童虐待・家庭内暴力・家庭内の葛藤・経済的困難などの家庭的要因、また、友人間での人間関係に関する要因など、様々な要因が絡んでいることが多い(ＤＳＭ-5アメリカ精神医学会 精神障害診断)。

学校として、このような課題の背景を十分に理解した上で、課題に応じて管理職、生徒指導主事（主任）、学級・ホームルーム担任、養護教諭、スクールカウンセラー、スクールソーシャルワーカー等の専門家で構成される校内連携型支援チームや、関係機関との連携・協働によるネットワーク型支援チームを編成して、計画的・組織的・継続的な指導・援助を行うことが求められる。

生徒指導と言うと、課題が起き始めたことを認知したらすぐに対応する(即応型)、あるいは、困難な課題に対して組織的に粘り強く取り組む（継続的）イメージがあるが、いじめの重大事態や暴力行為の増加、自殺の増加などの喫緊な課題に対して、起きてから「どう対応するか」という以上に、「どうすれば起きないようになるのか」という点に注力することが大切である。

また、課題予防的生徒指導（課題早期発見対応）や困難課題対応的生徒指導を通して、起こった事象を特定の児童生徒の課題として留めずに、学級・ホームルーム、学年、学校、家庭、地域の課題として、視点を広げて捉えることによって、全ての児童生徒に通じる指導の在り方が見えてくる。

このように、発達支持的生徒指導や課題予防的生徒指導（課題未然防止教育）の在り方を改善していくことが、生徒指導上の諸課題の未然防止や再発防止につながり、課題早期発見対応や困難課題対応的生徒指導を広い視点から捉え直すことが、発達支持的生徒指導につながるという円環的な関係にあると言える。

その意味からも、これからの生徒指導は積極的な先手型の生徒指導の工夫が一層必要になると考えられる。

4.生徒指導の方法と生徒指導体制

(1) 観察力と専門的・客観的・共感的理解

児童生徒を心理面のみならず、学習面、社会面、健康面、進路面、家庭面から総合的に理解していくことが重要である。学級担任・ホームルーム担任の日頃のきめ細かい観察力が、指導・援助の成否を大きく左右する。また、学年担当、教科担任、部活動等の顧問等による複眼的な広い視野からの児童生徒理解に加えて、養護教諭、スクールカウンセラー、スクールソーシャルワーカーの専門的な立場からの児童生徒理解を行うことが大切である。この他、生活実態調査、いじめアンケート調査等の調査データに基づく客観的な理解も有効である。

(2) 児童生徒・保護者と教職員の相互理解の重要性

的確な児童生徒理解を行うためには、児童生徒、保護者と教職員がお互いに理解を深めることが大切である。児童生徒や保護者が、教職員に対して、信頼感を抱かず、心を閉ざしていた状態では、広く深い児童生徒理解はできない。児童生徒や保護者に対して、教職員が積極的に、生徒指導の方針や意味などについて伝え、発信して、教職員や学校側の考えについての理解を深める必要がある。

(3) ガイダンスとカウンセリング

生徒指導の集団指導と個別指導に関連して、学習指導要領の第1章「総則」で新設された「児童（生徒）の発達の支援」において、以下、ガイダンスとカウンセリングの双方による支援の重要性が明記された。

主に、集団の場面で必要な指導や援助を行うガイダンスと、個々の児童（生徒）の多様な実態を踏まえ、一人一人が抱える課題に、個別に対応した指導を行うカウンセリングの双方向により、児童（生徒）の発達を支援することが重要である。

生徒指導上の課題としては、小学校入学後に、うまく集団になじめない、学級が落ち着かないなどの小1プロブレムや、小学校から中学校に移行した際に、不登校児童生徒数や暴力行為の発生件数が増加するなどの中1ギャップが見られる。

また、人間関係で多くの児童生徒が悩みを持ち学習面だけではなく、心理面や進路面での不安や悩みを抱えることも少なくない。そのような課題に対しては、教職員が児童生徒や学級・ホームルームの実態に応じて、ガイダンスという観点から、学校生活への適応やよりよい人間関係の形成、学習活動や進路等における主体的な取組や選択及び自己の生き方などに関して、全ての児童生徒に、組織的・計画的に情報提供や説明を行う必要がある。

また、カウンセリングという観点からは、児童生徒一人一人の生活や人間関係などに関する悩みや迷いなどを受け止め、自己の可能性や適正についての自覚を深めるように働きかけたりしながら、児童生徒が自らの意志と責任で選択・決定することができるようにするための相談・助言を行っていく。

(4) チーム学校による生徒指導体制

深刻化、多様化、低年齢化する生徒指導の諸課題を解決するためには、学級・ホームルーム担任が一人で問題を抱え込まずに生徒指導主事（主任）等と協力して、機動的連携支援チームで対応することが求められる。また、対応が難しい場合は、生徒指導主事（主任）や教育相談コーディネーター、学年主任、養護教諭、スクールカウンセラー、スクールソーシャルワーカー等、校内の教職員が連携・協働した校内連携型支援チームによる組織的な対応が重要となる。

さらに、深刻な課題は、校外の関係機関等との連携・協働に基づく、ネットワーク型支援チームによる地域の社会資源を活用した組織的な対応が必要になる。課題早期発見対応や困難課題対応的生徒指導においては、チームによる指導・援助に基づく組織的な対応によって、早期の課題解決を図り、再発防止を徹底することが重要である。

そのためには、教員同士が支え合い、学び会う同僚性が必要になる。教職員や専門スタッフ等の多職種で構成される学校が、チームとなって実効的に機能するには、職場の組織風土（雰囲気）が特に大切である。

換言すると、学級・ホームルーム担任中心の抱え込み型生徒指導から、多職種による連携・協働型生徒指導へと転換していく際に重要となるのは、職場の人間関係の有り様であると言える。

① チーム支援の特色

生徒指導上の課題に取り組んでいる児童生徒一人一人に対して、保護者、学校内の複数の教職員、関係機関の専門家、地域の人々等が、アセスメントに基づいて、支援チームを編成して、課題予防的生徒指導や困難課題対応的生徒指導を行っていくことになる。アセスメントとは、当該児童生徒の課題に関連する問題状況や緊急対応を要する危機の程度の情報を、収集・分析・共有し、課題解決に有効な支援計画を立てるための資料を提供するプロセスのことである。

チーム支援のプロセスは、1.チーム支援の判断とアセスメントの実施、2.課題の明確化と目標の設定・共有、3.チームの支援計画の作成、4.支援チームによる実践（児童生徒への働きかけ等）、5.点検・評価に基づくチーム支援の継続・終結の判断、と捉えることができる。

② チーム支援の留意点

1. 合意形成と目標の共通理解

チーム支援に対して、保護者や児童生徒に、事前に、「何のために」「どのように進めるのか」「情報をどう扱い、共有するのか」という点に関して、合意形成や共通理解を図る。

2. 守秘義務と説明責任

参加するメンバーは、個人情報を含め、チーム支援において知り得た情報を守秘しなければならない。チーム内守秘義務（集団守秘義務）が重要である。

また、学校や教職員は保護者や地域社会に対して、説明責任を有し、情報公開請求に応えることも求められる。特に、当該児童生徒の保護者の知る権利への配慮が大切である。

3. 記録保持と情報セキュリティ

会議録、各種調査票、チーム支援計画シート、教育相談記録等、的確に作成し、規定の期間保存することが重要である。これらの情報資産については、各自治体が定める教育情報セキュリティポリシーに準拠して慎重に取り扱うことが求められる。

5. 生徒指導と教育課程

(1) 児童生徒の発達を支える教育課程

学校が編成する教育課程は、「学校教育の目的や目標を達成するために、教育の内容を児童生徒の心身の発達に応じ、授業時数との関連において総合的に組織した各学校の教育計画」であり、各教科等の年間指導計画も教育課程の編成の一環として作成されるものである。これらの教育課程に係わる諸計画に基づき実施される教育活動は、教育課程内の活動と呼ばれる。こうした活動の多くは、いわゆる「授業」という形で行われるために、学習指導の場というイメージが強く働き、生徒指導との関係が十分に踏まえられていないことも少なくない。しかし、「３　生徒指導の構造」でも触れたとおり、学習指導の目的を達成する上で、また生徒指導の目的を達成し、生徒指導上の諸課題を生まないためにも、教育課程全体における生徒指導の働きかけが不可欠である。

⑵ 学習指導要領「総則」と生徒指導

①　学級・ホームルーム経営の充実

学習や生活の基盤として、教員と児童生徒との信頼関係及び児童生徒相互のよりよい人間関係を育てるため、日頃から学級・ホームルーム経営の充実を図ること。また、主に集団の場面で必要な指導や援助を行うガイダンスと、個々の児童生徒の多様な実態を踏まえ、一人一人が抱える課題に個別に対応した指導や援助を行うカウンセリングの双方により、児童生徒の発達を支援すること。

②　生徒指導の充実

児童生徒が、自己の存在感を実感しながら、よりよい人間関係を形成し、有意義で充実した学校生活を送る中で、現在及び将来における自己実現を図っていくことができるよう、児童生徒理解を深め、学習指導と関連付けながら、生徒指導の充実を図ること。

③　キャリア教育の充実

児童生徒が、学ぶことと自己の将来とのつながりを見通しながら、社会的・職業的自立に向けて、必要な基盤となる資質・能力を身に付けていくことができるよう、特別活動を要にしつつ、各教科等の特質に応じて、キャリア教育の充実を図ること。

④　指導方法や指導体制の工夫改善による個に応じた指導の充実

児童生徒一人一人の能力、興味・関心、性格等が異なることを踏まえ、教員が個々の児童生徒の特性等を十分に理解し、個に応じた指導の充実を図ること。

⑶ 学習指導と生徒指導

学習指導要領では、知・徳・体にわたる「生きる力」のバランスの取れた育成を重視しており、学習指導と生徒指導との関連を意識しながら、日々の教育活動を充実していくことが重要である。このことは、学習指導を担う教員が、同時に生徒指導の主たる担い手にもなるという、日本型学校教育の特徴を最大限に発揮させることでもある。

学習指導において、児童生徒一人一人の対する理解（児童生徒理解）の深化を図った上で、安全・安心な学校・学級の風土を創り出す、児童生徒一人一人が自己存在感を感じられるようにする、教職員と児童生徒の信頼関係や児童生徒相互の人間関係づくりを進める、児童生徒の自己選択や自己決定を促すといった、生徒指導の実践上の視点を生かすことにより、その充実を図っていくことが求められる。

また生徒指導においては、個別の問題行動等への対応といった課題早期発見対応や困難課題対応的生徒指導にとどまらず、全ての児童生徒を対象とした未然防止教育、さらには、一人一人のキャリア形成等を踏まえた発達支持的生徒指導の視点が重要になる。（本来の積極的な生徒指導）

学習指導要領の趣旨の実現に向け、全ての子供たちが、自らの可能性を発揮できるように、「個別最適な学び」と「協働的な学び」を一体的に充実していく上で、特に発達支持的生徒指導の考え方を生かすことが不可欠である。（「令和の日本型学校教育」の構築を目指して～全ての子供たちの可能性を引き出す、個別最適な学びと協働的な学びの実現～ 中央教育審議会答申 2021 年）

(4) 学級・ホームルーム経営と生徒指導

教育課程における活動は、学級・ホームルームという土台の上で実践される。学級・ホームルームは、学校における生活集団であり、学習集団であり、生徒指導の実践集団でもある。

学級・ホームルームは、児童生徒にとって、学習や生活など学校生活の基盤となるものである。児童生徒は、学校生活の多くの時間を学級・ホームルームで過ごすため、自分と他の成員との個々の関係や、自分と学級・ホームルーム集団との関係は、学校生活そのものに大きな影響を与えることになる。

教員（担任）は、個々の児童生徒が、学級・ホームルーム内でよりよい人間関係を築き、学級・ホームルームの生活に適応し、各教科等の学習や様々な活動の効果を高めることができるように、学級・ホームルーム内での個別指導や集団指導を工夫することが求められる。

学級・ホームルーム経営は、年度当初の出会いから始まる生活づくりを通して、学級・ホームルーム集団を、共に認め・励まし合い・支え合う集団にしていくことを目指していく。これは、児童生徒の居場所をつくり、失敗や間違いを通して、皆で考え、支え合い、創造する集団、つまり、生徒指導の実践集団を育てることでもある。その際に、「児童生徒の発達を支える」という視点が重要になる。なぜなら、児童生徒は、それぞれが直面する課題を解決することによって、自己実現し、自己指導能力を育んでいくからである。学級・ホームルーム経営で行う生徒指導は、発達支持的生徒指導と課題未然防止教育を実践することに、ほかならない。

学級・ホームルーム経営では、児童生徒自身が学級や学校生活、人間関係をよりよいものにするために、皆で話し合い、皆で決めて、皆で協力して実践することを通じて、学級・ホームルームの友だちの良いところに気付いたり、良好な人間関係を築いたり、学級・ホームルームの雰囲気がよくなったりすることを実感することが大切である。こうした主体的な活動を通して、お互いを尊重し合い、よさや可能性を発揮し合えるような学級・ホームルーム集団となることが、個々の児童生徒が自己有用感や自己肯定感などを獲得することにつながるのである。

(5) 教育相談の基本的な考え方

教育相談の目的は、児童生徒が将来において社会的な自己実現ができるような資質・能力・態度を形成するように働きかけることであり、この点において生徒指導と教育相談は共通している。

ただ、生徒指導は集団や社会の一員として求められる資質や能力を身に付けるように働きかけるという発想が強く、教育相談は個人の資質や能力の伸長を援助するという発想が強い傾向にある。この発想の違いから、時には、毅然とした指導を重視すべきなのか、受容的な援助を重視すべきなのかという指導・援助の方法を巡る意見の違いが顕在化することもある。

しかし、教育相談は、生徒指導の一環として位置付けられ、重要な役割を担うものであることを踏まえて、生徒指導と教育相談を一体化させることが必要である。

そのため、教職員には、以下のような姿勢が求められる。

① 指導や援助の在り方を教職員の価値観や信念から考えるのではなく、児童生徒理解（アセスメント）に基づいて考えること。

② 児童生徒の状態が変われば指導・援助方法も変わることから、あらゆる場面に

通用する指導や援助の方法は存在しないことを理解し、柔軟な働きかけを目指すこと。

③　どの段階でどのような指導・援助が必要かという時間的視点を持つこと。

また、教育相談は、生徒指導と同様に学校内外の連携に基づくチームの活動として進められる。その際、チームの要となる教育相談コーディネーターの役割が重要となる。チームとして活動する際には、校長の指揮監督の下にあるメンバーで構成される校内チームが基本となる。

これまで述べてきたように、深刻化、多様化、低年齢化する生徒指導の諸課題を解決するためには、まず児童生徒理解を深め、チーム学校をめざして、課題早期発見対応や困難課題対応的生徒指導を、広い視点から捉え直し、全ての児童生徒への発達支持的生徒指導や課題予防的生徒指導（課題早期発見対応）を重視し、起きてから「どう対応するか」という以上に、「どうすれば起きないようになるのか」という点に注力することが大切である。その意味からも、これからの生徒指導は、積極的な先手型の生徒指導の工夫が、一層必要になると考えられる。

（黒田　智隆）

参考文献

①　文部科学省「小学校学習指導要領」（平成29年告示）.

②　文部科学省「中学校学習指導要領」（平成29年告示）.

③　文部科学省「生徒指導提要」2023年.

④　文部科学省「生徒指導提要」2010年.

⑤　中央教育審議会「「令和の日本型学校教育」の構築を目指して〜全ての子供たちの可能性を引き出す、個別最適な学びと協働的な学びの実現〜（答申）」2021年.

⑥　国立教育政策研究所生徒指導・進路指導研究センター 2015年.

第10章
学級経営
—学ぶ集団を育む—

1．学校教育の基礎は学級の経営にあり

(1) 集団の教育力

小学校、中学校、高校時代、あなたは生徒としてどんな学級と出会ってきただろうか。温かい雰囲気の学級、互いに切磋琢磨して高め合う学級、同調圧力の強い学級、個々バラバラで何事も他人事の学級、相互に傷つけ合い防衛的な雰囲気の学級、等々。どんな学級に所属するかによって、学習意欲や学力や人間形成に大きな違いが生じる。

それでは、教育を受ける生徒の立場から、教育実践に責任をもつ教師の立場になって考えてみてほしい。あなたは学級担任として、どんな学級づくりをしたいだろうか。この回答として、「一人ひとりの子どもを大切にした学級づくりをしたいので、子ども一人ひとりの声に耳を傾けたい」という意見をしばしば聞く。確かに、「個に応じた指導」ということで、カウンセリングなど、子ども一人ひとりに対応する個別指導が注目されている。また学習面では、「個別最適な学び」を促進するために、ICT の活用や少人数によるきめ細かな指導体制の整備を進めることが強調されている。しかし、一対一（少人数）の個別対応のアプローチだけでは、子どもたち一人ひとりの学びや成長を保障したり深めたりすることは困難であろう。ここで欠けているのは、集団を育むことを通して個を育むという発想である。

集団は、一人で学ぶことや一対一の個別の関係では得られない大きな教育力をもっている。集団での活動は、自分とは異なる他者の考えやものの見方を知ることができる。異なる考えをもつ他の人たちと交流し合うことによって、他から学び、自分を変えていき、自らを育て、他を育てていく。その中で、学ぶことの喜びや学ぶ態度などを知る。自分一人で考えるよりも深く考え、互いに磨きあって、より質の高いもの創り出していく可能性を秘めている。子ども同士が相互にかかわり合い、影響し合うことによってこそ、一人ひとりの学びや成長を深めることができる。

学級で教えることの意味は、集団の教育力を生かして、子ども同士が互いにかかわり合いながら学ぶことにある。子どもたちの間の個人差や異質性を学びの障害とみなすのではなく、むしろそれらを生かして、より豊かな学習と成長の原動力たらしめようとするところにその意味がある。

(2) 学校教育の基盤としての学級

「学校教育の基礎は学級の経営にあり」（沢正著『学級経営』明治45年）と言われている。なぜなら、子どもたちにとって学級は、学校における学習と生活の基盤だからである。日本の学級は、「学習集団」と「生活集団」という二つの性格をあわせ持っている。「学習集団」とは、教授＝学習のために編成された基礎集団である。「生活集団」とは、子どもたちが学校生活を送るための基礎集団である。子どもたちは学級を基盤にして、仲間たちとともに授業に参加するし、運動会や文化祭や遠足などの学校行事に取り組むし、掃除や給食などの当番や係活動を行ないながら学校生活を送る。

教師にとっても学級は最も重要な実践基盤である。英米諸国では、教師は学習指導を中心に担い、生徒指導・ガイダンスはカウンセラーなどの専門スタッフが担う分業型である。これに対し、日本の教師は、学級集団を基盤として、集団の教育力を生かしながら、授業（学習指導、教科指導）と生徒指導を統合的に展開する。

生徒指導の目的は、「児童生徒一人一人の個性の発見とよさや可能性の伸長と社会的資質・能力の発達」を支えることであり、その基礎となる「自己指導能力（深い自己理解に基づき、「何をしたいのか」「何をするべきか」、主体的に問題や課題を発見し、自己の目標を選択・設定して、この目標の達成のため、自発的、自律的、かつ、他者の主体性を尊重しながら、自らの行動を決断し、実行する力）」を身につけることである（生徒指導提要2022）。そのためには、学級において、児童生徒一人ひとりが「自分も一人の人間として大切にされている」という自己存在感を感受し、共感的な人間関係を育み、互いの個性や多様性を認め合い、安全・安心に学べるような「居場所づくり」が重要である。さらに、児童生徒が自らの手で「絆づくり」を進め、学級の生活や文化をつくりだすよう、自己決定の場を豊かにもった自治的な活動の場づくりが重要である。

授業についても、「この学級は子どもたちが応答してくれるので授業が深まる」「あの学級は子どもたちの落ち着きがなくて授業がやりにくい」というように、学級の集団の質（集団の教育力）に大きく左右される。授業が学級集団の影響を受けるだけでなく、授業を通して学級集団のなかに、「仲間の間違いや失敗やできないことを笑わない」、発表の仕方や聞き方、助け合い方などの学習規律、授業に参加できない子どもや発言できない子どもを支え合う風土をつくりだすことが重要である。それによってはじめて、みんなが参加し、みんなで学び合うことのできる授業が可能となる。

しばしば教科指導（学習指導）と教科外の指導（学級活動・特別活動など）は、単純に区分してとらえられがちである。教科の授業では教師が積極的に教授し、学級活動では子どもの自主的な活動を重視するという具合である。しかし、これらの領域を二元的に分離してはいけない。学級活動を通して培った子どもたちのかかわり合う力を教科の授業で生かし、さらに授業の成果を学級活動に生かしていくというように、相互作用的かつ連続的に学級集団を質的に発展させながら子どもたちの力を培っていく視点が求められる。

(3)「つくりだすべき課題」としての学級集団

学級という集団とその経営の基本的性格を理解するために次の文章を引用しよう。

「そもそも学級は期限付きで人為的に学校内に編成された生活集団であり、学習集団です。そこでは友達や教師などとのいろいろな出会いがあり、相互信頼や協力関係も生まれますが、葛藤や対立も避けては通れません。教師の願いや期待と子どもの現実との間に行き違いがあったり、コミュニケーションのズレが生じることもあるでしょう。あるいは、子ども同士の個性が衝突することもあり得ます。

しかし、学級は様々なうごめきや混沌とした状況をくぐり抜けながら、個人も集団もそれぞれの課題を発見し、成長するための契機をつかむ場であります。その意味では、学級はもともと「形」のあるものではなく、四月から始まる一年間、授業や集団活動など多様な活動を通して新しくつくられるものです。その意図的・計画的な営みが学級経営と呼ばれるものです。」（学級経営研究会 2000）

学級という集団は、子どもたち自身が選びとったものではない。そのため、放っておいて自然に子どもたち自身で教育的に望ましい集団が形成されるわけではない。学級は放っておけば、個々に自己中心的にふるまう群れの状態に陥ってしまうだろう。学級における集団は、「すでに与えられてあるもの」ではなく、「つくりだすべき課題」、「それに向かっていく理想」としてとらえられるべきものである（吉本 1986,54）。学級担任は、学級集団を「形」のあるものにし、その集団が質的に発展するよう、少なくとも 1 年間を見通して意図的・計画的に学級経営を行なう必要がある。

学級集団の質的な発展は、表 11-1 のように三段階に区別される。

表 11-1 学級集団の質的発展の段階（吉本 1986,57-59）

①群れ・セクト的段階	子どもたちが自分中心にふるまい、バラバラに偶然的にそこにいるだけという段階。無規律の集団。
②管理・統制的段階	教師の指示や命令によって統制・点検されることで集団を形成している段階。与えられた学習規律や生活規律に従うだけの他律的規律の集団。
③自律（自立）的段階	与えられた指示・命令で動かされるのではなく、個と個とがかかわり合い、励まし合いによって集団内部に自己指導力を備えた段階。子どもたちが互いに生活や学習の要求を出し合い、自分たちで新しい規律をつくりだす自覚的規律の集団。

①から③への移行は、子ども同士の関係がバラバラで他人事の関係から応答し合い共感し合う関係へ、客体（対象）としての子どもから主体としての子どもへと転換する過程を反映している(吉本 1985,11-29、吉本 1992,80-87）。それぞれの子どもたちは、自分が自分であることの存在感を求めている。その存在感は、一人でに生まれるものでもなく、他者から強制されて生まれるものでもない。自分がなしたことに対して、他者（教師や友達）がたしかに反応し、応答してくれることによって生まれるものである。教師は、学級が子どもたちの「居場所」となるよう、子どもたちとまなざしを共有し合い、呼びかける—呼びかけられる、認める—認められる、あてにする—あてにされる、という相互主体的で応答し合う関係を育てあげていく。応答し合う関係は、話す人にまなざしを向ける主体から、うなずいたり首をかしげたりする主体へ、さらに、わからないときは「わからない」と表現する主体へと発展させていく。学級集団を、安心して「わからない」や「まちがい」を出し合うことができ、みんなで考え合って追究する主体的経験の場としていくのである。

(4) 学級経営の内容

意図的・計画的な営みである学級経営の内容として、次の①～⑥が挙げられる。学級づくりという集団の経営を中核としながら、それを支える条件整備的な活動が含まれる。学級担任は一年間を通してこれらの活動を有機的に展開する。

① 児童生徒理解：学級の子ども一人ひとりについて、心理面（自信・自己肯定感等）、学習面（興味・関心・学習意欲等）、社会面（人間関係・集団適応等）、進路面（進路意識・将来展望等）、健康面（生活習慣・メンタルヘルス等）、家庭面（生育歴、家庭環境等）から総合的に理解することが重要である。

② 集団の経営：学級における望ましい人間関係、望ましい集団の育成など、いわゆる学級づくりである。

③ 教育課程の経営：学級における各教科・道徳・特別活動・総合的な学習の時間を含む全教育活動の編成と実践である。

④ 教室環境の経営：子どもたちが安全・安心に落ち着いて学習に取り組み、一人ひとりが存在感をもって活動するための、教室環境の構成、掲示・展示、座席配置、清掃美化、整理整頓、設備危険防止などである。

⑤ 保護者との連携：連絡帳、学級だより、通知表、家庭訪問、学級懇談会、授業参観、親子面談などにより、学級経営に関する保護者の理解を促し、連携を深める。

⑥ 学級事務：指導要録、出席簿、健康診断票、毎日の指導記録、金銭出納簿など、諸帳簿の整理・報告、学級会計の処理である。

2．学級のモデルの歴史的展開

(1) コメニウスの思想

今日、「学級」と言えば、同一年齢の子どもを対象にして、同一内容を教え＝学び、教室という生活の根拠地をもって、少なくとも 1 年間は継続される集団がイメージされる。しかし、歴史的に見ると、こうした学級の姿は必ずしも自明ではない。近代以前では、特権階級の子弟だけが家庭教師によって個別的に教育を受けていた。

学級を理念的・思想的に基礎づけたのは、17 世紀チェコの教育学者コメニウス（Comenius、J.A.）である。コメニウスはその著『大教授学』において「あらゆる人に、あらゆる事柄を教授する」という近代市民社会の普通教育の理念を実現しようとし、「一人の教師が百人の生徒を同時に教授する」方法として学級を提唱した。それは次のような諸原則によって特徴づけられていた（恒吉・深澤 1999,292）。

①地域の子どもたちすべてを、生活年齢の違いによって「学級」に編成すること
②すべての子どもたちに共通統一的な教育内容を体系的に用意すること
③教育内容をわかりやすく、順序よく配列し、生徒の学習が無理なく進むようにすること
④配列された教育内容を時間単位にあつかう教材に具体化し、その授業時間に生徒が一緒に学習する共通の課題を設定すること
⑤教師の教授によって生徒が全員、同時に教授対象を習得し、同時に進級できるように、生徒の注意力を喚起し、持続させること

(2) モニトリアル・システム（助教生制度）

近代学校で学級が成立したのは、19 世紀初頭のイギリスにおいてである。近代学校教育の拡大発展に伴い、ベル（Bell, A.）とランカスター（Lancaster, J.）が、多人数の子どもに同一内容を同時に教えるという効率性・経済性の観点から、工場の大量生産方式をモデルとするモニトリアル・システム（monitorial system、ベル・ランカスター・システムとも呼ぶ）を考案した。一人ひとりの子どもを順に教師の教卓に呼び出して教えていく個人教授方式と異なり、このシステムは子どもたちを学習進度によって約 10 人ずつのグループ（学級）に分け、各グループで同一教材を一斉に教授するものであった。そして、教師（master）は成績の優秀な生徒の中から助教（monitor）を選び、教師は助教に教授内容を教え、その内容を助教が各グループの生徒に教えた。その教授内容は読み・書き・算などの基礎的知識・技能に限定されていた。こうした学級が近代学校教育の原型であり、一人の教師が多数の子どもたちに同一内容を教えることを可能にしたのである（吉本 1987,25）。

(3) わが国における「学級」の展開

日本の近代学校制度は 1872（明治 5）年に布告された「学制」から始まる。その骨格は欧米諸国の教育システムを輸入したものだった（河村,2010,28）。このときの尋常小学校は、モニトリアル・システムと同様、試験の成績によって生徒を段階的に編成する「等級制」であった。

わが国に「学級」という概念が確立されたのは、「一人の本科正教員の一教室に

おいて同時に教授すべき一団の児童を学級と称する」と定めた1891（明治24）年の文部省令「学級編制等に関する規則」においてである。成績によって子どもの所属を決める「等級制」から、今日のような、同一年齢の子どもで学級を編成する「学級制」に改められたのである。

その後、子どもの個性を尊重し、自発的、創造的な活動を重視する大正新教育運動のなかで、教授組織としての学級を社会共同体や生活集団としてとらえなおす動きが展開される。そこでは、学級のなかに学級文庫、学級新聞、学級通信、学級学芸会などの活動が取り入れられ、子どもたち自らによる学級文化活動が行なわれた。

⑷ １対（ペア）モデル、聴衆モデル、集団モデル

以上のような学級の歴史的展開を学級の中の社会的関係に着目して見ると、１対（ペア）モデル、聴衆モデル、集団モデルという３つのモデルを見出すことができる（吉本 1987,144）。歴史的には１対（ペア）モデルから聴衆モデルを経て集団モデルへと発展してきた。ただし、いずれのモデルも今日の学校に存在しているので、３つのモデルは成層的関係にある。

１対（ペア）モデル：家庭教師と生徒の関係のように、一人の教師が一人の子どもに対して、密接な人格的関係のなかで、自分のもつ知識技能を直接に教えるというモデルである。

聴衆モデル：モニトリアル・システムのように、一人の教師が多人数の子どもに同一内容を同時に教えるモデルである。効率性や経済性の点で長所があり、そのおかげで近代学校教育は普及した。

集団モデル：前の２つのモデルに欠けているのは、子どもと子どもの間のかかわり合いの関係である。教師が個別に一対一で指導する一対（ペア）モデルでは、子どもは教師の直接的な指導・伝達の対象（客体）となるので、受け身の姿勢になりやすい。また、問題のある行動・態度をする子どもに対して教師が一対一の指導ばかりをしていると、他の子どもたちは「これは自分たちの課題ではなく、教師の課題だ」ととらえ、傍観者となる。聴衆モデルでは、子どもたちは壇上の出来事に対して傍観的に眺めるだけの「観客」「聴衆」と化し、学習の主人公とはなりにくい。

これに対し、集団モデルは、子ども相互がかかわり合って学習し合うモデルである。教師が子ども一人ひとりに直接指導するのではなく、集団（学級や班）に要求をだすことによって、集団のなかでの個と個のかかわり合いを育て、課題追求・解

決に向けた自己運動をつくりだす。子どもたちが生活や学習の主人公になり、集団内部に自己指導力を育てあげることをめざすモデルである。

教師は一人ひとりの子どもに直接的・個人的に働きかけて、その個人の態度・行動・認識を変革を達成しようとするのではなく、集団を媒介とした間接的働きかけによって個人の変革に迫ろうとする。つまり、集団モデルは、「直接的教育作用」ではなく、「間接的教育作用」の論理にもとづいている（吉本 1987）。

3. 学級を組織する

(1) 集団観

先述したように、学級集団はもともと「形」のあるものではない。四月の「学級開き」から三月の「学級じまい」までの一年間、さまざまな学級活動や授業を通してつくられるものである。それゆえ、学級経営は、場当たり的な指導ではなく、一年間の見通しをもった意図的・計画的な営みでなければならない。数十人の子どもたちが毎日いっしょに生活するためには、学級の規律・ルールや組織的な仕組みを整える必要がある。その際に教師に問われることは、どのような集団観にもとづいて規律や仕組みをとらえて、学級を組織するかである。集団観として、主に次の３つが挙げられる（吉本 2006ｂ,16-21）。

① 管理主義的集団観

学級の子どもたちを上手に管理監督して、一定の規律によって取り締まり、その枠内から子どもたちが逸脱しないように指導するという集団観である。管理主義は、子どもたちを指示・管理の対象とみなし、外面的な規律や秩序の維持を重視する。しかし、子どもたちの主体性が育てられないため、その教師（担任）がいなければ学級は荒れてしまうことになる。

② 適応主義的集団観

学級の子どもたち一人ひとりに役割（当番、係）を与える等によって、子どもたちの心理的安定や一体感をつくりだし、学級規範に自発的に適応させようとする集団観である。子どもたちみんなが一人一つの役割（当番、係）を持って活動することにより、一人ひとりを尊重し自覚や責任感を育てることができるという発想である。しかし、適応主義や仲よし主義は、集団をつくりだしていく、集団の質を発展させていくという視点を欠いている。それゆえ、「みんなの力でやりとげた」という喜びや誇り、そのねうちを子どもたちに教えることが難しい。

③ 自治的集団観

学級集団を、管理・統制的段階にとどめるのではなく、集団内部に自己指導力を備えた自律的段階に向かって指導しつづける集団観である。この集団観では、与えられた規律や役割に従うだけでなく、子どもたちがお互いに生活や学習の要求を出し合い、聴き合い、話し合い決定し、その決定をみんなで取り組み、新しい文化や規律を創造していく。自分たちで決めて自分たちでやり遂げ、「困難だったが達成した」という達成感や誇りを教え習得させることが、この集団観の本質である。ここでの学習規律や生活規律は、「静かにしなさい」と外から与えられたものではなく、「静かにしよう」という自己や仲間への要求である内的規律として発現する。

(2) 学級の組織的な仕組み

図 11-1 は、自律的段階に向かう学級集団の質的発展を意識して、中学校における一年間の学級活動の展望をイメージしたものである。学級活動の一場面一場面は、個別的・孤立的にとらえるのではなく、学級づくりの歴史をかたちつくる一連の連続した過程の一コマ一コマとしてとらえる必要がある。

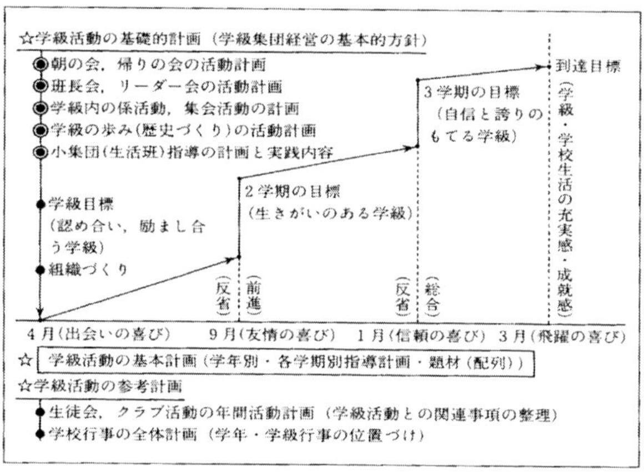

図 11-1　学級活動の展望（松浦 1993,116）

① 学級目標

学級目標はこの学級がめざす方向を示すものである。学級目標は、単に掲げるだけでなく、担任と子どもたちの「こんな学級にしたい」という願いが込められたものであり、その実現につながる事実を積み上げることが大事である。たとえば、学校行事などにおいて学級の取り組みをたえず学級目標とかかわらせて振り返る、朝の会や終わりの会で学級目標とかかわらせて一日を振り返る、などである。

② 朝の会と帰りの会

毎日行なわれる朝の会と帰りの会は、単なる連絡・伝達の時間ではなく、一日の見通しや目標をもち、学級や自分を振り返る重要な時間である。朝の会では、一日の出発にあたり、健康状態を把握したうえで、今日の予定や目標を確認し合い、歌声を交えるなどして連帯感を持ち、意欲的に立ち上がることができるようにする。子どもたちは目標を意識しながら一日を過ごし、帰りの会では朝の会で確認し合った目標に即して一日の学校生活の成果と課題を振り返り、明日の生活を方向づける。

③ 当番活動と係活動

学級の中で子どもたちが豊かな集団生活を営むためには、さまざまな仕事が必要である。仕事の内容から見ると、実務的な性格が強い「当番活動」と文化的・創造的な性格が強い「係活動」に区別される（吉本 1986,92-95）。

当番活動には、清掃美化に関する仕事、給食当番、教材教具の準備、日誌をつける等がある。子どもたちで分担し順番を決めて交代で取り組む当番活動は、学級生活を維持するために必要な仕事である。仕事の内容がだいたい決まっていて、ある程度のやる気があれば誰でもできるし、だれもが責任をもってやらなければならないものである。当番活動の指導の主眼は、教室をきちんと自己管理し、ひとつひとつの仕事を責任をもって、正確にやりきることを教えることである。

他方、係活動には、レクレーション係、図書係、新聞係、飼育係などがある。これらの仕事は、子どもたちの創意工夫によってその内容に発展性があり、学級文化を培う活動であり、一定期間は継続して取り組む必要がある。係活動の指導の主眼は、その内容を文化的・創造的な質のあるものに高めるように指導することである。

④ 班

班は、個と個のかかわり合う関係を育てながら子ども一人ひとりの自己指導力を育てることをねらいとする。教師は班に対して要求を出すことで、班の内部に個と個とのかかわり合いを育て、かかわり合う関係を学級のなかにつくりあげ、子どもたち全員の主体的な活動を呼び起こす。班には次のような教育的効果がある（吉本 1987,295）。

・班によって全員参加を組織することができる。
・班ではお互いに、「たてまえ」ではなくて、「ほんね」の発言を出し合うことができ、班員相互の援助や批判が容易となる。
・教師によってそのつど指示されるのではなく、班を中心として子どもたちが生活や学習への要求を提出し、自主的・共同的に新しい学習規律をつくりだすことが容易となる。

班を組織する場合、班長という役割が置かれる。また、班長たちによって構成される班長会は学級の指導機関である。単なる世話係ではなく、リーダーとしての自覚を班長にもたせて活動に取り組ませていく中で、指導力を育てていく必要がある。

⑤ 学級総会

学級総会は、学級集団の意思を決定しその実行を保障していく学級の最高機関である。学級総会では、学級の目的達成のために、また学級生活の諸問題の解決のために、学級の一人ひとりの子どもが主体的に参加して民主的に話し合い自分たちで決定する。その決定に基づいて責任をもってみんなで取り組む。そして実践の成果と課題を確認し、次の実践への方向づけをする。教師は、討議や話し合いの仕方、決議の仕方を指導するなど、学級集団内部に自己指導力を育てることが大切である。

4. 多様化する子どもたちと学級経営

(1) 学級集団の変化

1990 年代後半に、いわゆる「学級崩壊」がマスコミにも取り上げられ、社会問題化した。学級崩壊（学級がうまく機能しない状況）とは、「教師の指導を受け入れない」「授業が始まっても教室内を立ち歩く」「集団で教室を飛びだし、いつまでたっても戻らない」「突然奇声を発したり、物を投げる」などの行為を繰り返して、授業が成り立たなくなって、学級内での指導が困難になっている状況のことである(学級経営研究会 2000)。こうした学級崩壊は、力量のあるベテラン教師でも起きている例も多く、ある特定の教師の指導力という個人的問題としてではなく、どの学校、どの学級、どんな教師でも起こりうる問題として認識された。

その後の学級集団の変化について、河村（2010,142-144）は「教師の支援の必要なレベル」という観点から考察している。学級の中の各支援レベルの子どもの分布が図 10-2 のように変化したという。従来の学級集団では学級経営の早い段階で、最低限の規律やルールが定着した一定水準の学級集団の状態が成立し、教師は余裕をもって２次支援レベル、３次支援レベルの子どもに個別対応ができた。また、子ども同士でそれらのレベルの子どもをサポートすることもできた。しかし、最近の学級集団には、基本的生活習慣が身についていない、発達障害を持っている、家庭や成育歴に課題のある個人的危機を抱えた３次支援レベルの子どもが一定の割合で存在する。さらに、全体対応の中で個別配慮の必要な２次支援レベルの子どもが多くなったため、これまでの学級経営が難しくなってきたととらえている。

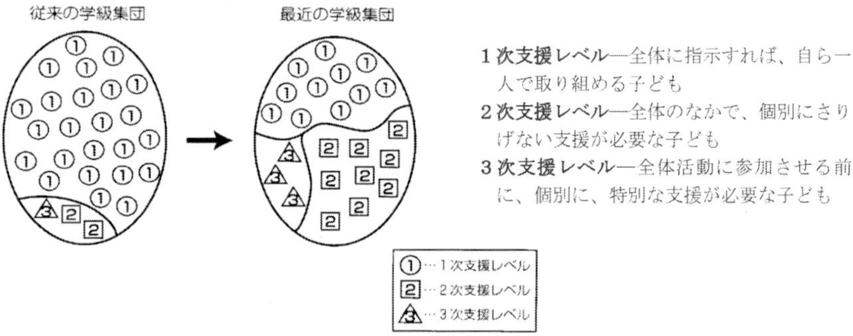

図 11-2　学級集団の変化（河村 2010,142）

さらに、中央教育審議会答申『「令和の日本型学校教育」の構築をめざして～全ての子供たちの可能性を引き出す，個別最適な学びと，協働的な学びの実現～』（2021 年 4 月）では、いじめや不登校指導生徒数の増加、外国人児童生徒数の増加、通常の学級に在籍する発達障害のある児童生徒、児童虐待、ヤングケアラー、18 歳未満の子どもの相対的貧困率の上昇など、多様化する子どもたちに目を向けている。その対応として、「個別最適な学びを実現しながら、学校の多様性と包摂性を高めることが必要である」と述べている。

(2) これからの学級経営の模索

それでは、多様化する子どもたちによる学級集団の変化に対して、学級経営はどうあればよいのだろうか。

近年見られる対応の一つは、子どもたち一人ひとりに目が行き届き、学習のつまずきの発見や個々人の学習進度に応じた指導を可能にするよう、少人数の指導を行うことである。だがその際、少人数の指導と学級集団の教育力とを分離してとらえるのではなく、両者のつながりを考える必要がある。

もう一つの対応は、スクールカウンセラー、スクールソーシャルワーカーなどの専門スタッフと教員が連携・分担する体制を整備して学校の機能を強化する「チームとしての学校」である。ここで留意すべきは、どのような集団観にもとづいて連携・分担をおこなうのかである。枠内から子どもたちが逸脱しないように指導する管理主義的集団観に囚われている場合、もしも ADHD（注意欠陥・多動性障害）の特性を持つ子どもがいて、その子どもが授業中に奇声を発したり、立ち歩いたりしたら、「障害のある子ども」「学級に適応できない子ども」「困った子ども」とラベル付けして、その子どもの個別の問題としてとらえて、他の専門スタッフに個別対応を求めることになる。

これに対し、学校や学級の多様性と包摂性を高める観点からすると、その子どもに障害があるのではなく、環境に障害があるのではないかという考え方が重要である（赤坂 2023）。その子どもが授業中に奇声を発したり、立ち歩いたりしたら、環境要因がそれらを誘発している可能性があると考えるのである。問題があるのは子どもではなく、「障害のある学級・授業」である。例えば、全ての子どもに一律のスピードで一律の成果を求める授業は障害のある授業と言えるかもしれない。変えるべきは学級や授業の在り方であり、子ども同士が認め合う関係や風土を醸成していくことが大事となる。

子どもたちの多様化が進むなかで、これまでの学級経営のやり方がこれからも通用するとは限らない。それゆえ、教師は絶えず自らの学級経営の在り方を振り返り（リフレクション）、教職員同士で相互に意見を交わし、学び合っていく「同僚性」がますます重要となる。学級や子どもを「かくあるべし」「こうすればこうなる」という固定観念に囚われて、「望ましい姿」という思い込みに近づけようとすると、状況はますます悪化しかねない。学級経営がうまくいかない状況をいったんそのまま受け止め、知らず知らずのうちに囚われている管理主義的な集団観や操作主義的な子ども観を疑ってみて、「子ども自身が学級の主人公としてかかわる可能性を切り捨てないこと」が大事である（学級経営研究会,2000）。そして、学級経営がうまいくいかない状況を担任教師一人で抱え込まず、同僚と日頃からコミュニケーションをとりながら学び合っていくことが大切である。学級経営の問題は、その教師個人の問題というよりも、その教師にとっての環境である教職員集団の「同僚性」の問題であるととらえる視点が重要になっている。

（曽余田　浩史）

参考文献

① 赤坂真二「今、学校がすべきなのは学級経営の UD 化 【発達障害 8.8%をどう受け止めるか」小学校教員のための教育情報メディア「みんなの教育技術」小学館、2023 年 4 月 5 日。https://kyoiku.sho.jp/227273/（最終閲覧日 2023 年 12 月 20 日）

② 学級経営研究会『学級経営の充実に関する調査研究（最終報告書）』2000 年 3 月。

③ 河村茂雄著『日本の学級集団と学級経営』図書文化、2010 年。

④ 恒吉宏典・深澤広明編『授業研究　重要用語 300 の基礎知識』明治図書、1999 年。

⑤ 松浦宏編『学級づくりと子どもをつかむ力量』ぎょうせい、1993 年。

⑥ 文部科学省「生徒指導提要」2022 年 12 月。

⑦ 吉本均著『学級で教えるということ』明治図書、1979 年。

⑧ 吉本均著『授業成立入門』明治図書、1985 年。

⑨ 吉本均著『授業をつくる教授学キーワード』明治図書、1986 年。

⑩ 吉本均責任編集『現代授業研究大辞典』明治図書、1987 年。

⑪ 吉本均著『授業観の変革』明治図書、1992 年。

⑫ 吉本均著 白石陽一、湯浅恭正編・解説『現代教授学の課題と授業研究』明治図書、 2006 年 a。

⑬ 吉本均著 阿部好策、小野擴男編・解説『集団思考と学力形成』明治図書、2006 年 b。

⑭ 吉本均著 久田敏彦、深澤広明編・解説『学習集団の指導技術』明治図書、2006 年 c。

第11章
学校経営
―協働をつくる組織マネジメント―

これまで、公的には用いられて来なかった「学校経営」という言葉が、2000年以降、公的な文書の中にも見られるようになってきた。2005年に文部科学省が公開した研修用資料「学校組織マネジメント研修～すべての教職員のために～」の中にはマネジメントという語とともに「学校経営」という言葉が登場している。それ以降、中央教育審議会答申などにたびたび「学校マネジメント」「管理職のリーダーシップ」という言葉がみられるようになり、学校管理職（特に校長）の在り方についてさかんに提言されるようになった。本章では、今なぜ学校マネジメントが叫ばれ、どのような管理職のリーダーシップが求められるのか、学校経営の機能の一つである組織マネジメントを中心に考えていきたい。（学校経営のもう一つの機能であるカリキュラム・マネジメントについては5章教育課程を参照のこと）

1. 学校経営とは

「学校経営」という言葉は、研究分野では数多く使用されてきているものの、学校教育法などの法規上の表現にも、学習指導要領にも登場しない。いわば、非公式な表現である。1936年の教育学辞典に記載がみられるように第二次大戦前から使用されている言葉ではあるが、学校経営に関する研究が盛んになってきたのは、戦後アメリカの機能主義的な学校経営論の導入によるものであった。以降、学校経営研究は、現在まで教育学の中で重要な位置を占める領域を形成している。学校経営の定義は「組織としての学校を維持し、学校教育の目的を効果的に達成させる統括作用であり、その機能する範囲は、物的条件、人的条件、組織運営条件のすべてにわたる。具体的には、教育課程の編成とその運営を中心とし、これに対応する学習組織や教授組織を考察し、その運用を通して教育の効果を高からしめるよう、教育指導の体制をとること」（吉本，1986）とされ、現在も大きく変化していない。この定義に従って解釈すると、学校経営には次の2つの機能が内包されていることになる。①物的条件、人的条件、組織運営条件などの「組織マネジメント」を行う、②教育課程の編成と運営、すなわち「カリキュラム・マネジメント」を行う、である。この 2 つの機能を統括して学校教育の目的を効果的に達成させるのが学校経営である（図 1 参照）。

図 1 学校経営のイメージ

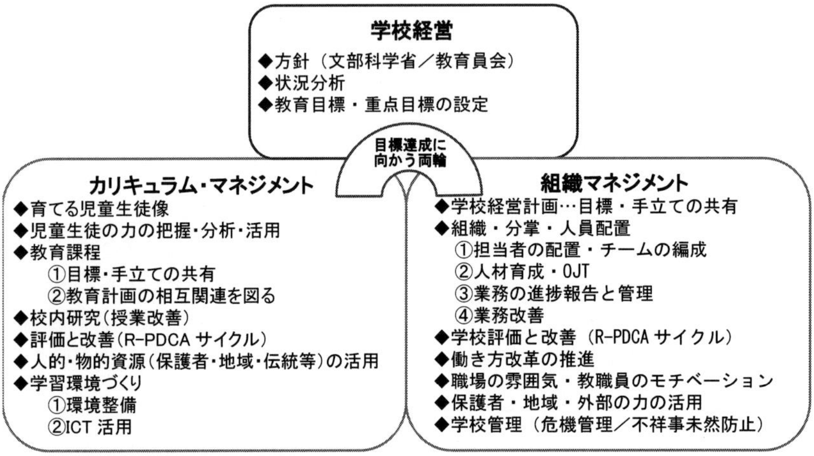

2. 今なぜ学校経営なのか

依然として課題であり続けるいじめや不登校、学級崩壊などの児童生徒をめぐる問題、超過勤務や教員のメンタルヘルス、教職員不祥事などの教職員をめぐる問題、保護者や地域の問題など、学校をめぐる状況は一層厳しさを増してきている。学校現場では、噴出する問題を抑えようと懸命に努力しているが、間に合わない現状がある。教職員が個々に対症療法的に対応しても学校は疲弊していくだけで、なかなか光明は見出せない。そこに、「チームとして」組織的に問題に対応しようという発想と、問題が起こってから対応するのではなく問題が起こる前に、さらには問題が起こらないように予防的、開発的に対応しようという発想が生まれる。つまり、一層厳しくなる学校の問題に対して、前向きな雰囲気をもった教員たちによる協働が求められ、それは自然にはつくられないため、組織マネジメントによって意図的につくり出すという考え方が必要なのである。

学校経営が注目されるのは、2017 年改訂の学習指導要領に示された教育改革による影響も大きい。この改訂のテーマは「コンテンツベースからコンピテンシーベースへの転換」である。身につけさせようとするコンピテンシー（資質・能力）とその評価をベースにして、教育目標、教育内容、教育方法を一体的にマネジメントする。このような方向性が、学習指導要領全体に貫かれている。なぜ、コンテンツではなくコンピテンシーなのかという背景には、知識基盤社会、AI の発達、グローバル化の進展など著しい社会変化がある。このような変化に対応していくためには資質・能力を重視した教育改革が必要であるという考え方が世界的な潮流となり（例えば、OECD の DeSeCo プロジェクト）、その骨子は、知識・技術を量的に貯め込むことではなく、知識・技術を使いこなす能力が重要であり、かつ、実際の社会で活用できるようにすることである。それゆえ社会に開かれた教育課程の実現が求められているのである。社会に開かれた教育課程とは、「未来の社会で活躍できるコンピテンシー（資質・能力）を育むための教育課程」という意味で、教科を超えた広い視野と、社会の変化に柔軟に対応する力を児童生徒に身につけさせることを目的としている。学校だけで完結させようとするのではなく、学校と家庭や地域が連携し、児童生徒や地域の実情に応じた教育活動を行うことが大切である。授業づくりにおいては、教科書にある内容が実際の社会生活とどうつながっているかを念頭に入れて構想すること、また、ただ黙って話を聞いたり、ノートテイクしたりするだけでなく、体験や協働、話し合いや発表などの学習過程を効果的に取り入れて「主体的・協働的で深い学び」が実現できるようにすることが求められる。このように、社会で活かせる資質・能力を身につけるという目標を達成するために、全ての教職員が参加して教育活動の質を向上させるために行う不断の営みがカリキュラム・マネジメントである（5 章参照）。

このカリキュラム・マネジメントを進めるには組織マネジメントが必要であり、組織マネジメントはカリキュラム・マネジメントにおける協働のプロセスを通してなされるという相互作用関係にある。いわば、組織マネジメントとカリキュラム・マネジメントは、学校経営の両輪なのである。

3. 学校経営はだれがするのか

公立学校の「学校経営者」とは誰か。類似の用語に、「学校管理職」、「スクールリーダー」がある。いずれも法定用語ではない。

学校管理職は、学校の経営に関して法制上の権限と責任を与えられている職位を指し、校長と副校長・教頭を指して用いられることが一般的である。教育委員会は公立学校の管理運営に責任を持つことが法律に定められているため(地方教育行政の組織及び運営に関する法律 33条)、学校の経営に対して指示・命令や指導、助言を行う権限を有する教育委員会の教育長や指導主事、管理主事を学校管理職に含むこともある。学校管理職が、「法制上の権限関係の上位者として管理を行うことを職務とする」という意味での学校経営者であるのに対し、スクールリーダーは、「意図的に教員間の協働を生み出し、教育課程の改善やそれを遂行する教職員の職能成長を図ることによって、学校の改善に取り組む」という意味合いが強調される概念である。いわばスクールリーダーとは、学校の改善を推進するためにリーダーシップを発揮する実質的な経営者である。具体的には、教育的な専門性が高く、教育課程、生徒指導や校内研修の経営を行うことのできる校長、副校長・教頭、教務主任を中心とした各種主任、それらにおいて中核となる役割を果たしている教員が該当するだろう。

学校経営者には、学校の特性・実態や資源を把握し活用して、自校の経営ビジョンを創造し、それを実行に移し、評価して学校の改善を図ることが求められる。これがマネジメントである。このマネジメントの役割を担う学校経営者は誰なのか。校長、および副校長・教頭などの管理職がその中核となることはいうまでもないが、目標を達成するためにはより多くの構成メンバーの協働と学校経営への参画が欠かせない。とりわけ、校務分掌や学年経営において実質的に力を発揮している主任などのミドルリーダーを学校経営者に含めることが肝要である(自治体によっては、ミドルリーダーとしての職務権限を明確化した「主幹教諭」「指導教諭」「主任教諭」などの職位が制度化されつつある)。このように、学校経営に参加する者を学校経営者と捉える場合、その範囲は相当に広くなるが、学校経営の主体は、職位が規定するのではなく、マネジメントにおける実質的なリーダーシップの発揮により規定されるものであろう。

実質的なリーダーシップの発揮者が、学校の責任者として最終的な意思決定権を持つ校長であるならば、職位、権限、リーダーシップの一致によってマネジメントは効果的に機能すると考えられる。その意味で管理職(特に校長)は学校経営のリーダーシップをとることを意識する必要がある。その一方で、管理職以外の教職員もマネジメントを担う一員であることを自覚する必要がある。

4．学校経営における組織マネジメント

(1) 理想の教員組織とは

理想の教員組織とは、組織の活動や取組の中に、メンバー同士の学び合いがあり、それを通して日々成長していける組織である。このような組織は、活動の中に個々のメンバーが成長できるような仕組みがしっかりと根付いている。つまり、理想の教員組織には、「メンバー同士で協働できる組織であるか」、「主体的に学べる組織であるか」という 2 つの問いを肯定する側面が備わっている。

河村（2017）は、2 つの側面を、①自主・向上性「教育実践の向上をめざして教員個々の自主的に学び続ける意欲と行動のレベルの高さ」、②同僚・協働性「学校全体の教育活動に対して組織的に取り組めるような同僚性と協働性に基づいての意識と行動のレベルの高さ」という視点でとらえ、教員組織の状態を測定する尺度（教員組織測定尺度）を作成している。その結果、「自主・向上性」と「同僚・協働性」の両方が高い教員組織は、チームワークがよく、支え合い、学び合いがあり、学校全体の教育実践を高めようという雰囲気があり、それぞれの教員が意欲的に主体的に活動していることを報告している。また、このタイプの学校では、学校教育目標とその達成に向かう基本的な方法がすべての教職員に共有されていると述べている。

うまく機能していない教員組織は、どちらかが低いか、両方が低い。「自主・向上性」が高く、「同僚・協働性」が低いメンバーで構成された教員組織をイメージしてみると、個々の教員は、向上心は高いのだが、メンバーと協力しようという意識が低いため学校全体としての組織立った活動が低調となる。協働しようという意識の低さに問題があり、これでは、学校経営の目的は達成されない。反対に「同僚・協働性」が高く、「自主・向上性」が低い場合はどうであろうか。リーダー的な教員の指示のもと組織的に活動しているが、教員同士の関係は私的なコミュニケーションにとどまり、学校全体の教育活動に対して自分からではなく役割のノルマをこなすように参加している。協働の活動に意義が見出せないところに問題がある。これでは、やはり学校経営の目的は達成されない。いずれにしても協働活動への取組が問題となることに気付くだろう。つまり、自主・向上性と同僚・協働性、この 2 つを同時に高めるには、学校の目的達成に向けた教員の協働活動の仕組み方が鍵である。

(2) 協働をどう仕組むか

バーナード（Barnard, C. I.）が展開した組織論の中で、強い組織の要件としてシステムの中に「協働（cooperation）」があることが指摘されている。「協働」が成立するには 3 つの条件、すなわち、①コミュニケーション、②共通の目的、③貢献意欲、が必要不可欠であるという。吉本（1965）は、このバーナードの組織論を参照し、学校経営を「一つの学校組織体（協力体系）の維持と発展をはかり、学校教育本来の目的を効果的に達成させる統括作用である」と定義し、学校組織における協働の重要性を指摘した。佐古（2006）は、学校の教育活動に効果のある学校組織として「個業型」から「協働型」へと転換する必要性を示した。そして協働型の組織に変えるためには、他の教員の授業を気軽に参観できる、同僚から率直なアドバイスをもらえる、教育課程の編成に、ほとんどの教員が積極的に関わることができている、などの協働体制の確立とともに、併せて校長のリーダーシップ強化、主幹制などの職位のライン系列の強化など、学校組織の統制化を図ることが効果的であると指摘している。つまり、校長が十分にリーダーシップを発揮し、他の管理職やミドルリーダーをサブリーダーに据えて、学校組織に協働を生み出すことが重要なのである。以下、バーナードの協働の 3 条件をたどりながら校長のリーダーシップを考えていくことにする。

①　コミュニケーションを促進させる心理的安全性

組織にはまったく他者と関わらない業務というものは存在しないため、コミュニケーションの量と質は確実に業務と組織そのものに影響を及ぼすことになる。例えば、組織でコミュニケーションが不足しがちになると、情報伝達が滞るだけでなく、質問や確認も気軽にできない雰囲気になるであろう。そうなると、ミスを発生させる原因になり、ミスが起きた際のフォローもしにくくなる。また、協力が必要な場面での意見交換もしにくいため、新しいアイデアも生まれにくくなり、ノウハウの蓄積や共有も滞りやすくなる。教員間のコミュニケーション不足により教員によって対応が大きく違うようなことがあれば、当然児童生徒や保護者にも不信感を与えるだろう。さらに、ほかのメンバーの業務に無関心になると嘘や隠し事もまかり通る雰囲気につながりやすい。それが続けば、重大な問題が発生し、コンプライアンス違反を引き起こすリスクもある。また、このようなコミュニケーションが不足した組織に所属した場合、仕事そのものに対するモチベーションの低下を引き起こし、その結果、離職率が上昇し、人手不足に陥るリスクも高まる。教員が次々にやめてしまうような組織は、共通してコミュニケーションが不足している。

では、コミュニケーションを促進させるには、どうすればよいだろうか。良好なコミュニケーションの前提条件には、「心理的安全性（psychological safety）」がある。これは組織行動学者のエドモンドソン（Edmondson, A. C.）が提唱した概念である。心理的安全性とは「このチーム内では率直に自分の意見を伝えても、大丈夫だと感じるときに存在するもの」である 。エドモンドソンは、研究を通して、グループによって心理的安全性に違いがあったことから、心理的安全性はグループレベルで存在することを指摘し、それは組織のリーダーによる影響が大きいと述べている [1)]。つまり、コミュニケーションの前提として心理的安全性が必要であり、これをつくるのが組織のリーダーの役割の一つになる。

エドモンドソンは、心理的安全性を高めるリーダーの行動として、以下の特徴を挙げている。

●メンバーが直接、話のできる機会を設ける、話したくなるような人になる
●自分もよく間違うことを示す、弱さを見せてもいいという雰囲気を作る
●こちらから積極的に声をかけ意見を尋ねる、開かれた質問をする
●批判や厳しい言葉も、感情的にならず、好奇心に変えて前向きに受けとめる
●遠慮や迎合はせず言うべきは言うが言い方には配慮する

これらを意識した、本音で語れるワン・オン・ワン（1 対 1）面談が心理的安全性には有効であると述べられており、これは 2023 年から始まった新たな教員研修制度の中に示されている「校長との面談」を有効に機能させるためのヒントにもなろう。

組織のリーダーは心理的安全性を考慮しつつ、メンバーが相互に継続的なコミュニケーションを行うことができるように、進捗状況の報告や意見交換、改善策の検討などの機会を設定し、組織全体で問題解決に取り組むことができるようにしたい。つまり、情緒的なサポートを意識した日常会話によって心理的安全性が確保され、それをベースとして公的な場での建設的なコミュニケーションが機能していくと考えられるのである。

＜組織内の心理的安全性を測る質問＞（Edmondson, 2021）

1.このチームでミスを犯したとしても、それがとがめられることはない。
2.このチームのメンバーは、問題となることや困難なことも提起することができる。
3.このチームのメンバーは、「他人と違うこと」を受け入れることができる。
4.このチームでは、リスクを冒しても大丈夫である。
5.このチームの他のメンバーに助けを求めることは難しくない。
6.このチームでは、私の努力を故意に損なうような行動をとる人はいない。
7.このチームのメンバーと一緒に仕事をすれば、私の独自のスキルや才能が評価され、活かされる。

②　共通の目的をもつ

共通の目的を作ることにより、組織の協働が生まれやすいことが指摘されている。共通の目的があり、相互に役割を理解し合っていれば、お互いに進捗を確認し合い、目的達成に向けて協力することが可能となる。

バーナードは「目的」には、2つの側面があるという。1つは「協働的側面」である。組織がめざす理念や背景にある情報を共有することで、その達成に向けてメンバーが協働していくという組織全体にかかわる目的を指す。これは組織のビジョンとも言われ、組織のビジョンを組織内部でしっかりと共有することは、ひとつの組織としてまとまりをもって機能するために不可欠である。組織のビジョンの本質的な価値は、メンバー全員が目指す「共通の行き先」を示すことができる点にある。一人一人のメンバーにとって、自分が日々担当している役割が結果的に何に結び付き、どこにたどり着くのかをイメージできているかどうかは成果に大きな影響を及ぼす。2つめが「主観的側面」である。これは個人的な目的のことを指し、家族のため、自分の職能成長のため、といった自分自身の目的を指す。いわば個人のビジョンである。

センゲ（Senge, P. M.）は2つの側面について、個人のビジョンと組織のビジョンが深く関連するとき、組織の効果は高まると述べている。すなわち、ビジョンの共有に力を注ぐ組織のリーダーは、組織のビジョンと同時に個人のビジョンをつくり出すようにメンバーに働きかける必要がある。もし自分自身のビジョンを持たずに組織活動に参加したのならば、他の誰かのビジョンに加わるほかはない。その結果、もたらされるのは服従であって、主体的な参加にはなり得ない。したがって、学校経営ビジョンの設定にあたっては、学校教育は社会から何を求められているのか、どのような児童生徒を育てたいのか、自分たち教職員はどうありたいのか、私は教員としてどうしていきたいのかを考えさせ、組織のビジョンと個人のビジョンの関連がイメージできるように設定することが望ましい。

具体的には、どのように進めるのがよいだろうか。

●共通の目的をつくる必要がある

上位下達のどこかから借りてきた目的や、メンバーが何も考えることなく与えられるようなビジョンであってはならない。自分はこうしたい、自分はこうありたいというメンバー一人一人の願いや思いを十分に表明させる過程が必要である。そのうえで合意形成を図り、メンバーの思いを反映させた全体のビジョンが設定されなければならない。

●目的を明確にして可視化する必要がある。

学級経営ビジョンはとかく網羅的になりがちで、結局何をめざすのか分からないという事態に陥ることが多い。数多い目的の中で、優先順位の一番高い目的はなんであるのか、図表なども駆使して明確にすることが重要である。

●なぜその目的が重要であるのかを示すエビデンス（根拠）が必要である。

メンバーにその重要性を納得させるためのデータを示す必要がある。ビジョンの設定にあたって、学校を取り巻く状況や実態をアセスメントして説得力のある根拠を示すことで、ビジョンの共有が図られる。

●目的達成に向けたストラテジー（具体的な方略）の共有が必要である。

ストラテジーを共有することで、メンバーの動きを見て、何をやろうとしているのかが理解でき、共通目的に向かって連携し、効果的に取り組むことができる。

●定期的に振り返りの機会を設定することが必要である。

メンバーが個々に目的達成を目指すのではなく、相互に取組の過程やうまくいっている点や困っている点などを含めて進捗状況を理解し合えるようにするのである。他のメンバーからのフィードバックを受けることで、自分の取組が目的達成にどのように貢献したかを感じることができ、意欲が高まるであろう。また、フィードバックにより、目的達成に向けた取組の改善点を把握することができ、時には連携が生まれ、より効率的な取組に発展することもある。

このように、ビジョンは掲げることに意味があるのではなく、いかにメンバーに普及・浸透させるかが重要である。事ある毎にビジョンに戻ってメンバーの働きがビジョンに沿っているかを確認し、ポジティブな評価を与えることにより、共有化が図られる。ビジョンには組織の意識をつなぎ一体化させる作用がある。

③ 貢献意欲を高める

貢献意欲とは、組織のメンバーが「一緒に働いてみんなの役に立ちたい」という思いのことである。こういった協働への意識を持たなければ、自分にとっての得利だけを求めるようになってしまい、組織としての成立は難しくなる。仮に外面的には成り立っているようにみえても、システムや業務体制が破綻していることも少なくない。

では、どうやって貢献意欲を高めるのか。

●目的意識を高める

組織活動のスタート時に確認したはずの目的も、徐々に意識されなくなっていくことはよくある。R-PDCA（調査→計画→実践→評価→改善）サイクルの各段階で、目的に向かう調査、目的に向かう計画というように実際の活動に即して目的が意識されるようにする必要がある。

●役割と責任を明確化する。

メンバーが目的に向かう自分の役割と責任が明確に理解できるようになると、それに応じた行動を自発的に取るようになる。単なる役割分担ではなく、その役割がどのように組織の目的に貢献するのかを理解させることが重要である。学校組織では、校務分掌という役割分担があるが、分掌名だけ割り当ててもその業務に意義が感じられなければ形骸化していく。リーダーは、この業務が目的達成に対してどのような意味をもつか、あなたがなぜこの業務を担当するにふさわしいのか、あなたの働きに何を期待するのか、役割を通してどのような職能成長を期待するのかなどについて説得的に理解させる。メンバーを適材適所に配置するとは、役割と責任を明確化し、役割に対する意欲も持たせることである。

●成果の共有と評価

役割や責任に関するフィードバックや評価があることによって、メンバーが自分の貢献が組織の目的達成にどのように貢献したかを知ることができたり、自分の成長を実感することができたりするため、自己効力感が高まり、貢献意欲も高まる。

●賞賛や感謝の提供

物的報酬だけではあまり効果はなく、それに伴う労いや感謝の言葉や一緒に成功を喜ぶ態度の方が重要である。メンバーが自分の貢献が適切に評価されたと感じることで、貢献意欲が高まる。

(3) 組織の協働を存続させるための 2 つの条件

バーナードは組織を存続させるための条件として、「内部均衡」と「外部均衡」の 2 つを挙げている。内部均衡とは、組織のメンバーが目的の達成に貢献をした際に、それ以上のリターンが得られると考えている状態のことである。プロジェクトの終了時などに「この仲間と一緒に取り組んでよかった」「おかげで自分自身も成長できた」という感覚をもてるようにするのである。外部均衡とは、組織の掲げる目的が社会にとって有効である状態を指す。「わたしたちの取組が他の学校にも良い影響を与えている」「良さが認められ、広く社会に紹介されている」という感覚がもてるようにするのである。この 2 つの条件が満たされたとき、組織とそのメンバーである自分にも誇らしさを感じ、発展していくのである。

5. 学校組織のリーダーシップ

中央教育審議会（2021）の資料「学校管理職を含む新しい時代の教職員集団の在り方の基本的考え方」において示された学校管理職（特に校長）に求められる資質能力は、以下の 5 点に焦点化されている。

- ●人材育成・・・学校教育を取り巻く社会の変化を前向きに受け止め、学び続ける教師の育成
- ●チーム連携・・・多様な知識・経験を持つ人材との連携を強化し、そういった人材を組織に取り込むこと
- ●アセスメント・・・目指すべき学校運営の方向性を示すため学校の状況や課題を適切に把握すること
- ●ファシリテーション・・・学校内外の関係者の相互作用を促進し、より学校の教育力を最大化していくこと
- ●マネジメント・・・的確な判断力、決断力、交渉力、危機管理を含む組織のマネジメント

校長は学校組織のリーダーとして、教員の人材育成についての責任と役割を担っており、教員の自律的な成長を促し、自律的な学校組織の構築を図る存在である。ここに示されたリーダー像は、強い力で組織を統率・変革していくトップダウンによる支配型リーダーではなく、めざす学校像に自律的に向かう人材の育成を促進し、

自律的な組織の構築を図ることができるリーダーである。

自律的な組織をつくるヒントとなる2つのリーダーシップを紹介する。

①サーヴァント・リーダーシップ（Servant Leadership）

サーヴァント・リーダーシップとは、端的に言えば、リーダーが奉仕によって下支えしていく支援型のリーダーシップのことである。チームメンバーを導くにあたって、リーダーはまず周囲に奉仕し、その後にはじめて具体的なアプローチを行うのである。一方的な命令によって部下やチームメンバーを動かすのではなく、メンバーの能力を肯定してお互いの利益になる信頼関係を築くことを重視する。

サーバント・リーダーシップの特徴を、以下に示す（Greenleaf, 2008）。

●傾聴…耳だけでなく目や心も相手に傾け、誠実な態度で話を聞く
●共感…相手の立場に立って、気持ちに寄り添いながら理解しようとする
●癒し…心の癒しや安心感を与える
●気づき…物事の変化や物事の本質に敏感に気付く
●説得…丁寧な話し合いにより相手が納得できるように説得する
●概念化…個別の事象をまとめ上げて、共通するイメージをつくる
●先見力…過去の経験や事例、現在の状態を参照して将来を予測する
●執事役…執事のように一歩下がって周囲をサポートできる
●人材育成…メンバーの成長を考え、積極的に育成しようとする
●コミュニティ構築…質の高いコミュニティづくりをしようとする

メンバーの強みや主体性を引き出し、成長できるように導いていくことに主眼を置く、メンバーの自律性を促進するリーダーの在り方だといえる。

自律的に学習する組織に求められるリーダー像として、センゲ（Senge，P. M.）が引用した「老子」の言葉が、これから必要となるリーダーシップの本質をついている。

> 川や海が数知れぬ渓流の注ぐところとなるのは、身を低きに置くからである。それゆえに、川や海はもろもろの渓流に君臨することができる。同様に賢者は、人の上に立たんと欲すれば人の下に身を置き、人の前に立たんと欲すれば人の後ろに身を置く。かくして賢者は人の上にたてども、人はその重みを感じることなく、人の前に立てども、人の心は傷つくことがない。（老子）

悪いリーダーとは、メンバーが嫌悪する人物である。よきリーダーとはメンバーから称賛される人物である。しかし偉大なリーダーとは、メンバーに「われわれは自分たちで成し遂げた」と言わしめる人物である。

②オーセンティック・リーダーシップ（Authentic Leadership）

オーセンティック・リーダーシップには、本物の、真正の、信頼できる、頼りになる、信念に基づく、という意味が含まれている（George, 2003）。メンバーを操作するためにあれこれと策を講じるリーダーシップではなく、愛情と情熱のリーダーシップと言える。

次のような人物像である。

- ●目的の理解…自分を尊重して信じており、果たすべき目的を十分に理解している
- ●倫理観や価値観への忠実性…外部に影響されず、正しいと思える価値観に基づいて一貫した行動がとれる
- ●情熱的なリード…本音で語りかけ、全力で人をリードする
- ●継続的な人間関係…愛があり支援し合えるコミュニティを作る
- ●自己啓発…自らを律し、学び続ける姿勢を持つ

リーダーシップをスキルと捉えるのではなく、「愛と情熱」と捉える。それが組織改善のための自発行動や心理的エンパワメントに影響を及ぼすことが実証的に明らかにされているのは興味深い。マネジメントスキルの土台として、本気度は重要である。

（深沢　和彦）

注[1] 心理的安全性が、多くの組織から注目を集めるようになったのは、米国 Google 社が行った生産性向上のためのプロジェクトの成果報告として、「心理的安全性がチームの生産性を高める重要な要素である」と結論付けたことに端を発している。

参考文献

①Barnard, C. I. 著『The functions of the executive （Vol. 11）』 Harvard university press.、1968 年、初版は 1938 年。
②エイミー・C・エドモンドソン著『チームが機能するとはどういうことか――「学習力」と「実行力」を高める実践アプローチ』、英治出版　2014 年。
③エイミー・C・エドモンドソン著『恐れのない組織 ―「心理的安全性」が学習・

イノベーション・成長をもたらす』 英治出版、2021年。
④George, W. 著『Authentic Leadership: Rediscovering the secrets of creating value』San Francisco Jossey-Bass.、2003年。
⑤河村茂雄著『学校管理職が進める教員組織づくり』　図書文化、2017年
⑥ピーター・M. センゲ著『最強組織の法則―新時代のチームワークとは何か』徳間書店、1995年。
⑦ロバート・K・グリーンリーフ著『サーバントリーダーシップ』　金井壽宏著、金井真弓翻訳、英治出版、2008年。
⑧佐古秀一著「学校組織の個業化が教育活動に及ぼす影響とその変革方略に関する実証的研究―個業化、協働化、統制化の比較を通して―」『鳴門教育大学研究紀要第21巻』、pp41－54. 、2006年。
⑨吉本二郎著「学校経営」日本教育経営学会編『教育経営ハンドブック（講座日本の教育経営10）』ぎょうせい、1986年。

第12章

教育行政

—学校や地域の教育を支える役割—

教育行政は、法律が定めている教育が公正かつ適正に行われるようにするため、教育に関わる政策や方針、計画などを策定し、実施している。国の教育行政は、主として文部科学省が行い、地方公共団体の教育行政は教育委員会が担っており、学校や地域の教育を陰で支えている。本章では、教育行政の仕組みや役割について概説する。そして、教育行政に関わる近年の改革を確認するとともに現在の教育財政についても概説する。

1. 教育行政の役割と国と地方の機関

(1) 教育行政の任務と多様な機関との連携・協働

教育行政とは、国または地方公共団体が教育活動を組織・運営することであり、教育政策の策定・実施、予算の編成、学校の管理と監督、教員の配置、教材の開発など教育に関して行うさまざまな行政行為を指す。国の場合、その多くは文部科学省が行い、地方公共団体の場合は各自治体の教育委員会が担う。

教育基本法には、第1条に教育の目的として「教育は、人格の完成を目指し、平和で民主的な国家及び社会の形成者として必要な資質を備えた心身ともに健康な国民の育成を期して行わなければならない」とあり、この条件を満たす教育環境を実現することが教育行政の主な任務である。また、第16条には「教育は、不当な支配に服することなく、この法律及び他の法律の定めるところにより行われるべきものであり、教育行政は、国と地方公共団体との適切な役割分担及び相互の協力の下、公正かつ適正に行われなければならない」とあり、教育行政の中立性や国と地方公共団体の役割分担や協力についても触れている。その上で「国は、全国的な教育の機会均等と教育水準の維持向上を図るため、教育に関する施策を総合的に策定し、実施しなければならない」「地方公共団体は、その地域における教育の振興を図るため、その実情に応じた教育に関する施策を策定し、実施しなければならない」と定めており、国と地方公共団体の役割を明確にし、教育が円滑かつ継続的に実施されるようにすることがその任務とされている。

このように教育行政は国の場合は文部科学省、地方公共団体の場合は教育委員会が担うことになっている。しかし、近年、社会の急減な変化や教育課題の多様化、複雑化などによって教育と他の分野との連携が密接になってきており、教育行政の境界が曖昧になってきている。

例えば社会人の教育という視点からみた場合、経済産業省が、人材の育成やスキル向上に関する政策を行っており、2006 年には、職場や地域社会で多様な人々と仕事をしていくために必要な基礎的な力として「社会人基礎力」を提唱し、高等教育に影響を与えている。2018 年には、日本経済・地域経済の未来を切り拓く人材の育成を進めるべく、「『未来の教室』と EdTeck 研究会」を立ち上げ、文部科学省などの教育行政に影響を与えている。この「未来の教室」とは、就学前教育・学校教育・リカレント教育の現場が目指すべき姿のことであり、EdTech とは、教育 Education と技術 Technology を組み合わせた造語で、テクノロジーを用いて教育を支援する仕組みやサービスのことである。

また、雇用・労働・医療・福祉等に関わる厚生労働省は、職業訓練や再就職支援などで社会人の教育に関わるとともに子育てや子どもの福祉に関わる行政を行っており、教育との関わりも深い。さらに、2023 年 4 月には、子育てや少子化、児童虐待、いじめなどの社会問題に対して本質的な対策を進め解決するためにこども家庭庁が内閣に発足している。このように教育に関わる国の機関はいくつかあり、連携が求められている。

国や地方公共団体以外でも、教育活動に関わり、影響を与える組織として企業や NPO 等がある。2016 年 12 月の中央教育審議会答申「幼稚園、小学校、中学校、高等学校及び特別支援学校の学習指導要領等の改善及び必要な方策等について」では、学校の目的を達成するため幅広い地域住民等と連携・協働していくことが指摘されており、その中に企業、NPO 等が明記されている。

教育課題の多様化、複雑化などが進んでいる現在、教育行政を効果的に進めていくためには、国や地方公共団体といった公的な機関のみならず、企業、NPO といった様々な組織が連携・協働する官民連携の重要度が増している。

(2) 文部科学省の役割と組織

文部科学省は、中央省庁の一つで、学校教育や生涯学習といった教育をはじめ、文化、スポーツ、科学技術に関する政策を担当している国の教育行政機関である。2001 年に文部省（1871 年設置）と科学技術庁（1956 年設置）が統合されて設けられた。文部科学省の長は、文部科学大臣である。

文部科学省は、教育の振興及び生涯学習の推進を中核とした豊かな人間性を備えた創造的な人材の育成、学術の振興、科学技術の総合的な振興並びにスポーツ及び文化に関する施策の総合的な推進を図るとともに、宗教に関する行政事務を適切に行うことが主な任務である。

中央省庁には特殊な任務を管轄する行政機関である外局が置かれることがあり、文部科学省には文化庁（1968 年設置）とスポーツ庁（2015 年設置）の二つの外局を有している。文部科学省の組織図は、図 12－1 のとおりである。

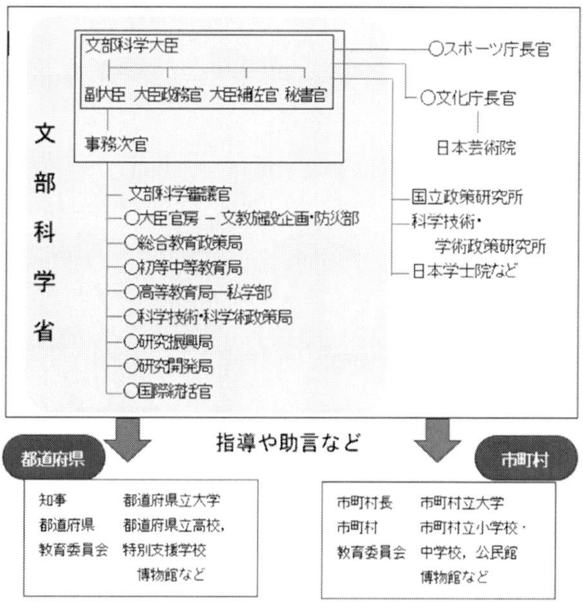

図 12－1　文部科学省の組織図など

（出典）文部科学省ホームページ「文部科学省ってどんなところ？組織図など」（一部修正）https://www.mext.go.jp/kids/intro/about/mext_0008.htm

また、中央省庁には、行政機関の意思決定に際して専門的な立場から特別の事項を調査・審議し、意見を陳述する権限を持つ諮問機関がある。文部科学省には、中央教育審議会が置かれ、文部科学大臣の求めに応じ、教育制度の改革や学習指導要領の改訂など教育に関わる重要事項を調査・審議している。この中央教育審議会で調査・審議され、出された意見は「答申」と呼ばれ、文部科学省はこの意見を参考にしてから政策決定を行うことが多い。中央教育審議会の委員は30名以内で組織され、任期は2年である。委員の任命は事務局が候補者を選定するが、最終的な決定は文部科学大臣が行う。現在、中央教育審議会の分科会として、「教育制度分科会」「生涯学習分科会」「初等中等教育分科会」「大学分科会」の4つがあり、必要に応じでその下に部会が設置される。例えば、2021年中央教育審議会から出された「『令和の日本型学校教育』の構築を目指して～全ての子供たちの可能性を引き出す、個別最適な学びと、協働的な学びの実現～（答申）」は、文部科学大臣から「新しい時代の初等中等教育の在り方について」諮問されたことを受け、2019年に初等中等教育分科会に「新しい時代の初等中等教育の在り方特別部会」を設置し、19回にわたり議論を進めて出された答申である。

(3) 教育委員会の役割と組織

都道府県や市町村といった地方公共団体の教育行政をつかさどるのが教育委員会である。教育委員会は、合議制の執行機関であり、教育、生涯学習、文化、スポーツ等の幅広い施策を展開している。2019年5月現在の教育委員会の数は、都道府県にそれぞれ1つで47教育委員会、市町村には1,809教育委員会がある。

教育委員会は米国で生まれた制度で、地域の住民が教育委員となり、地域の教育行政を行うしくみである。戦前に国家と教育が一体化して押す進めた軍国主義教育への反省から、戦後、民主化を実現するために1948年に教育委員会法が制定され、創設された。この制度では、教育の地方分権化、一般行政からの教育行政の独立、民衆統制（民主化）を図るため、当初、選挙で選ばれた教育委員が、教育行政の専門職である教育長を任命し、両者の抑制と均衡のもとで教育行政を進めていくしくみであった（公選制教育委員会）。

しかし、公選制での教育委員は、教職員組合の支持を受けた者が多く当選したり、強い権限を持ち、予算や条例についても議会に案を提出したりするなどといった問題を抱えていた。そこで1956年に教育委員は、公選制から首長による任命制に改められた（任命制教育委員会）。

この教育委員会制度の意義として、個人的な価値判断や党派的影響力から距離を置くための「政治的中立性の確保」、結果や効果を把握しにくい教育の特性を踏まえ、子どもの成長発達や教育を一貫した方針の下、安定的に行うための「継続性、安定性の確保」、地域住民にとって身近で関心の高い行政分野である教育を維持するための「地域住民の意向の反映」の3点が挙げられる。また、教育委員会制度の特性として中立的・専門的な行政運営を担保するための「首長からの独立性」、多様な属性を持った複数の委員による「合議制」、広く地域住人の意向を反映した「住民による意思決定」の3点が挙げられる。

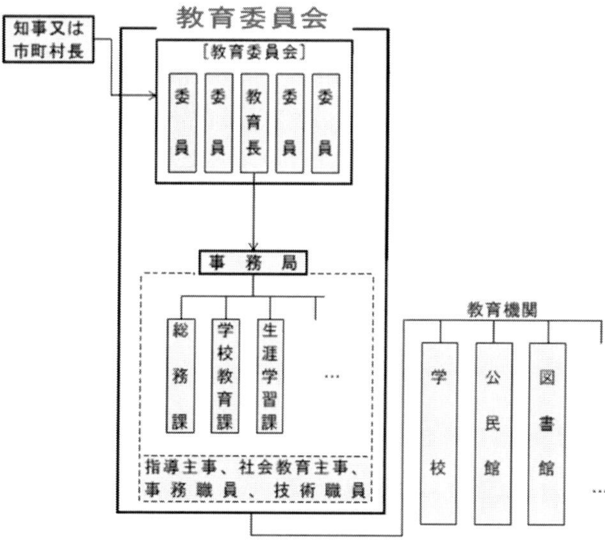

図 12−2　教育委員会の組織イメージ

（出典）文部科学省ホームページ「教育委員会制度について」（一部修正）

https://www.mext.go.jp/a_menu/chihou/05071301.htm

教育委員会の組織イメージは図12−2のとおりである。教育長及び教育委員は、地方公共団体の長が、議会の同意を得て任命する。任期は、教育長は3年、教育委員は4年であり、再任可となっている。教育委員会は、教育長と4人の委員で構成されるが、条例で定めるところにより、委員数を都道府県・政令指定都市は５人以上、町村は２人以上にすることができる。また、教育長を補佐する組織として教育委員会事務局が置かれている。教育委員会は月に１～２回の定例会のほか、臨時会や非公式の協議会を開催し、教育行政における重要事項や基本方針を決定している。その決定に基づいて教育長と教育委員会事務局が、日々の具体の事務を執行する。また、教育委員会事務局は総務課、学校教育課、生涯学習課などいくつかの課に分かれ、職員は教員出身者と一般行政職員で構成されている。なお、教育委員は非常勤であるが、教育長と事務局の職員は常勤となっている。

(4) 教育に関わる公的機関

教育に関わる公的機関として教育研究所や教育センターがある。教育研究所にあたる国の施設には、国立教育政策研究所、国立特別支援教育総合研究所がある。

国立教育政策研究所は、教育政策にかかわる基礎的な事項の調査および研究に関する事務をつかさどっており、各中央省庁が所在する霞が関に置かれている。「OECD 生徒の学習到達度調査（PISA）」や「全国学力・学習状況調査」などの研究調査に携わるなど国際社会において日本を代表する研究機関である。また、学校教員をはじめとする教育施設職員向けの研修や国内の教育に関する機関や団体に対して情報提供や助言・支援を行う立場でもある。

国立特別支援教育総合研究所は、特別支援教育に関する研究のうち主として実際的な研究を総合的に行うとともに、特別支援教育関係職員に対する専門的、技術的な研修を行うこと等によって特別支援教育の振興を図る組織で、横須賀市に置かれている。特別支援教育に関する図書、資料及び情報の収集・整理や特別支援教育に関する相談などにも応じている。

また、教育の直接の担い手である教員の資質能力向上を図る国の公的研修機関として、教職員支援機構がつくば市に置かれている。この教職員支援機構は、地方公共団体や大学等とのネットワークを構築し連携を図りつつ、学校関係職員への研修及び各都道府県教育委員会等への研修に関する指導、助言等を行っている。また、教員の資質能力向上に関する調査研究の実施や任命権者が策定する教員の育成指標に対する専門的助言の実施等、教職員に対する総合的支援を行う全国拠点として様々な活動を行っている。オンライン研修も充実しており、ホームページにアクセスすることによってさまざまな研修を視聴することができる。

各都道府県や政令指定都市などでは、研修の計画的な実施を行うため教育センターが置かれている。教育センターは、地域によって教育研修センター、教育研究所などと呼ばれ、初任者研修や10年経験者研修等の法定研修をはじめ、経験年数段階に応じた研修が実施されている。また、研修以外にも調査研究事業や学校支援事業、教育相談事業なども行われている。なお、教育センターは、地方教育行政の組織及び運営に関する法律第30条の「専門的、技術的事項の研究又は教育関係職員の研修」機関として各自治体の条例に基づき設置されている。

(5) 生涯教育を支える社会教育行政

社会教育とは、学校の教育課程として行われる教育活動を除いた、青少年や成人に対して行われる組織的な教育活動を指す。この社会教育を促進、援助して多くの人の教育的要求を満足させ、個人の幸福と社会の発展を図ることを目的とするのが社会教育行政である。教育基本法の12条では、「個人の要望や社会の要請にこたえ、社会において行われる教育は、国及び地方公共団体によって奨励されなければならない」とされ、「国及び地方公共団体は、図書館、博物館、公民館その他の社会教育施設の設置、学校の施設の利用、学習の機会及び情報の提供その他の適切な方法によって社会教育の振興に努めなければならない」と定めている。なお、社会教育行政は、国においては文部科学省が、都道府県や市町村においては教育委員会が担っている。

社会教育行政の基本原理の一つは、中立性・継続性・安定性の確保であり、政治的な中立性を保ちつつ、社会教育の条件整備を目標に継続的、安定的に実施する必要がある。またもう一つは、人々の自発性・自主性の重視であり、社会教育行政は国民全体に対して責任を持ち、個人の要望や社会の要請に応え、社会教育の振興に努める必要がある。これらの原則を実現するために社会教育行政は、図書館や博物館、公民館といった社会教育施設の設置・運営を進めるとともに学校施設を効果的に利用することで、人々の学習に対する多様な需要を応え、学習の機会の提供及び奨励を行い、生涯教育の振興に寄与することが求められている。

一方、社会教育行政における課題も少なくない。一つは悪化する地方財政からくる予算減少の問題である。これによって多様化、複雑化する社会の要請や住民のニーズにあった講座の開設・実施が難しくなってきている。また、地域の人口や資源、文化等の違いから起こる地域格差やオンラインでの学習や情報発信が増加したことによって一部の層がアクセスできないデジタル格差も大きな課題となっている。さらに、近年の生活環境の変化や多様な娯楽活動、施設の老朽化などの影響により、社会教育への参加が低下していることが挙げられる。

しかし、社会教育行政は、生涯学習の中核的な役割を担うとともに、子育てやまちづくり、防犯防災、医療福祉といった問題に対して地域の人々が支え合い、役に立ち合う「新しい公共」の理念実現の一翼を担っている。今後、社会教育行政の重要性はより高まっていくと考えられる。

2. 社会の変化に合わせた教育行政の改革

(1) 地方分権と規制緩和の推進

1980 年代後半、国際化や経済成長の鈍化、財政の悪化などを背景に、社会・経済情勢の変化に対応した適正かつ合理的な行政の実現が求められた。そこで行われた行政改革が、国の権限を地方公共団体に移す「地方分権」と経済に対する公的規制を撤廃・緩和し、市場競争の促進を図る「規制緩和」である。

地方分権改革では、「地方にできることは地方に」という理念の下、国の関与を縮小し、地方の権限や責任を拡大する改革として、国庫補助負担金、税源移譲、地方交付税の３つの見直しを行う「三位一体の改革」が進められた。また、国民がゆとりと豊かさを実感し、安心して暮らすことのできる社会の実現のために、住民の判断（自己決定）と責任（自己責任）を重視し、地域の諸課題に総合的に対応できる行政システムの確立も求められた。

一方、規制緩和として、自己責任の原則と市場原理に立つ自由で公正な経済社会の構築や、規制の程度が強くなりがちな事前規制型の行政から事業等の結果に対してチェックする事後監視・監督（事後チェック）型の行政が求められた。

これらの地方分権と規制緩和によって、国際競争にも対応できる、豊かで活力ある社会の構築が目指され、教育行政にも大きな影響を与えた。それが義務教育費国庫負担制度、教育における規制緩和、評価制度の３つの見直しである。

(2) 義務教育費国庫負担制度の見直し

義務教育費国庫負担制度とは、すべての国民が、全国どの地域においても無償で一定水準の義務教育を受けられるようにするため、義務教育費の大半を占める公立の義務教育諸学校の教職員給与費について、国と地方の負担によりその全額を保障するものである。地方分権を推し進めるための三位一体の改革によって、この制度が見直され、紆余曲折を経ながら、2006 年から都道府県が支給した教職員の給与は、3 分の 1 を国が負担し、3 分の 2 を都道府県や指定都市が負担することとなった。この国庫負担制度により、義務教育に対する国の責任を果たすと同時にこの制度を通じて全国すべての学校に必要な教職員を確保し、都道府県間における教職員の配置基準や給与水準の不均衡をなくし、教育の機会均等と教育水準の維持向上が図られている。なお、それまでは、国が 2 分の 1 を支給し、2 分の 1 が地方自治体であったため、この改革によって教育に対する地方の自由度は拡大することとなった。

一方、これによって都道府県と市区町村の人事行政の問題が生じた。本来、市区町村立学校に勤務する教職員の身分は、市区町村の地方公務員である。そのため給与は市区町村が負担し、採用や異動といった人事等についても市区町村が行うべきものである。しかし、市区町村の財政の格差が大きく、義務教育の平等保障や優秀な教職員の確保、人事交流といった観点から、教職員の採用や人事交流、研修等は給与の 3 分の 2 を負担している都道府県が中心となって進めている。このような制度は、義務教育学校の設置、管理の責任をもつ市区町村が義務教育諸学校の管理・経営に関する基本的権限を有していないという問題があり、現在も検討されている。

(3) 教育における規制緩和

規制緩和によって、教育に自由な競争を導き出す環境を創出し、教育を活性化しようとする動きが見られるようになった。その一つが公立の小学校・中学校を複数校の中から選ぶことができる「学校選択制」で、この制度によって通学区域の弾力化が進められた。また学校体系も見直され、1998 年学校教育法の改正に伴う中高一貫教育を行う中等教育学校の設置、2016 年には学校教育法等の一部を改正する法律の施行による小中一貫教育を目的とする義務教育学校の設置が進められた。

また、地域を限定して大幅な規制緩和措置をおこなう 2002 年の構造改革特別区域法によって教育分野での事業として、株式会社による学校設置、不登校児童生徒等を対象とした教育を行う NPO 法人による学校設置などが挙げられる。しかし、構造改革特別区域法に基づく学校の設置は、教育基本法に基づく公教育制度に大きな影響を与えるため、低迷しているのが現状である。

その他、学校の権限を高め、自主性・自律性を確保するための取り組みも進められた。例えば、2000 年の学校教育法施行規則一部改正等により「学校には、設置者の定めるところにより、校長の職務の円滑な執行に資するため、職員会議を置くことができる」と定められ、職員会議が法的に位置づけられることとなった。

(4) 教育における評価制度

地方分権や規制緩和により、地方公共団体や学校が権限と責任をもつようになると、学校における教育活動の評価をしっかり行い、教育の質の保証や説明責任を果たすことが重要となった。そこで取り組まれたのが、学校評価制度、教員評価制度、全国学力・学習状況調査の3つである。

学校評価制度としては、2002年の小学校設置基準や中学校設置基準の制定もしくは高等学校・幼稚園設置基準の一部改正によって法令上初めて学校の自己点検・評価とその結果の公表が努力義務化された。2007年の学校教育法や学校教育法施行規則の改正によって、①自己評価の実施とその結果の公表義務化、②学校関係者評価の実施とその結果の公表の努力義務化、③自己評価結果の設置者への報告義務化が行われた。現在では、保護者や学校評議委員、地域住民などの第三者による学校評価が行われている。

教員評価制度としては、2001年に地方教育行政の組織及び運営に関する法律の一部を改正する法律が施行され、指導力不足教員の人事上の措置が法定された。2002年の中央教育審議会答申では、信頼される学校づくりのために新しい教員評価システムの導入が提言され、各自治体で教職員評価システムが行われるようになった。その後、2016年に地方公務員法及び地方独立行政法人法の一部を改正する法律により、勤務成績を評定し記録する勤務評定制度が廃止され、新たな人事評価制度が導入された。それは職員がその職務を遂行するにあたり発揮した能力を評価する「能力評価」と、職員が果たすべき職務をどの程度達成したかを把握し挙げた業績を評価する「業績評価」の2本立ての人事評価制度の導入であった。この人事評価の方法や項目は、各自治体が人事評価実施要領といった名称で公開しており、この結果を任用、給与、分限その他の人事管理の基礎として活用することとなった。

さらに学校における教育の質を保証するために全国学力・学習状況調査が2007年から行われるようになった。学力調査は戦後から名前を変えながら様々行われてきたが競争をあおることから反対運動も起こり、悉皆調査ではなく、抽出調査が行われてきた。2000年に経済協力開発機構による「OECD 生徒の学習到達度調査（PISA）」（3年ごとの実施）の調査が始まり、高い結果を残したが、2回目、3

回目と徐々に成績を下げていった。この調査の前後からゆとり教育による学力低下が問題視されたこともあり、学力調査の復活が求められ、2005 年の中央教育審議会答申「新しい時代の義務教育を創設する」において「子どもたちの学習到達度についての全国的な調査を実施することが適当である」と提言された。その後、文部科学省は、学力調査の実施方法について詳細な検討を行い、2007 年から「各地域における児童生徒の学力・学習状況を把握・分析することにより、教育及び教育施策の成果と課題を検証し、その改善を図る」ことを目的に「全国学力・学習状況調査」（対象は小学 6 年生と中学 3 年生）が実施されている。

3. 教育財政 — 教育の質の維持・向上のための経済

(1) 国と地方の教育財政

教育財政とは、国や地方公共団体が、公的な制度に則った教育を行うために必要な財源を確保し、教育活動の各分野に配布し管理することであり、我が国では、教育に対する支出部分を指すことが一般的である。

財務省は、毎年、我が国の前年度の一般会計歳出決算を出しており、国の教育に関する支出としては、学校教育や科学技術の発展のために使われる「文教及び科学振興費」が挙げられる。2022 年度の一般会計歳出決算は図 12－3 のとおりである。2022 年度の我が国の歳出決算総額は 132 兆 3,855 億円で、そのうち 6.5％の 8 兆 6,692 億円が「文教及び科学振興費」として支出されている。この文教及び科学振興費は、「義務教育費国庫負担金（1 兆 5,156 億円 17.5％）」「科学技術振興費（4 兆 1,053 億円 47.4％）」「文教施設費（1,773 億円 2.0％）」「教育振興助成費（2 兆 7,436 億円 31.6％）」「育英事業費（1,272 億円 1.5％）」の 5 つに分けられている。

また、国・地方あわせた教育財源の全体像については文部科学省の「地方教育費調査」に示されている。この「地方教育費調査」における教育費は、大きく学校教育費、教育行政費、社会教育費の 3 つの構成要素で成り立っている。学校教育費とは、主に幼稚園、小学校・中学校、特別支援学校、高等学校、高等専門学校や大学、大学院等の学校教育法 1 条に定める学校（いわゆる 1 条校）に対する経費である。教育行政費とは、文部科学省や教育委員会事務局の一般行政事務のための経費である。社会教育費とは、公民館、図書館、博物館や体育施設等に関する国や地方からの補助、またそこで行われる社会教育や生涯学習サービスに対する国や地方からの支出である。2022年の国・地方あわせた教育費は16兆2,072億円であり、内訳として学校教育費が13兆6,367億円(84.1%)、社会教育費が1兆5,073億円(9.3%)、教育行政費が1兆632億円（6.6%）となっており、学校教育費が8割以上を占める。地方教育費の推移は図12－4のとおりである。

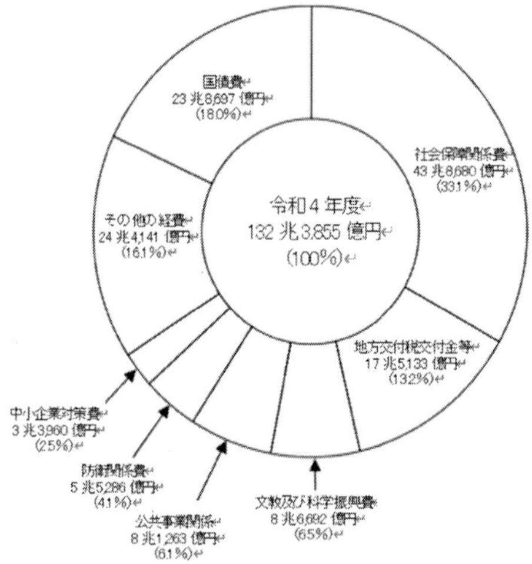

図12－3　2022年度一般会計歳出決算

（出典）財務省ホームページ「令和4年度 一般会計歳入・歳出決算の概要」（一部修正）
https://www.mof.go.jp/policy/budget/budger_workflow/account/fy2022/ke0511.html

地方の教育財政の実態については、都道府県と市町村では異なるが、現在、地方財政は厳しい状態であり、格差も深刻である。地方公共団体の財政力を示す2021年度決算に基づく財政力指数（基準財政収入額を基準財政需要額で除した数値で、1を上回れば地方交付税交付金が支給されない）の都道府県平均は0.50であり、1を越えるのは東京都のみであり、0.3未満の財政力しか持たない都道府県は3県ある。なお、総務省が発表している地方財政白書では、2021年度の教育費の目的別内訳は図12－5のとおりとなっている。都道府県、市町村共に小学校費が最も高いが、都道府県と市町村を比べた場合、都道府県は高等学校費や教育総務費の割合が高いのに対して、市町村の場合は、保健体育費や社会教育費の割合が高いのが分かる。

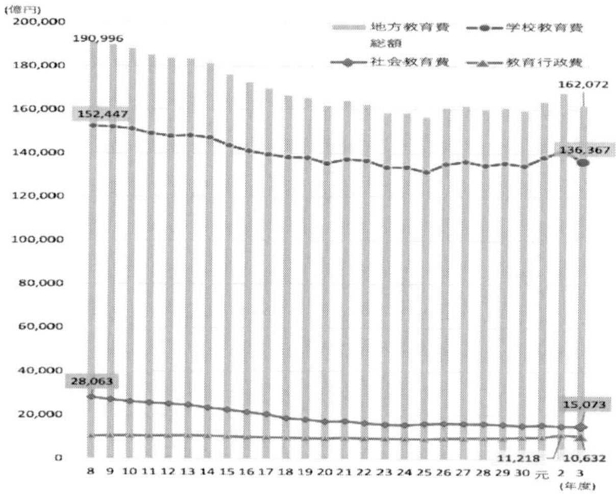

図 12−4　地方教育費の推移

（出典）文部科学省「令和 4 年度地方教育調査（令和 3 会計年度）確定値の公表」（令和 5 年 12 月 27 日）https://www.mext.go.jp/content/20230622-mxt_chousa01-000030606_2.pdf

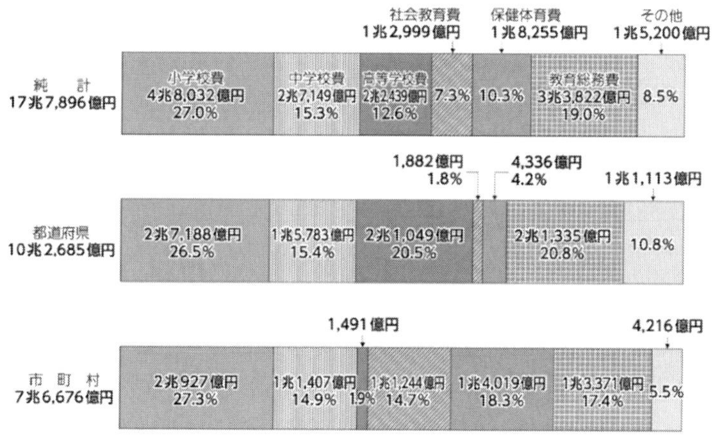

図 12−5　地方財政における教育費の目的別内訳（2021 年）

（出典）総務省「令和 5 年版（令和 3 年度決算）地方財政白書」（2023 年 3 月）59 頁

(2) 教育財政から政策のポイントを知る ― 文部科学省の一般会計予算

国の教育予算がどのような項目に使われ、現在、何が重視されようとしているのかを把握したい場合、文部科学省の一般会計予算が参考になる。2023 年度の文部科学省所管一般会計予算の構成は図 12－6 のとおりである。文部科学省の主要経費は金額の大きい順に、義務教育費国庫負担金（28.7%）、国立大学法人運営費交付金（20.4%）、科学技術予算（18.5%）、高校生等への修学支援（8.1%）、私学助成関係予算（7.7%）となっている。また、2023 年度の文部科学省予算のポイントとして教育関係では「個別最適な学びと協働的な学びの実現」「新しい時代の学びを支える学校施設の整備」「高等教育機関の多様なミッションの実現」「誰もが学ぶことができる機会の保障」の 4 つを挙げており、新たな教育政策の推進や現在の教育課題に対する取り組みに予算を割いていることが分かる。

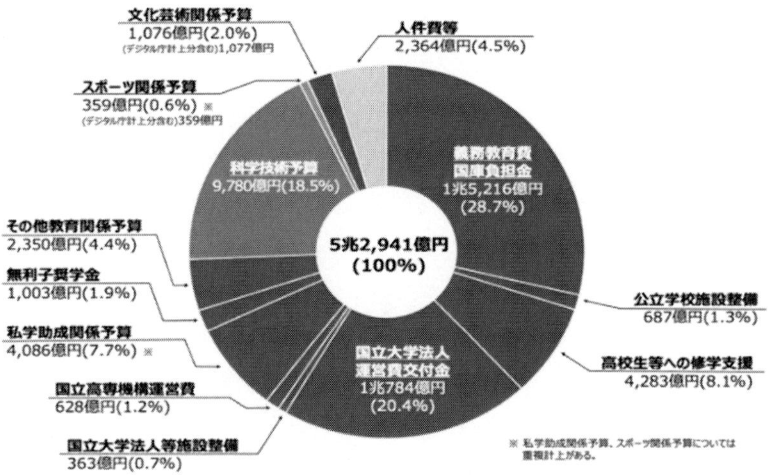

図 12－6　2023 年度　文部科学省所管一般会計予算の構成

（出典）文部科学省「令和 5 年度予算のポイント」（2023 年 3 月 28 日）　（一部修正）

https://www.mext.go.jp/content/20230328-mxt_kouhou01-000024735_1.pdf

（熊谷　圭二郎）

参考文献

①　河野和清編著『現代教育の制度と行政』福村出版，2017 年。

②　青木栄一編著『教育制度を支える教育行政』ミネルヴァ書房，2019 年。

③　金龍哲編著『現代社会の人間形成』三恵社，2016 年。
④　横井敏郎『教育行政学（第 3 版）』八千代出版，2020 年。

第13章
人と社会の幸せを紡ぐ生涯学習

1. グローバルに展開する生涯学習

各国に固有の生涯学習

生涯学習の現代的嚆矢は1960年代後半から1970年代にみられる。1965年のユネスコ第3回成人教育推進国際委員会でのポール・ラングラン（Lengrend,P.）のワーキングペーパーや1973年のOECD教育研究革新センター（CERI）の『リカレント教育ー生涯学習のための戦略』、エットーレ・ジェルピ（Gelpi,E.）著・前平泰志訳『生涯教育—抑圧と解放の弁証法』（1974～1980年までのジェルピの論文より収録）等がその代表的な労作であり、それぞれの思想は各国への政策へ影響を与えた。

生涯学習（lifelong learning）あるいは生涯教育（lifelong education）は、その考え方を導入する当該国の歴史的・社会的文脈や目指すところの違いにより、政策として推進する領域や重点に違いがみられる。たとえば、生涯学習・生涯教育を、主に学校卒業後の教育として位置づけるのであれば、中等後教育（post secondary education）や継続教育（continuing education、further education）の領域で主に議論・推進されよう。。経済活動と教育・学習との循環を強く意識した戦略として位置付けるならリカレント教育（Recurrent Education）が戦略の中心となることもある。学校外の教育やコミュニティづくりを強調するところでは、社会教育（adult and community education）の領域が主となるであろう。また、成人基礎教育（adult basic education）を柱とする国もある。日本のように、これらを組み合わせて、さらに学校教育や教育領域以外の分野も含みつつ総合的な政策として推進する場合もある。

学習都市というプラットフォーム

時を経て、ユネスコ生涯学習研究所（UIL）は、2015年から学習都市の国際的なプラットフォームとして、「学習都市に関するグローバルネットワーク」((Global Network of Learning Cities：GNLC）の構築に取り組んでいる。「世界の経済や社会に都市が大きな影響力を持っていることを受け、都市が抱える様々な課題の解決には、全ての市民が生涯を通じて積極的に学び、その能力や知識を社会に活かしていく生涯学習の重要性及びその結果として、世界中の都市が「持続的な学習都市」（Sustainable Learning Cities）へ戦略的に変革していく重要性を提唱」するものである。2023 年現在世界で 292 都市が学習都市としての認定を受け、このネットワークに加盟をし、生涯学習と都市に関する知識や経験を交換できるプラットフォームとなっている。日本からは、岡山県岡山市と佐賀県多久市の 2 市が参加をしている。

このように、各国・各都市はそれぞれの社会・文化的背景や目指すところにより多様な生涯学習政策・施策を志向・展開し、予測不能な社会課題に対峙しつつ都市を持続していくために、生涯学習による知恵の交換のできるネットワークかつプラットフォームの構築も目指されている。

OECD 国際成人力調査（Programme for the International Assessment of Adult Competencies：PIAAC）による生涯学習力の把握

生涯学習を重要な政策課題と位置づける国や都市の持続可能性を支え、都市力を生み出すのは人に他ならず、各国・各都市では、生涯学習を支える人材を育成することと併せて、生涯学習をする人のすそ野を拡げること・促すことを多面的に推進し、その状況を把握する調査を国レベルや都市レベルで実施している。日本でも、国では 1988 年から現在に至るまで 3 年から 4 年に一度「生涯学習に関する世論調査」が実施されたり、各自治体では諸計画の立案・検証に際してそれぞれの調査名称で生涯学習に関する実態や意識に関する調査が実施されたりしている。

これに対して PIAAC は、OECD（経済協力開発機構）が中心となって実施する国際比較調査の一つであり、参加する各国の成人（この調査では 16～65 歳）が持っている「成人力」と、成人力と社会的・経済的成果との関係等を調査・分析するものである。ここでいう「成人力」とは、「知識をどの程度持っているかではなく、課題を見つけて考える力や、知識・情報を活用して課題を解決する力など、実社会で生きていく上での総合的な力」と定義され、「読解力」と「数的思考力」と「状況の変化に応じた問題解決能力」を把握する 3 分野の調査項目と「背景調査」の項目から構成される。2011 年に実施された第 1 回調査では、参加した 24 の国と地域のうち、日本は、「読解力」、「数的思考力」の 2 分野において平均得点で参加国中第 1 位という特筆すべき結果が報告された。現在第 2 回目の調査が進行中であり、2024 年度にはその結果が公表される予定である。

このように、生涯学習は、その国や地域の社会的・文化的背景や時代的文脈の中でそれぞれに多様性を有しつつ、グローバルに展開されるものとなっている。

2. 生涯学習の３つの原理

３つの原理

社会・文化的背景や政治的・戦略的な考え方の違いにより生涯学習の政策や実践は多様であるが、いずれの国や地域にも通底する原理が３つある。最初の２つは、life という語の２つの意味－生涯と生活－に照らせば理解しやすい。生涯という意味に依拠した原理が、「一生涯にわたる（lifelong：ライフロング）学習」という考え方である。生活という意味から派生する原理が「全生活場面におよぶ（lifewide：ライフワイド）学習」という考え方である。そして３つ目の原理が「学習者中心」という考え方である。

ライフロングの軸－2 つの知力－

ライフロングという学びの軸は垂直軸・タテ軸とも呼ばれ、それが成り立つのは、生涯発達研究の貢献が大きい。生涯発達研究の１つであるライフサイクル論では、人生各期が連続しかつ各期に固有の発達課題があることが提示される。

ピアジェ（Piaget,J.）に代表されるライフサイクル論では、人生前半の発達可能性は詳しく描出されるが、成人期以降の発達可能性は十分に描かれない。そこには、発達＝成長＝子どもという捉え方や人生の比較的早い時期にピークを迎える能力が発達の指標として疑われてこなかったという前提がある。

これに対して、1970 年前後からのライフサイクル研究では、人間の能力には、成人期以降に、失われる部分がある反面、獲得される面もあることが注目されるようになってくる。

たとえば、キャッテルとホーン（Cattel,R.B. and Horn,J.L.）が、知力を、流動性知力（fluid intelligence）と結晶性知力（crystallized intelligence）の２面に分け、それぞれ発達の仕方が異なることを提示したことはよく知られている。前者は神経生理的な基盤を持ち、生活経験や教育からは独立している知力、後者は後天的な文化接触や教育、生活経験などによって培われる知力と定義されている。

これら２つの知力のうち、流動性知力は、個人差はあるが人生の比較的前半にピークが来て以後減衰する傾向があるものとされ、一方で結晶性知力は加齢に伴う様々な社会的経験の蓄積によりある程度の年齢まで維持または漸増されるという。このように、加齢とともに衰退する知力もあれば維持または向上する知力もあると捉えることで、発達＝漸進的成長ではなく、むしろ発達＝変化と捉え、一生涯にわたって発達する可能性を人間のなかに見て取ることができるのではなかろうか。

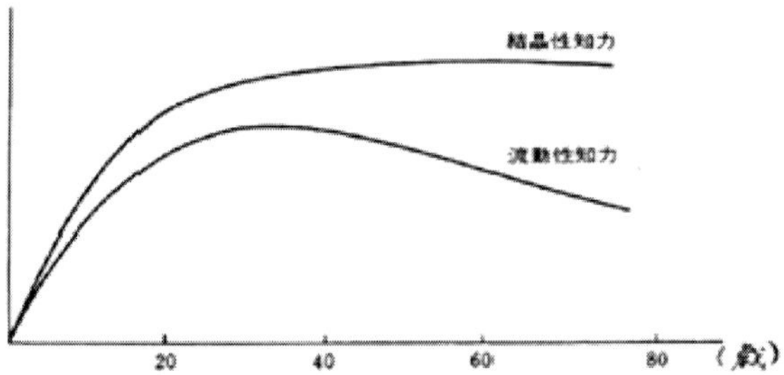

図１　知力の２つの側面（麻生・堀、1997、p.61）

レヴィンソンの成人発達論とライフロング軸

生涯発達論者には一生涯の道筋を発達段階と発達課題で提示したハヴィーガースト（Havighurst,R.J.）や同一性と拡散との葛藤を人生各期で表したエリクソン（Erikson,E.H.）等がいるが、ここでは、成人期以降に焦点を当てた成人発達論者の中から、レヴィンソン（Levinson,D.J.）を取り上げる。

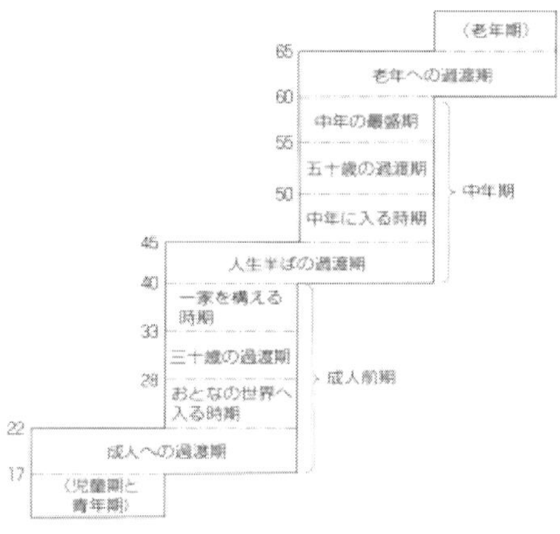

図２　レヴィンソンの成人発達論（社会教育基礎理論研究会、1989、p.96）

レヴィンソンの説では、「青年期」までが生まれ出でた家庭を基盤として行動する時期であるのに対して、成人期以降は、新しい家庭をつくり、古い価値観の一部を受け継ぎながらも新たな世界観のもとで行動することが期待される。この「青年期」から「成人期への過渡期（transition）」は、これまでの価値観と新しい価値観とがぶつかり合い多くの葛藤を生み出す時期でもある。この過渡期の葛藤を、レヴィンソンは「危機（crisis）」と呼ぶ。危機に直面・葛藤しつつ打開策を見いだす中で、人は成熟する。すなわち、子どもから成人になるということは、子どもという段階が完了した直後に成人という段階が来るということを意味するのではなく、子どもと成人の両面を併せ持つ過渡期を経験することを意味するのである。

「成人への過渡期」は未成年の自己に終わりを告げ、おとなとしての自己を形成し始める期間と意味づけられる。この時期はレヴィンソンによれば、「ライフサイクルにおける重大な転換期」（レヴィンソン、1992）である。ここから次の大きな過渡期である「人生半ばの過渡期」を迎えるまでが「成人前期」である。「成人前期」は、生物学的・心理学的・知的能力が最高水準に近いところで安定しており、おとなの社会（家庭や職場、地域など）で徐々に成熟し、自律して生きていく時期である。ところが「人生半ばの過渡期」を迎える頃、発達や仕事、生活様式の上で重大な変化も生じる。それゆえに生じるストレスも大きいが、「成人前期」の体力、敏捷性、持久力、生産性という資質に替わる、叡智や分別、寛容、感情に左右されない同情心、思慮深さ、もののあわれの感覚などにより克服することができるという。「中年期」は各人が目標を達成し社会的貢献をする時期であるが、この時期を充実したものにするためには「人生半ばの過渡期」をいかに過ごすかが鍵となる。そして、生物学的、心理学的、社会的に様々な変化が生じ、その結果生活の特質が根本的に変わってしまう60代前半に「老年への過渡期」を迎える。こうしてみていくと、人生各期の発達課題への対応も重要であるが、各期と各期を結ぶ過渡期に起因する課題への対応もまた看過できないことが見て取れる。

ライフコースの視点からみたライフロング軸

生涯発達論に依拠したときに、もう一つ想定できる考え方がライフコースの視点である。ライフサイクルとライフコースの概念については相互置換的に用いる研究者もいるが、「ライフコース論はポスト・ライフサイクル論として、つまりライフサイクル論の原型を乗り越えるものとして紹介されることが多い」（大久保、1990、

p.54）。大久保は、ライフコースを「社会構造内部での個人の位置が一生を通じて変化していく際の道筋」の束であると規定した上で、ライフサイクルとの違いを次のように述べる。「ライフコースそのものはパターンではなく、社会学的に定義された個人の一生である。それを統計的にパターンとして捉えようとするときの一つの方法（概念）がライフサイクルなのである」（大久保、1990、pp.57-58）この、ライフコースにみる「パターンではなく個人の一生」というとらえ方から、ライフサイクルに対する「同年齢にある個人差が包摂されない」「年齢輪切り的な発想に陥る」という批判を超える可能性があることが示唆されよう。

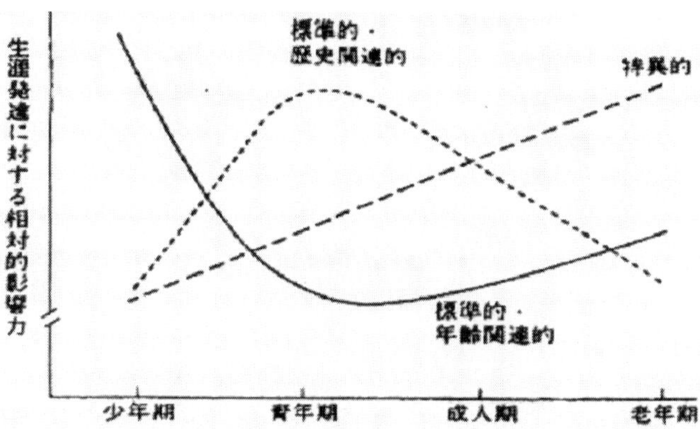

図３　生涯発達に対する３要因の相対的影響力（堀、2009、p.176）

また、バルテス（Baltes,R.）は図４のように、生涯発達に及ぼす影響要因の強弱が発達段階に応じて相対的に異なることを示している。年齢に関連する要因は少年期をピークとして青年期に向かってその影響力が低下し、成人期以降再び緩やかに影響力を強めていく可能性があることがここから見て取れる。一方、同時代性・社会性（標準的・歴史関連的）に起因する要因は学齢期の最終段階付近まで徐々に影響力を強め、そこをピークに、影響力が漸次弱まる傾向が窺えよう。こうしたことから、どの年齢段階にあるのかというのは人生の早いうちにより大きな意味を持つこと、そして、どの時代・どの社会に生きているのかということからくる影響は、子ども期においては自分でコントロールすることは難しいが、年齢を重ねていくにつれてコントロールできる可能性があること等が推察される。さらに注目すべきは、加齢とともに伸びていく、特異的要因である。ここでいう特異的要因とは、個々人の個別的な経験からの影響要因を意味する。すなわち、生涯発達は、加齢とともに、年齢や同時代性等以上に、自分がどれだけ多様な経験をしてきたかが、その内実を決めるという可能性を、この図は示唆するのである。

ライフコースにおいて、ある発達局面から別の発達局面への移行は「ライフイベント」によって区切られる。ライフイベントは、具体的には、個人的要素の強いものとして、誕生、死、進学・入学、就職・転職・再就職、結婚、離婚などが、時代的社会的要素の強いものとして災害や戦争、社会運動などがあげられる。ライフイベントは、ある局面から別の局面への転換点を意味するが、それは、短期的・瞬間的な転換ではなく、一定期間を要する移行期間として現れ、先のライフサイクルにおける過渡期と同様に、新旧の価値観の葛藤など多くの危機を孕む。しかし、危機を孕むがゆえに、ライフイベントは人生の中で大きな意味を持つ。生涯発達の観点から学習者を理解しようとするとき、人生各期を注視する傾向が強いが、ライフイベントや過渡期にも注目していただきたい。

ライフワイドという軸

ライフワイドという軸は、水平軸・ヨコ軸ともよばれ、学びが、全生活場面に広がることや広がる学びと学びの有機的な結びつきが、学習そのものの発展や人間的成長につながるものであることを示唆する。

こうした考え方の根拠となる理論の1つが、経験学習論である。経験学習論の第一人者であるコルブ（Kolb,D.A 1939-.）は次のような経験学習サイクルを提案する（Kolb,D.A、1984）。

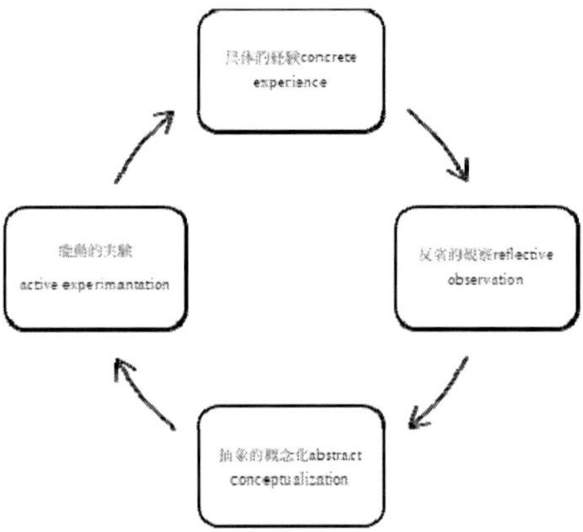

図４　コルブの経験学習サイクル（Kolb,D.A.、1984に基づき筆者が作成.）

コルブによれば、経験学習とは、「具体的経験が変容された結果、知識が創出されるプロセス」と定義され、そのプロセスには、具体的経験の段階、それを省察する段階、一般化する段階、応用していく段階が包摂されている。すなわち、いずれかの段階で生じた学習は、他の段階を通ることで、知識として創出されることが示唆される。さらにコルブは、こうした知のサイクルは、それが螺旋的につながっていくことで、さらなる知の発展と人間的成長が見込まれることも提案する。

たとえば、小学校5年生が、家庭科の調理分野として習い、作ったものを、家族のために家で作ればその技能の定着率はそれをしないよりは格段高まるであろうし、合わせて、応用力も高まると推察される。座学による抽象的概念を、生活のなかで能動的に応用していくことで、また次のやってみたい具体経験が出てくるのである。もう少しマクロなケースでは、学校で学んだ科学の知識を、社会教育施設である博物館で体験する、あるいは、野外での活動に応用する。これも座学での学びが実践での学びへと結び付けられていくことで、学習の成果に広がりと知識の定着や更新が担保されると推察される。また総合的な学習の時間等でみられるような、地域資源を活用したり地域と連携・協働したりしながら学校の授業を展開することも学校と地域の有機的な結びつきによって子どもたちの知的・心的・身体的成長を促す可能性を有する。いずれも、具体的な経験と抽象的な概念の生成との間に、「ふり返り」（省察的観察）があることもポイントである。

学習者中心という考え方

ここまで述べた二つの原理（ライフロングとライフワイド）により、いわゆる、生涯学習とは、「いつでも」「どこでも」学習機会が提供され学習支援が促進されることになるが、ここで忘れてはならないのが、「誰でも」という発想である。すべての学びたい人がアクセスしやすい学習の場や各年齢段階にあるすべての人々を配慮した学習支援が展開されなくてはならないのである。これを実現していくためには、教育制度ありきでそこに学習者が合わせていくという従来の発想では限界が生じる。顕在的・潜在的学習者のニーズと生活様態を把握し、それらに合わせて新しい学習機会を提供したり学習支援体制を整えたりすることが肝要である。

もう一方で、「学習者中心」という発想は、学習者が学べる環境づくりや学習者のニーズに合わせた学習機会・学習支援ということを意味するだけでなく、学習者が自ら学びを創造していく力、すなわち、自己主導的学習能力の育成という面も看過できないことに留意する必要がある。

3. 日本における生涯学習の定義と理念

生涯学習の定義

日本の政策における生涯学習という用語の初出は1981年に遡る。同年の中央教育審議会答申「生涯教育について」において、「今日、変化の激しい社会にあって、人々は、自己の充実・啓発や生活の向上のため、適切かつ豊かな学習の機会を求めている。これらの学習は、各人が自発的意思に基づいて行うことを基本とするものであり、必要に応じ、自己に適した手段・方法は、これを自ら選んで、生涯を通じて行うものである。その意味では、これを生涯学習と呼ぶのがふさわしい」と記述されている。

ここを出発点として、後述する幾度かの変遷を辿り、現在、「生涯学習」は、「一般には人々が生涯に行うあらゆる学習、すなわち、学校教育、家庭教育、社会教育、文化活動、スポーツ活動、レクリエーション活動、ボランティア活動、企業内教育、趣味など様々な場や機会において行う学習の意味で用いられます。また、人々が、生涯のいつでも、自由に学習機会を選択し学ぶことができ、その成果が適切に評価される社会を指すものとして「生涯学習社会」という言葉も用いられます」（『文部科学白書（平成30年度版）』）という理解が一般的になっている。

生涯学習の理念

現行の教育基本法では第三条に生涯学習の理念として「国民一人一人が、自己の人格を磨き、豊かな人生を送ることができるよう、その生涯にわたって、あらゆる機会に、あらゆる場所において学習することができ、その成果を適切に生かすことのできる社会の実現が図られなければならない。」ことが掲げられている。

実はここには、「その生涯にわたって」学習することができるというというライフロングの考え方、「あらゆる機会に、あらゆる場所において」学習することができるというライフワイドの考え方、「国民一人一人が」学習することができるという学習者中心の考え方が反映され、先に述べた 3 つの原理が凝縮して条文化されていることがわかる。

この条文は、学校教育（第5条から第9条）や社会教育（第12条）、家庭教育（第10条）にかかる条文より前に置かれていることから、様々な教育領域を包括する傘概念として位置づけられていることもわかる。

また、その意図については後述するが、３つの原理に加えて、「その成果（学習の成果）を適切に生かすことのできる社会の実現」も生涯学習理念の中で求められていることにも留意しておきたい。

生涯学習の考え方と教育３領域

ここまでにみてきたように、日本では、生涯学習とは、生涯を通じて、「学校教育、家庭教育、社会教育、文化活動、スポーツ活動、レクリエーション活動、ボランティア活動、企業内教育、趣味など様々な場や機会において行う学習」を指し、それらにおいて学んだ成果が、学習者本人にとって有用であることと併せて、社会に還元していく学びとして捉えられ、推進されてきている。

日本では、一般に、学校教育・社会教育・家庭教育を教育３領域として捉えられるが、図１のように、生涯学習には、この教育３領域に加えて、スポーツ・レクリエーション、ボランティア活動、文化活動など日常生活における学習可能性のあるすべての活動が包摂される。ここから、日本では、生涯学習は、教育や社会を照らす考え方であるとともに、その考え方が反映されたすべての学習実践としても捉えられていることがわかる。

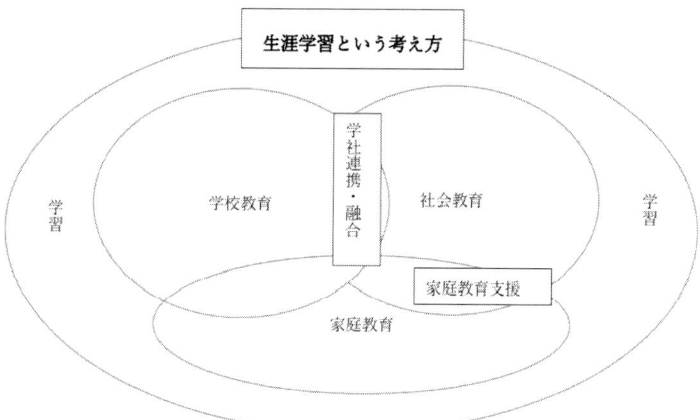

図５　生涯学習の考え方と教育三領域（筆者が作成）

ところで、教育３領域の中で、とりわけ社会教育は、社会教育法第三条第２項で「国及び地方公共団体は、前項の任務を行うに当たっては、国民の学習に対する多様な需要を踏まえ、これに適切に対応するために必要な学習の機会の提供及びその奨励を行うことにより、生涯学習の振興に寄与することとなるよう努めるものとする」とあるように、生涯学習理念の実現をミッションの１つとしていることから、生涯学習の考え方との親和性が高い。このことから、生涯学習と社会教育は混在して認識される場合も多々あり、過去を遡ると、地方公共団体においては、1980 年代終盤以降、社会教育課や公立社会教育センターが、生涯学習課や公立生涯学習センターへと看板替えする事案も頻発した。

しかし、上述の生涯学習の定義と併せて、学校教育については学校教育法で、社会教育については社会教育法でその範囲や役割などが明示されていることから、本来、生涯学習と学校教育と社会教育は相互に関連しつつも、独立した概念として捉えることが望ましい。

４. これからの生涯学習社会を考える―人と社会の幸せを紡ぐ―

持続可能な社会の構築と生涯学習

ここでは、教育基本法第 3 条の後半にある「その（学習の）成果を適切に生かすことのできる社会の実現が図られなければならない。」について、なぜ、3 つの原理に加えてこの考え方が日本において必要なのかを考えてみたい。

少子高齢化を伴う人口減少社会の到来は教育領域の内外において様々な課題を生んでいる。例えば、内閣府『平成 20 年版少子化社会白書』では、少子化に伴い、学校統廃合による児童生徒への負担の増大、子どもの社会性の育成や自立の阻害、地域での祭りやイベントの消滅などが懸念され、子どもの健全な成長と暮らしの保障が困難になる可能性が指摘されている。総務省による『平成 30 年度情報通信白書ー人口減少時代の ICT による持続的成長』では、経済規模の縮小や労働力の不足、国際競争力の低下、医療・介護費の増大等社会保障制度の給付と負担のバランスの崩壊、財政の危機、基礎的自治体の担い手の減少等様々な社会的・経済的な課題が指摘されることとあわせて、各人の課題として、「人生 100 年時代」と言われる長い人生の過ごし方の再考が迫られていることが指摘されている。

生涯学習政策においては、一人ひとりが、こうした様々な社会課題に向き合い、持続可能な社会な担い手であり続けるための方向性が示されている。例えば、2008

年の中教審答申「新しい時代を切り拓く生涯学習の振興方策について～知の循環型社会の構築を目指して～」では次の 4 つの点で生涯学習の重要性が増していることを示す。

① 国民が生涯にわたって行う学習活動の支援の要請

② 総合的な「知」が求められる時代－社会の変化による要請

③ 自立した個人の育成や自立したコミュニティ（地域社会）の形成の要請

④ 持続可能な社会の構築の要請

①については 1981 年の中教審の生涯学習の定義に通ずる。②についてはラングランによる、各人が社会変化へ適応するために生涯教育が重要であるという主張に通ずる感がある。これらが、個人に資する意義として生涯学習の重要性が述べているのに対して、③、④は、地域社会や社会に対する生涯学習の重要性が軸になっている。先の教育基本法に規定された生涯学習の理念と照らすと、生涯学習が、人づくりに加えて、自立した地域の形成や持続可能な社会の構築のために役割を果たすことが求められていることがわかる。つまり、①が基本でありつつも、②～④のように学習成果が社会をよくすることに結びついていくことの重要性が指摘されている。こうした動向の中で、生涯学習は、教育 3 領域を含みつつ、それを越えて、社会全体に通底する理念として捉えることが必要になっていることがわかる。

総合教育政策局の設置

文部科学省は、社会が大きくかつ急速に変化する中で生涯学習政策の一層強力な推進が不可欠であるという認識の下で、「これまでの取組を大きく前進させ、学校教育と社会教育を通じた包括的で一貫した教育政策をより強力かつ効果的に推進し、文部科学省の先頭に立って、 誰もが必要なときに必要な教育を受け、また学習を行い、充実した生涯を送ることができる環境の実現を目指」 すとして、2018 年 10 月に「生涯学習政策局」に代わって「総合教育政策局」を筆頭局に配置した。

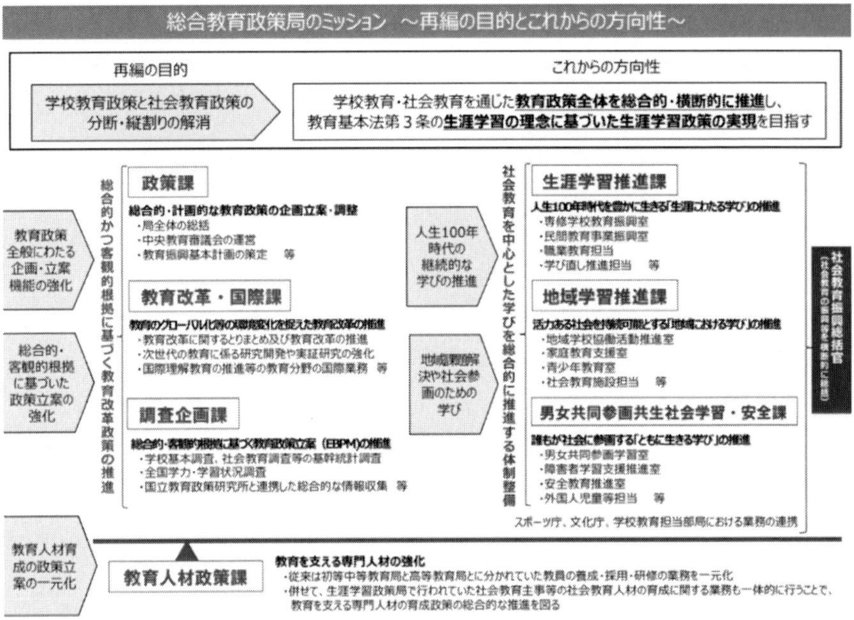

図６　総合教育政策局のミッション（文部科学省 HP より）

この図から、「社会教育を中心とした学びを総合的に推進する体制整備」が求められており、これを為す中核的役割として、社会教育主事等社会教育人材の育成が重視されていることが見て取れる。2020 年に発効した「社会教育士」の称号もこの流れにある。

学びと活動の好循環を生む生涯学習へ

2018 年 2 月には中教審より答申「人口減少時代の新しい地域づくりに向けた社会教育の振興方策について」が出される。同答申で社会教育は、「個人の成長と地域社会の発展の双方に重要な役割」があること、その役割を果たすために、人づくりとつながりづくりと地域づくりを相互浸透的に進め、学ぶと活動の好循環を生む支援や仕組みづくりが求められている。

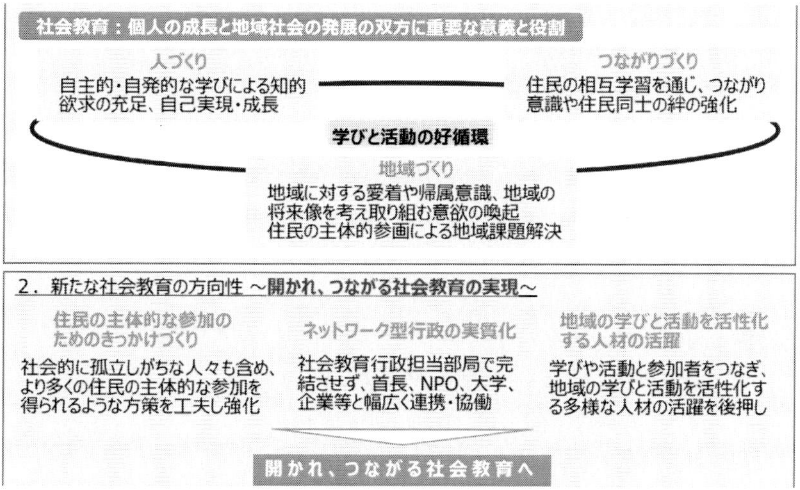

図 7　学びと活動の好循環のイメージ図　（文部科学省 HP より）

そして、2020 年 10 月には、この方向をさらに強化しつつ、ウィズコロナ・ポストコロナを見据えた方針が政策として提案された。「第 10 期中央教育審議会生涯学習分科会における議論の整理　多様な主体の協働と ICT の活用で、つながる生涯学習・社会教育～命を守り、誰一人として取り残さない社会の実現へ」がそれである。表題にある通り、「多様な主体の協働」と人と暮らしに融合した「ICT の活用」が鍵に位置づく。

学びとまちづくりの好循環により生まれる幸せな人・幸せな社会へ

第 4 教育振興基本計画と生涯学習

2023 年 6 月には第 4 期教育振興基本計画が策定、閣議決定をされ、すべての人が Well-being な状態であることを志向して、①グローバル化する社会の持続的な発展に向けて学び続ける人材の育成、②誰一人取り残されず、全ての人の可能性を引き出す共生社会の実現に向けた教育の推進、③地域や家庭で共に学び支え合う社会の実現に向けた教育の推進の 3 つが基本方針として提示された。これからの生涯学習はこの基本方針のもとにある。

基本方針のもとで掲げられた 16 の教育政策のうち、生涯学習との関連では、とりわけ、8.生涯学び、活躍できる環境整備、9.学校・家庭・地域の連携・協働の推進による地域の教育力の向上、10. 地域コミュニティの基盤を支える社会教育の推進に軸足が置かれることになりそうである。これらの政策実現と社会実装に向けて、人生 100 年時代の生涯学習、リカレント教育の充実、地域学校協働活動とコミュニティスクールの一体的推進、様々な社会課題・地域課題を主体的に解決するための学習支援、これらの施策を支える社会教育人材等多くの施策がこれから展開されることになるであろう。これらの施策の展開にあたっては、ＤＸの観点も欠かせない。

人と社会の幸せを紡ぐ生涯学習

コロナ禍を経て、生涯学習の推進という面で一貫して論議・重視されているのは学びの意味である。それは、個人の生きがいや自己実現に資するための学びに加えて、持続可能な社会であり続けるための学びでもある。そして人と人、人と場のつながりをつくる学びである。

先の第 4 期教育振興基本計画で、Well-being は、「多様な個人それぞれが幸せや生きがいを感じるとともに、地域や社会が幸せや豊かさを感じられるものとなるための教育の在り方」を探究するための指針として提起されたが、現在そしてこれからの生涯学習のあり方にも通底する指針と言える。

自ら参加したくなるオープンな学びの場の創出を通じて、多様な人と人がつながる。学びと活動への参画のプロセスと成果の両面で、一人ひとりに幸せな気持ちが生まれ・育まれ、それによって暮らしの質が高まる。こうした学びと暮らしの好循環の中で、個と個、個と社会（地域やまち、日本、世界）とのつながりを実感し、社会をよくすることが自分自身や自分の大切な人たちの暮らしの質を高めることに気づき、そのために利他的に行動する人が増えれば、地域社会は、そこに関わる地域内外の人によって自ら持続可能性を生み続けることができるのではないだろうか。

生涯学習の考え方に立つと、学びは、すべての人に、いつでも、どこでも開かれている。学びを出入り口にして、人と人、人と社会が繋がることができれば、学びの成果は個人にも社会にも広がり、それによって、暮らしの質も高まり、暮らし続けたい社会が生まれていくであろう。

（山川　肖美）

引用・参考文献

① 赤尾勝己編著『生涯学習理論を学ぶ人のために』世界思想社、2004 年。

② 麻生誠・堀薫夫『生涯発達と生涯学習』放送大学教材、1997 年。

③ OECD 教育研究革新センター（CERI）報告書『リカレント教育－生涯学習のための戦略－』、1973 年。

④ 大久保孝治「ライフコース分析の基礎概念」『教育社会学研究』（vol.46）、1990 年、pp.53-70。

⑤ 大久保孝治・嶋崎尚子『ライフコース論』放送大学教材、1995 年。

⑥ 清國祐二・鈴木真理『社会教育計画の基礎』学文社、2003 年。

⑦ 社会教育基礎理論研究会編著『成人性の発達』（叢書生涯学習Ⅶ）、雄松堂、1989 年。

⑧ ジェルピ、E（前平泰志訳）『生涯教育－抑圧と解放の弁証法－』（*Lifelong Education: The Dialectic between Oppression and Liberation.*）東京創元社、1983 年。

⑨ 総務省『平成 30 年度情報通信白書－人口減少時代の ICT による持続的成長』、2019 年。

⑩ 滝沢武久・山内光哉・落合正行・芳賀純著『ピアジェ知能の心理学』有斐閣新書、1980 年。

⑪ 内閣府『平成 20 年版少子化社会白書』、2009 年。

⑫ ハヴィーガースト、R.J.（児玉憲典・飯塚祐子訳）『ハヴィーガーストの発達課題と教育－生涯発達と人間形成』（*Developmental Tasks and Education.*、3rd ed.）川崎書店、1995 年。

⑬ 堀薫夫「ポール・バルテスの生涯発達論」『大阪教育大学紀要（第Ⅳ部門）』、2009 年、pp.173-185。

⑭ 文部科学省・国立教育政策研究所「OECD 国際成人力調査 PIAAC 第 2 回調査パンフレット」
https://www.mext.go.jp/b_menu/toukei/data/Others/20220712-mxt_kouhou02-3.pdf

⑮ 山川肖美「学びから始まる持続可能な地域づくりに関する一考察―学習の社会的成果としてのシビック・エンゲージメントを鍵概念として―」『日本生涯教育学会年報第 42 号』、2021 年。

⑯　同「第 4 章　生涯学習論－人と社会の幸せを紡ぐ学びの創造－」『教育学のグラデーション―教育学科の歩き方』、2022 年、pp.57-77。

⑰　ユネスコ学習都市ホームページ
https://www.uil.unesco.org/en/learning-cities

⑱　ラングラン、P.著（波多野完治訳）『生涯教育入門』、1991 年（再版）。

⑲　レヴィンソン、D.著（南博訳）『ライフサイクルの心理学（上）』（講談社学術文庫）、1992 年。

⑳　Kolb,D.A.,*Experiential Learning : As a Resource of Learning*,Prentice Hall Inc.,1984.

第 14 章
保育と幼児教育

幼児期は、心身の発達や学びの基盤を形成する段階であり、人間の成長における重要な時期である。日本における幼児教育は、長らく、厚生労働省が主管する「働く親が子供を預ける保育所」と、文部科学省が主管する「就学前の幼児に教育を施す幼稚園」の二重体制によって支えられてきた。しかし、近年では幼児教育の重要性が再評価され、認定こども園など、保育と教育の一体的な提供が求められるようになってきている。2023 年 4 月には、「こどもまん中」をスローガンにした政府機関「こども家庭庁」が発足した。心身の発達が最も著しい幼児期に、子供たちの学びの土台を築き、社会で自己実現をするための基盤となる能力や態度を育むことが大切である。

１. 幼児教育の歴史と展開

それでは、最初に、幼児教育の歴史を概観することで、幼児教育のあらましについて考察していく。幼児教育は、近代に至るまで、家庭教育の一環としてとらえられており、公教育としては、ほとんど関心は寄せられて来なかった。したがって、幼児教育の歴史は、純粋に「幼児教育」としてみた場合、近代から始まるわずか 250 年足らずの歴史しか経ていない。ここでは、幼児教育に関連した人物の解説を中心に簡単に概観していく。

(1) 幼児教育の誕生

ルソーの教育思想

近代に入ると、ルソー（1712-1778）が「エミール、または教育について（1762）」を著し、幼児期の教育について「万物をつくる者の手をはなれるときすべてはよいものであるが、人間の手にうつるとすべてが悪くなる。」と述べている。つまり、子供の教育は、大人が望む鋳型にはめるものではなく、本来備わっている人間の本性に従って教育すべきであると主張したのである。例えば、18 世紀のヨーロッパでは、赤ん坊の脱臼等を防ぐために手足を動かないようにお包みで覆うのが慣習であったが、ルソーは、手足を自由に動かせるようにしないと順調に成長できないと説いた。彼は、その教育方針を「消極教育」と呼んで、その後の教育に大きな影響を残した。しかし、ルソーは、実際に幼児教育を実践したというわけではない。

保育施設の成立

やがて、近代化が進むと、保育施設が誕生してくる。しかし、初期の保育所は、幼児教育のための独立した施設ではなく、あくまでも学校に付属した施設であった。たとえば、1779 年、ドイツ人牧師オーベルラン（1740-1826）が「編物学校」を作った際に、5 歳までの子供に向けた「幼児保護所」という保育施設を作ったという記録がある。また、イギリスでは、1816 年にオーエン（1771-1858）が保育施設「性格形成学院」の中に「幼児学校」を設けたりした。

フレーベルと幼稚園の成立

以上は、「保育」としての性格が強い施設であるが、それとは別の「教育」というコンセプトを基にした本格的な世界最初の幼稚園が、1840 年にドイツ人のフレーベル（1782-1852）によって設立された。フレーベルは、当時有名な教育実践家であったスイスのペスタロッチ（1746-1827）に学んだ教育実践家でもあった。「幼稚園」という名称は、彼の造語であり、ドイツ語の kindergarten（キンダーガルテン、「子供の庭」の意）は、現在の英語でもそのまま kindergarten として使用されている。また、彼は施設だけではなく幼児の創造性を育てるための恩物(おんぶつ)と名付けた教育玩具を創作した。これは現在の「積み木」や「ブロック」の基となる玩具である。この幼稚園が、フレーベルの教育思想とともに世界中に広まっていったのである。

フレーベルの教育思想は、自ら編み出した「球体法則」を基にしている。この「球体法則」とは、対立の法則であり、その対立を結合する法則であるとされている。そして、これを男女の婚姻関係になぞらえる。つまり、男女の婚姻関係のようにプラスとマイナスと合わせることで神の摂理を実現できると考えたのである。フレーベルは、幼稚園までは主に母性による教育が必要だとしているが、男性の保育者の役割と家庭における父親の役割も重視している。また、子供は絶えず何かを生み出し創造する神聖なものとみると同時に、外界の自然環境も神的なものと考え、幼児期の段階では、内的なものを、外的なもの（環境）を通して、目に見えるものにし、さらに両者の統一を求めるのだとしている。そして大人がその創造の手助けをすることが大切だと考えた。すなわち、子供は個性に従って自然に発達・成長させるべきであるとし、その手段として必要なのは「遊び」であるとした。

フレーベルは、子供たちが自発的に遊び、学びを助けるための教育遊具として、子供達が実際に、握ったり、転がしたり、積み上げたりして、楽しみながら学んでいける20種類のシンプルな色と形を構成し、「恩物」と名付けた。この「恩物」のうち10種類は色のついた数学の幾何学的な形の玩具で、残りの10種類は、手を使った工作方法で、「紙を折る」「砂遊び」「粘土遊び」「描く」というものであった。

(2) 幼児教育の展開

デューイのフレーベル批判

20世紀が近づくと、社会の進展とともに、これまでの教育に対して見直す風潮が生まれてきた。デューイ（1859-1952）は、「学校と社会（1896）」の中で、フレーベルの恩物主義を批判している。デューイ自身は、「自らの実践がフレーベルの教育原理の具体化である」と述べているほど、フレーベル教育の信奉者であったが、フレーベルの生理学・心理学に関する知識が不十分な点や幼稚園の自由で協同的な活動と当時のドイツの管理的な現実社会とのギャップを指摘し、「本来の遊びとは子供の精神的態度を全体的に統一的に示しているものである」と主張した。そして、「象徴する事物は子供の身の回りの直接的、現実的なものである必要がある。」とし、「自然で直接的なものであればあるほど、子供の想像的な遊戯を真に表現的なものにする。」と述べている。つまり恩物のように大人が教材として人為的に作ったような玩具ではなく、子供の身の回りにある木材、ブリキ、皮革といった多種多様な材料に接触させることが重要であるという説を唱えた。デューイの教育思想を進歩主義教育と言い、大正時代の日本の教育にも大きな影響を与えた。

モンテッソーリの教育

イタリアの医師マリア・モンテッソーリ（1870-1952）は、女性初のローマ大学医学部を卒業後、当時、教育は不可能とされていた障害児の治療教育に携わった。彼女は、障害児の感覚器官を刺激することで、知的障害児の知的水準を高める手法を編み出し、大きな成果を上げた。その功績が認められ、1907年、ローマに貧困層を対象とした「子供の家」という保育施設を設け、そこで健常児にも感覚器官の刺激を応用した教育を行った。当初、モンテッソーリは「みんな、玩具で遊ぶにちがいない」と思い、教具の他に玩具や人形も置いていた。ところが子供たちは教具の方を選び、何度も何度も繰り返し使って楽しんでいた。このことから、モンテッソーリは、「子供には生来、自立・発達していこうとする力（自己教育力）があり、その力が発揮されるためには発達に見合った環境（物的環境・人的環境）」が必要である」という考えに至った。モンテッソーリは0歳から24歳までを4つの発達段階に区切り、それぞれの段階に応じた環境を整えて人間形成を促すとした。大人がすべきことは、何かを直接子供に教え込むことではなく、子供の発達がどのような形ですすんでいくかを知り、子供を観察し、環境を整えることだとしている。教師は子供の興味や発達段階を正しく理解し、子供が触ってみたい、やってみたいと思う環境を適切に用意し、その環境と子供を「提示」などによって結びつけ、子供の自発的活動を促すのである。子供は、自分で選んだ活動に満足いくまで繰り返し取り組みながら様々な能力を獲得していくとされる。

レッジョ・エミリア・アプローチ

1991年ニューズウィーク誌に「最も革新的な幼児教育」として紹介された、レッジョ・エミリア・アプローチは、北イタリアのレッジョ・エミリア市で、地域の共同保育運動として始まった教育である。このアプローチは、子供一人一人がもつ可能性を尊重し、子供自身の興味や考えを大切にしながら学びの場をつくり、想像力や表現力を育むことを目的とした教育で、教育家ローリス・マラグッツィ（1920-1994）と、市当局のバックアップによりその基礎が築かれた。

レッジョ・エミリア・アプローチは、一定の教具やカリキュラムに沿って決まった通りのことを教えるのではなく、子供と大人の双方がじっくりとコミュニケーションを取り合いながら、創造性を発揮し、芸術的・探求的な活動を通して子供と保育者がカリキュラムを協同で創り出して行くのが特色である。保育者は1クラス20人程度の教室で、2人1組で対等な立場で活動する。　レッジョ・エミリア・アプローチには、3つの特色がある。1つ目は、芸術（art）を通じた主体的な学びであり、子供、保育者、アートを専門的に学んだアトリエリスタなど、関係する人全てが、アートを通じて主体的に学び合う活動を行う。2番目は、ドキュメンテーションによる記録と考察である。子供達の活動の様子や保育者との会話の様子などを写真や動画、メモにして掲示するドキュメンテーションが行われ、子供自身を含め、保育者や親たちの意思の疎通や発想の交換を容易にし、子供たちに、自分たちの努力が評価されていることに気づかせる効果がある。3 つ目は、プロジェクト学習である。子供達は、自分たちで相談して決めた、例えば「恐竜プロジェクト」とか「小鳥の公園プロジェクト」など、少人数のチームで興味・関心に沿った内容を深く探求していく「プロジェクト活動」を行う。これは、与えられたカリキュラムではなく、子供自身の興味や考えを大切にしながら学びの場をつくり、想像力や表現力を育むことを目的としている。

(3) 日本における幼児教育の歴史

日本における幼児教育については、西洋社会同様、近代に入ってから本格的な取り組みが始まる。

日本初の幼稚園の誕生

日本で初めて幼稚園が誕生したのは、1876 年東京女子師範学校附属幼稚園（現お茶の水女子大学附属幼稚園）であり、フレーベルの幼稚園設立から 36 年後のことであった。実際にフレーベルの保育学校で学んだドイツ人クララ・チーテルマン（1853－1941）（松野クララ）を首席保母、豊田芙雄（ふゆ）らを保母としてフレーベルの幼稚園を模範とする幼稚園保育を開始した。また、英語が堪能で通訳兼明治政府の外国人キリスト教徒へのスパイとして暗躍した浄土真宗僧侶の関信三（せき しんぞう）（1843-1880）は、欧米の幼稚園に関する手引書を翻訳し、幼稚園教育に大きな寄与を果たした。

倉橋惣三の誘導保育論

倉橋 惣三（くらはし そうぞう）（1882-1955）は、東京帝国大学で児童心理学を学び、1917 年に東京女子高等師範学校教授、同附属幼稚園主事となった。彼は、当時の付属幼稚園で行われていた「時間割に沿って 30 分ごとに決められた活動を行う」保育や、「恩物を使っていればよい」とする形骸化した活動を批判し、フレーベルの教育思想を重視しながらも、自ら「誘導保育」と呼ばれる保育方針を打ち立てた。「誘導保育」とは、大人が半ば強制的に子供をコントロールするのとは違い、子供が持つ「自らの内に育つ力」を大切にし、子供が自発的に自由に遊ぶ中で

「自己充実」を目指すという教育方針である。「生活を、生活で、生活へ」という標語のもとに子供の自発的な伸びる力がより望ましい方向に行くように、遊具や環境などで様々な刺激を与えて、子供を誘導していく保育方法である。周囲の大人が教え導くのは、その自己充実のために刺激を与え、環境を構築することであると説いた。

(4) 補足

上記で説明した人物以外にも、幼児教育に関係する著名な人物として、「タブラ・ラーサ（子供は白紙）」を唱えた、イギリスのロック（1632-1704）や、「児童の世紀」を著して、「教育の最大の秘訣は、教育しないことにある」と述べたスウェーデンの教育学者ケイ（1849-1926）などがいる。また、日本では、倉橋惣三の「子供中心主義」と反対に「社会中心主義」を唱えた城戸幡太郎（きど まんたろう、1893-1985）などがいた。

以上のように、幼児教育の歴史は、その中心にフレーベルの教育思想があり、現在に至るまで大きな影響力を占めていることが分かる。そして、現代に近づくにつれ、医学や心理学の新しい知見や影響を受けながら幼児教育の理論や実践の深まりや広がりが見えるのである。このような歴史を経て現代の幼児教育に繋がっていくのである。

2. 幼児教育の特徴

保育所や幼稚園の園児を見ていると、ただ楽しく遊んでいるだけのように見えて、「園児は、遊ぶのが勉強なのだな。」と感じている人も多いのではないかと思う。この「遊びが勉強」という言葉をみてみると、少し違和感がある。それは、例えば、私が小学生のころ、親から「いつまでも遊んでばかりいないで、勉強なさい！」と叱られた経験があるが、多くの方も同様の経験があるのではないだろうか。このことを振り返ると、小学校以降では、「遊び」と「勉強」は、反対語のように扱われているのである。幼児期には「遊びが勉強」であるのに、小学校以降ではどうして、「遊びは勉強の反対言葉」になってしまうのだろうか。その理由を、図 1 をヒントに考えてみよう。

図1の上側のイラストは、縄文人のような狩猟採集民が森に入って、栗やキノコなどの自然の恵みを得ていることを表している。いっぽう、下側のイラストは、現

図 1. 幼児期と学童期の学びの違い（筆者作成）

代の農民が計画的に作物の収穫を行っているところである。これを例にすると、幼児教育は、狩猟採集民のように決まった学習内容があるわけではなく、自分の興味や関心に基づいて学習するものを周囲の環境の中から選んでくるのである。教師からすると、おいしそうなキイチゴに気が付いて欲しいと感じていても、当の子供本人が興味を示さなければ、それはそれで仕方がないと考える教育方法である。それと比較すると、学童期以降の教育は、収穫すべき作物が最初から決められており、いつ何を収穫するのか、つまり、学習する時期と内容が厳密に決められていて、その通りに学習することが期待されている学習方法なのである。子供が、「もうちょっとこの部分を続けてやりたい。」と思っても、幼児教育とは逆に、それは残念ながら許されない。教師の示した計画に沿って、次から次へと、予定通り進まなければならないのである。言い換えれば、幼児期の教育は子供中心であり、学童期以降の教育は、授業（カリキュラム）中心であるということがわかる。しかし、読者の中には、自分の好きなことばかりしていたのでは、学習は成立しないのではないかという疑問が浮かんでくる人もいるだろう。そこで、実際上、幼児は、どのようにして学習するのかを考えてみよう。

環境構成と幼児教育

幼児教育は、子供自身が自ら周囲の環境に働きかけ、学習するものを見つけ出すと述べたが、そのためには、周囲の環境がどれだけ良好な学習材を含んでいるかということが重要になってくる。逆にいえば、教師（保育者）は、子ども自身が自主的、自発的に「やってみたい」と思えるような環境を意図的に構成し、「ねらい」や「願い」を織り込む形で物を置いたり、活動を用意したりするなどの役割が求められる。子どもが楽しんでその活動に取り組み、喜びや達成感、満足感を味わえるような間接的な指導をすることが必要になってくるのである。

幼稚園教育要領では、教師（保育者）の具体的な役割について次のように述べている。「幼児の主体的な活動が確保されるよう幼児一人一人の行動の理解と予想に基づき、計画的に環境を構成しなければならない」。つまり、教師（保育者）は幼児の興味や欲求を理解し、それに基づいて幼児の主体的な活動の確保ができるよう教育（保育）環境を整えることが求められているのである。また、教師（保育者）自身が幼児にとって重要な環境の一部となるべきだということも大切である。つまり、教師（保育者）自身が幼児の学びの場を提供し、その中で幼児の学びを支える役割を果たすことが求められているのである。これらの方法を理解し、適切に活用することで、教師（保育者）は幼児の健全な発達を支え、その個性や能力を最大限に引き出すことができるのである。

図 2. 環境の構成（筆者作成）

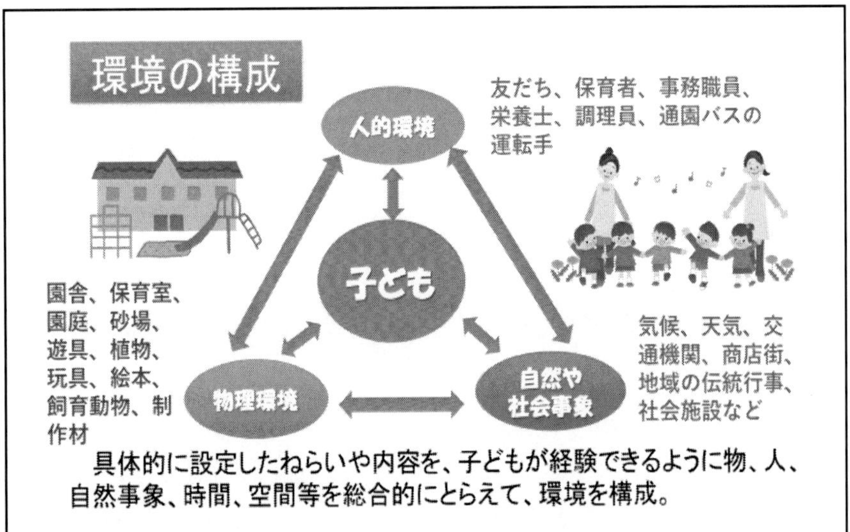

3. 幼稚園教育要領の概要と特色

幼稚園教育要領は、文部科学省によって定められた幼稚園の教育活動の指針である。幼稚園教育の目標は、一言でいえば、「人格形成の基礎を培う幼児期の特性を踏まえ、環境を通して行う」ということを示している。幼稚園教育要領では、その目標を具体化し、指導計画の作成や、指導上の留意点を示している。以下にその概要を示す。

(1) 指導上の留意点

指導上の留意点は３つあり、要約すると１つ目が、「安定した情緒の下で、幼児の主体的な活動を促し，幼児期にふさわしい生活が展開されるようにすること。」２つ目が、「幼児の遊びを指導の中心として幼児教育のねらいが達成されるようにすること。」３つ目が「幼児の発達は，多様な経過をたどって成し遂げられていくものであること，また，幼児一人一人の特性に応じ，発達の課題に即した指導を行うようにすること。」である。これらをそれぞれキーワードにまとめると、「児童の主体的な活動の保証」「遊びを中心とした保育」「児童の特性や発達課題を考慮した保育」について留意するということが述べられている。

(2) 教育の内容

幼稚園教育は、幼児が豊かな体験を通じて、健やかに生活し、自ら学び、思考し、表現する力を育むことを目指している。具体的には、幼児の発達の側面から、以下の５つの領域（表１）が定められている。これらの各領域に示すねらいは、小学校以降の「教科」とは違い、それぞれの領域を区切って指導するのではなく、幼稚園生活全体を通じ、具体的な活動を通して総合的に指導されるものであることに留意しなければならない。

(3) 遊びの重要性

次に、幼稚園教育要領のおもなポイントを簡単に解説する。

遊びは子供たちにとって自然な学びの場であり、好奇心や創造性を刺激する。教師は遊びの中に学びの要素を取り入れる工夫が必要で、例えば、ゲームを通じて数や文字を学ぶ、アートや音楽を通じて表現力を養うなど、遊びを通して学びの機会

領域	内　　　容
健康	健康な心と体を育て、自ら健康で安全な生活をつくり出す力を養うことを目指す。具体的には、明るく伸び伸びと行動し、充実感を味わうことや、自分の体を十分に動かし、進んで運動しようとすること、健康、安全な生活に必要な習慣や態度を身に付けること。
人間関係	他の人々と親しみ、支え合って生活するために、自立心を育て、人とかかわる力を養うことを目指している。具体的には、幼稚園生活を楽しみ、自分の力で行動することの充実感を味わうことや、身近な人と親しみ、かかわりを深め、愛情や信頼感をもつこと、社会生活における望ましい習慣や態度を身に付けること。
環境	自然や社会との関わりを通じて、自ら学び、思考し、表現する力を育むこと。
言葉	言葉を通じて自己を表現し、他者と関わり、思考する力を育むこと。
表現	感性を豊かにし、多様な表現を通じて、自己を表現し、他者と関わり、思考する力を育むこと。

表１．幼児教育における５つの領域

を創出する。

(4) 環境整備

幼児教育の環境整備には、安全で快適な環境の提供、子供たちの興味を引きつける環境づくりが重要である。教師との信頼関係の構築や共同体感覚の育成も重要な要素で、教師は子供たちとのコミュニケーションを大切にし、親身になって接することで信頼関係を構築していく。

図３．子供にふさわしい環境の構成（筆者作成）

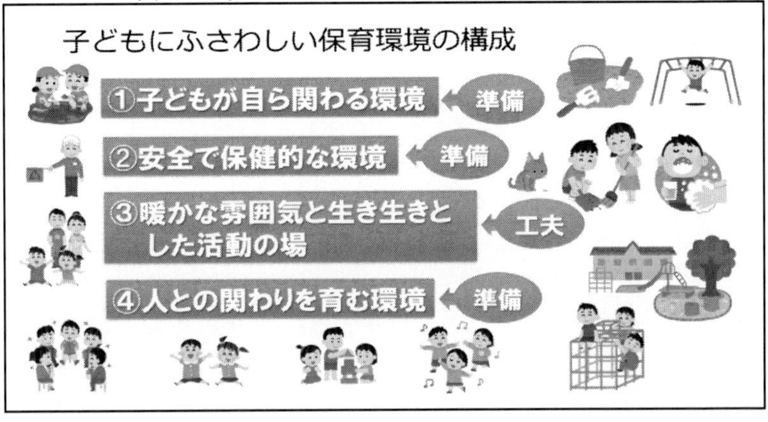

(5) 保護者との連携

保護者との連携も幼児教育において重要で、保護者とのコミュニケーション強化や保護者の情報提供と参画が求められている。これにより、家庭と幼稚園との連携が強化され、子供たちの幸せな成長に繋っていく。

(6) 幼児期の終わりまでに育ってほしい 10 の姿

本来、学習方法が違う幼稚園と小学校の接続については、今回の改訂により、カリキュラム上の整合性を図る工夫がなされている。具体的には、幼稚園での教育活動が小学校教育の基盤となるように、また、幼稚園教育で育まれた資質・能力が小学校教育で生かされるように、教師間の意見交換や研究の機会を設けることなども述べられている。これにより、幼児教育と小学校教育の接続が強化され、子どもたちが幼稚園で身につけたことを継続して生かせるようにし、資質や能力をより一層伸ばすことを目指している。「10 の姿」とは、小学校との接続を意識し、幼児期の終わりまでに育ってほしい子どもの姿や能力を 5 領域をもとに 10 個の視点からまとめたもので、保育所保育指針や幼稚園教育要領に基づいて設定されたもので、以下の 10 項目が挙げられている。

①健康な心と体　②自立心　③協同性　④道徳性・規範意識の芽生え　⑤社会生活との関わり　⑥思考力の芽生え　⑦自然との関わり・生命尊重　⑧数量・図形、文字等への関心・感覚　⑨言葉による伝え合い　⑩豊かな感性と表現

図 4.幼児期の終わりまでに育ってほしい 10 の姿(筆者作成)

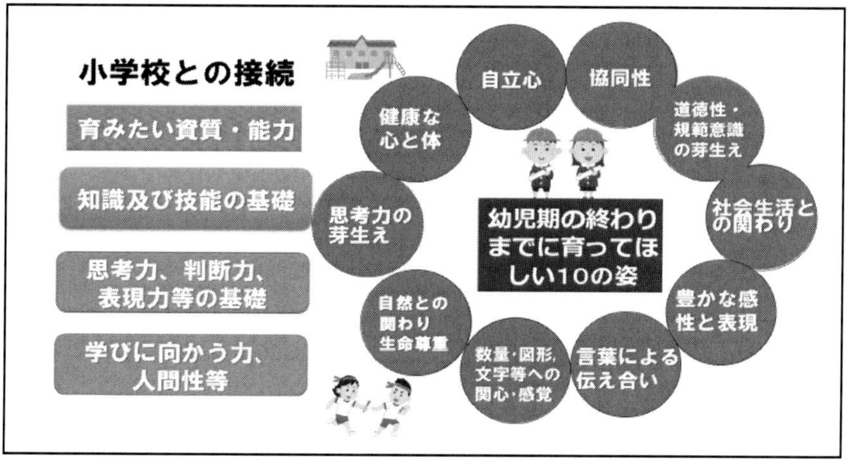

これらの「10 の姿」は、幼稚園での教育活動を通じて育まれ、小学校教育への接続を円滑にするための基盤となる。

以上のように、幼稚園教育要領は、子供たちの主体性を尊重し、遊びと学びを融合させ、保育環境を整備し、コミュニケーションと関係性を大切にし、保護者との連携を強化することを目指しているのである。

4. 幼稚園での実践例と幼児教育の展望

それでは、幼稚園児が実際にどういう活動をしているのか簡単に紹介しよう。取材を行ったのは、東京都内の区立幼稚園の年長児クラスで、時期は平成 28 年の 9 月であった。ちょうど長い夏休み明けで、ようやく日常生活に戻ってきた時期であった。子供たちは、夏休みに体験した楽しかったことを友達に伝え合い、お互いに楽しんでいる様子であった。

写真 1.カブトムシづくり（筆者撮影）

写真 2. カブトムシを木に止まらせる（筆者撮影）

その夏休みの思い出が発展し、子供たちそれぞれが、楽しい夏休みの思い出コーナーを作って遊ぶという企画に膨らんでいった。どんなコーナーを作るのかというと、あるグループでは、夏休みに昆虫採集でカブトムシを取って飼ったことを再現するというコーナーを考えていた。また、親子でボーリングをして楽しんだ子供は、ボーリングコーナーを企

写真 3. シャボンづくりに夢中な子供たち（筆者撮影）

画し、さらに、お祭りでペンダントづくりをして楽しかった子は、紙粘土やビーズでペンダントづくりコーナーを考えた。さらに、シャボン玉で楽しんだという子供たちは、園庭に石けんで作るシャボン玉コーナーを考えた。写真 1 は、子供たちが図鑑を参考にして、カブトムシづくりをしているところである。フイルムケースに黒いビニールテープを貼って、角や足は、黒いモールで仕上げているところである。このような工作を通して、子供たちは知らず知らずのうちに図鑑の調べ方や、昆虫の体の仕組みを学んでいるのである。その隣の写真 2 は、完成したカブトムシを大きな木の模型に止まらせているところである。

写真 3 は、園庭で、シャボン玉づくりに興じる子供たちの様子である。このシャボン玉づくりは、子供たちにとって楽しい遊びであると同時に、貴重な化学の実験でもある。いろいろな材料を混ぜて色遊びをしてみたり、大きなシャボン玉づくりに挑戦してみたりと、子供たちは、園庭を駆け回りながら色水取りの花を探してみたり、水道水で何度も手を洗ったりして、全身を使って楽しく活動していた。このようにして、幼児は、遊びを通して日々たくさんのことを学んでいるのである。

幼児教育の重要性とペリー就学前プロジェクト

「はじめに」でも述べた通り、2023 年 4 月 1 日、「こども家庭庁」という新しい政府機関が誕生した。この機関は、子供の最善の利益を第一として、子供の視点に立った当事者目線の政策を強力に進めていくことを目指して設立されたものである。

このように、現在、幼児教育に対する関心は、教育界だけでなく、社会的、政治的にも高い注目を浴びている。その理由として、日本では少子高齢化問題や虐待問題があげられるが、その一方で、世界中の国々でも、幼児教育の重要性が再認識されている。一体なぜ、世界的に幼児教育への注目度が高まっているのだろうか。これまで教育を始めるのに適した年齢は 6 歳前後からというのが、世界の常識であった。したがって就学（義務教育開始）年齢も 6 歳前後の国がほとんどである。しかし近年の研究では、学習に必要な認知的な能力以外の能力、例えば「友達と仲良くする力」や「最後まであきらめない力」などの様々な能力、つまり、非認知的な能力は、幼児期の早い段階から発達することが分かっている。この非認知的能力を幼児期に伸ばすことが重要だと考えられるようになってきたのである。幼児教育の効果に関する代表的な研究として、ペリー就学前プロジェクトがある。この研究は、1962～67 年に米国ミシガン州ペリー小学校付属幼稚園で行われ、現在も継続して研究されている。このプロジェクトの内容は、3 歳から 4 歳の低所得層の家庭で、学校教育上の「リスクが高い」と判定された子供（IQ70～85）123 名を対象に、就学前教育を実施し、その効果を調査するというものであった。具体的には、子供たちを、就学前教育プログラムに参加させるグループ（プログラム群）と、通常の家庭環境のみのグループ（対照群）に分け、2 年間（10 月～翌 5 月）に渡り、下記の 3 つの活動を施し、比較を行った。

① 就学前教育(平日午前 2.5 時間、教師 1 人に対して幼児 5.7 人)
② 教師による家庭訪問(週 1 回 1.5 時間)
③ 親を対象とする少人数グループミーティング(毎月)

図 5. ペリー就学前プロジェクトの効果

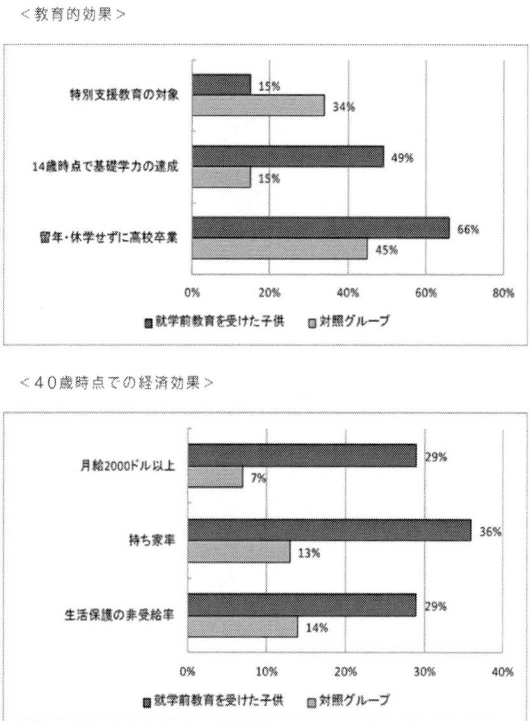

資料「子供の貧困に関する新たな指標の開発に向けた調査研究 報告書」(2017) 内閣府より

以上のように、小学校教育の前倒しとして文字や計算を練習するというような特別な教育を施したわけではなく、「今日は何をして遊ぼうか」「その遊びをもっと良くするにはどうすればよいか」など、遊びを中心としたごく普通の幼児教育を施したのである。

プロジェクトに参加した子供たちを追跡調査した結果、小学校入学直後には、プログラム群と、対象群の IQ の差はわずかにプログラム群のほうが上回ったが、小学校終了時には、その差はなくなっていた。つまり、幼稚園に行くことでその後、

IQが高くなり続けるということは証明されなかったのである。普通ならば、この研究は、その段階で終わりとなってしまうところだが、研究者たちはその後も追跡調査を続けたのである。すると、中学校を卒業した時点で、IQ的には差がないのにもかかわらず、「特別支援教育の対象とはならない子ども」「基礎学力の達成」が、対象群を上回り、高校卒業段階では、「留年・休学せずに卒業」した生徒の割合もプログラム群のほうが高かったのである。また、その後、彼らが40歳になった時に、「所得」「持ち家率」「生活保護受給率」に対して明らかな差が生じていることが分かった。つまり、就学前教育は、意外なことに数十年先の個人の所得の上昇に直接貢献するだけでなく、当該個人の社会的成功や健康にも寄与するということが示唆されたのである。

この数十年以上に及ぶ研究の成果として、就学前教育のほうが、学校入学以降の教育的効果よりも、将来の学業成績や生活の質に影響を及ぼすということが示されたのである。

データの分析を行った研究者の一人である経済学者のハックマンは、「①公共政策で教育に投資するなら乳幼児期が最も効果が高い。②身に付けるべきは非認知的能力であり、大人になってからの幸せや経済的安定につながる。」と主張した。

この研究が契機となり、同様の調査が各国で行われた結果、幼児期における非認知的能力を育成することの重要性がますます認識されるようになったのである。それまで幼児教育は、あくまでも就学前教育であって教育の中心課題ではないと思われていた。しかし、この幼児中心の教育が、現在では、それ以降の学童期の教育にも大きな影響を及ぼしているのである。

（後藤　泰博）

参考文献

① 文部科学省『幼稚園教育要領』、2017 年。

② 中央教育審議会 初等中等教育分科会『幼児教育と小学校教育の架け橋特別委員会―第２回会議までの主な意見等の整理―』、2021 年。

③ 内閣府『子供の貧困に関する新たな指標の開発に向けた調査研究 報告書』、2017 年。

④ 全国社会福祉協議会『最新　保育士養成講座　第２巻　教育原理』、2019 年。

⑤ 戸江茂博監修『幼児教育方法論』学文社、2019 年。

⑥ 宮本勇一「プロイセン教育改革期と教育改革論争点としての「教育的教授」『教育学研究』第 88 巻第２号、2021 年、pp171－183。

⑦ 豊泉清浩「フレーベルの球体法則における父性と母性」日本ペスタロッチ・フレーベル学会関東地区第４回課題研究会、2010 年。

⑧ 浜田栄夫編『ペスタロッチ・フレーベルと日本の近代教育』玉川大学出版部、2009 年。

⑨ 内閣府『幼児教育無償化に関する関係閣僚・与党実務者連絡会議（第１回）資料３－２ 』、2013 年。

第 15 章
文化多様性と教育
―多様性保全に寄与する学校教育の課題―

利潤最優先の経済行為や人間中心主義が環境破壊や多くの動植物の絶滅を招いたことへの反省から、生物多様性の保持という思想が生まれたように、グローバル化が急速に進むにつれて文化多様性の保全の課題が急浮上してきた。文化多様性の保全は、もはや文化の領域を越えて一種の社会構築の理念として定着しつつある。文化多様性と教育の在り方をめぐる議論は広範囲に及ぶが、本章ではグローバル化の進展を背景とした多様性保全の論理を整理したうえで、「教育資源としての文化多様性」と「教育におけるユニバーサル・デザイン」の視点から文化多様性の保全に寄与する学校教育の課題を明らかにしたい。

1. グローバル化と文化多様性

(1) 国境を越えて展開する人類の知的活動

グローバル化に近い概念として「国際化」（internationalization）がある。国際化は「近代化のプロセスの中でごく最近起きてきた現象」（狭義）として、または「外国と接触し互いに影響しあうことで、はるか昔から絶えることなく続いてきた現象」（広義）として捉えることが出来る（ライシャワー、1989、p.542）。現在では、地球を一つの統一体としてとらえようとする「グローバル化」がより広く用いられるようになったが、いずれにしても、人類の諸文化が長きにわたって接触し影響し合ってきた延長線上にある現象といえる。

学問は故郷を離れて「異国の地」で修めるべきとした神学者フーゴーの言葉に象徴されているように、人類の知的活動は国境を超えて展開されてきた歴史がある。古代ギリシアの若者たちは、哲人の教えを求めて国境を越えて移動していたし、孔子は列国を周遊しながら自らの学問を広めた。学問や教育とは、もともと人の移動を伴う営みだったのである。12 世紀から 13 世紀のはじめにかけて出現した中世大学は、この「学問、教育を求めて行われた旅の所産」であった（石附、2005、p.151）。

国の境を越えて若者が集まって大学ができ、その周辺に更に人々が集まって町が出来た。このように中世の大学と都市は、歴史を重ねるところが多い。

日本語の「留学」は、『日本書紀』に起源をもつ古い言葉であり、「遣隋使」「遣唐使」等は、留学制度、正確には政府派遣留学生制度の原形ともいえる。第8次遣唐使の一員として長安に渡った留学僧の阿倍仲麻呂は、科挙にも合格して唐王朝の上級官吏に任用された秀才だった。54 年の長きにわたって中国に滞在し、李白、王維など唐の一流の詩人とも親交が深かった。李白の「晁卿衡を哭す」（哭晁卿衡）は、阿倍仲麻呂が帰国の海路で遭難したという誤報を聞いて書いた哀悼の詩である。当時の国際都市長安では、知的活動のみならず、国や民族の壁を超えて互いに認め合う豊かな人間交流が繰り広げられていたのである。

学問とはそもそも境界線を越えて展開する開放性をもつ知的活動であり、グローバル化はまさにその延長線であるといえる。

(2) 自文化と他文化の狭間を生きる時代

文化が空間的に移動するために必要な役割や装置を「文化運搬者」（culture carriers）という（平野、2006、p.66）。かつて文化は移動する人々によって異国の地へと伝わった。「郷に入っては郷に従え」「山では山の歌」などは、異郷の地を訪れる際に持つべき心構えを教えた諺である。異郷の地で違う文化に敬意を示し尊重することが物事をうまく運ぶ前提だった。しかし、現代人は自分の生まれ育った地で異文化と絶えず出会い、それを意識した生き方をしなければならない。

ほんの百数十年前までの平均的な日本人の暮らし方は「小さな村のなかで一日が完結する生活」だったという（寺島、2010）。当時の人々にとって「世界」は、歩いて日帰りできるだけの範囲─半径 20 キロメートルほどの広がりしかなかったのである。今は、「アジア日帰り圏」の時代である。交通手段の発達に加えて、テレビの同時中継やインターネットの普及によって瞬時に情報の共有や文化の交流が可能となった。

グローバル化によってもたらされたのは、異文化接触機会の急増とかつて経験したことのない時空感覚である。現代社会では異文化との出会いが日常化し、どんな地球の片隅に住む人でも異文化を意識しつつ生きる時代なのである。文化が違うというのは、長い間他の地域との接触が限定され、独自性が蓄積されることで生じた結果である。「ところ変われば品変わる」というが、インドネシアでは「畑が違えば蝗も違う。別の淵には別の魚がいる」といい、中国では「そこの水と土がそこの人を作る」（一方水土養一方人）、「十里行けば違う風が吹き、百里行けば違う風俗に出会う」（十里不同風、百里不同俗）という。食物を口に運ぶ道具が様々であったり､スイカに塩をかけて食べるところとトマトに砂糖をかけて食べるところがあったり、食文化だけ見ても実に多様であるが、こうした文化の違いをもたらした地域そのものがグローバル化によって意味を持たなくなりつつある。

異文化との出会いが日常化した今、違う他者、異なる文化を如何に扱うかは、自文化と他文化の狭間を生きる現代人にとって新たな課題といえる。

(3) 消失の危機にある文化

グローバル化は産業革命に似ているという。機械破壊で産業革命を阻止出来なかったのと同様､国境封鎖などでグローバル化の進展を阻止することが不可能な時代である。産業革命が受益者と非受益者の葛藤をもたらしたように、グローバル化もまた勝者と敗者を生んだ。勝ち誇る文化がある一方、現在進行形で消えていく文化がある。グローバル化を背景に人類が築いた文化の一部が急速に消えていくのである。

生物の種の絶滅と同様、消えた文化も復活しない。かつて、ダーウィンは『人間の進化と性淘汰』において、「多くの人種やその下位集団が、部分的あるいは完全に絶滅したことは、歴史的に知られた事実である」とし、「南アメリカで、絶滅した部族の言語を話すことができるのは 1 羽のオウムだけだった」と警鐘を鳴らした（ダーウィン、1999、p.201）。今日、急速に進むグローバル化は、それに拍車をかけている。ユネスコの「世界消滅危機言語地図」（Atlas of the World's Languages in Danger）によると、世界で使われている 6000 前後の言語の中で、約 2500 の言語が消滅の危機にさらされているという。日本では、アイヌ語を含めて八丈島や南西諸島の計 8 言語がユネスコの危機言語リストに加えられている。中国では、現在使用されている 129 言語の内、117 言語がすでに危機言語化し、8 言語は既に言語としての機能を喪失したという（『光明日報』2008 年 1 月 21 日）。ユネスコは、2009 年度の報告書の中で、本世紀に「2 週間に 1 言語」のスピードで言語が消滅すると予測し、「言語の多様性に反映されているのは、人類が変化する自然と社会環境に対して示した創造的適応能力である」とし、「言語は単なるコミュニケーションの道具ではなく、文化表現の構造であり、特性であり、価値観と世界観の媒体である」とした。言語の消滅は、その文化、歴史及び生態知識の消滅を意味し、人類にとって取り戻すことのできない損失だとみる。

グローバル化が必ずしも世界の文化の完全な同一化を意味しないとする見方もある。グローバル化によって「社会間の多様性」は減るが、「社会内部の多様性」は増加するという、いわゆる「創造的破壊」の考え方である（コーエン、2011、p.211）。しかし、このことは即ち現に消失の危機にある文化を放置してもよいことを意味しない。むしろ多様な文化の保全に努め、それに寄与する教育の在り方が問われるのである。

2．「文化多様性」－共有されつつある社会理念

2001 年の第 31 回ユネスコ総会で採択された「文化多様性に関する世界宣言（Universal Declaration on Cultural Diversity）」（以下「宣言」）は、文化の多様性を「世界の平和と安全を保証する最善策の一つ」として位置づけ、生物における種の多様性が「自然にとって不可欠である」のと同様に、文化の多様性は「人類にとって不可欠」とその意義を強調した。「宣言」は、更に文化の多様性は「人類共通の遺産」としてその重要性が認識されるべきであり、急速に進むグローバル化を背景に異なる民族が「互いに共生しようとする意識」を持つこと、そして「調和の取れた形で相互に影響を与え合う環境」を確保することが必要不可欠であるとした。ユネスコが後に持続可能な社会の構築を目指した社会各分野の課題に取り組むに当たって「文化多様性に配慮した開発のアプローチが鍵となる」としたことに象徴されるように、文化多様性は既に文化の領域に限定されない世界的に共有された思想または社会構築の理念となりつつある(金、2016、pp. 62-69)。文化審議会の報告書（2004）が「文化の多様性を保護、促進することは，心豊かな社会を形成し，経済の活性化を促し、ひいては世界の平和に寄与することにつながる」と指摘したこともその一例といえよう。

では、文化の多様性が「人類にとって不可欠」な理由とは何か。ここでは先行研究の成果を引用しつつ、文化多様性の必要性が如何なる論理で説明されているかを見てみよう。

(1) 「文化多様性」は種としての人類の存続に必要

環境考古学と動物考古学を専門とする内山は、環境考古学の視点から、人類が環境に適応していくためには、多様な文化が存在していた方が有利とみる（内山、

2005、pp.97-138）。内山は、人類は地球環境の変化に対し、極めて柔軟に異なる文化を創出することで生存を図ってきたとみる。例えば、人類が凡そ１万２千年前の氷河期終了に伴う環境変化に際して、旧石器時代の狩猟採集文化から脱して、定住集落、漁撈等の新しい技術と貯蔵等を特徴とする中石器時代の文化へ移行することで生き延びることが出来たという。この中石器時代の文化というものは、環境の急変に際して突如現れたものではなく、すでに氷河期の時代から、少数でありながら一部の温帯地域で存在していたらしい。つまり、予め、多様な文化が共存していたことが、人類が環境変化を乗り越えた要因だった。異なる文化を生み出し、それを維持することは、将来の予測できない環境変化に適応するための可能性を用意することにつながるので、種としての人類の長期的な生存には必要だというのである。

ハーバード大学国際開発研究所の Noel F. MC Ginn 教授は、「人類は社会の複雑性を増す方向でしか生存していけず、常に変化する状況に耐えていくために、人類が同質化することはシステムの死を意味する」と警告する。今日、マイナーな文化が脚光を浴びるようになった背景には、多様な文化から知恵を借りることの必要性がある。メキシコのチチェン・イツァ遺跡に生きる人々は、石と石の間の僅かな隙間に出来た畑でトウモロコシを収穫する時、鳥たちのために全部収穫せず、必ず一部を残す。凶作で収穫が少なくても必ず残しておくという。鳥が天に昇って神に雨を降らすようお願いしてくれるからだ。また、アイヌの人は「サケの半分は熊のもの」といって、熊のために一部残すという。 インディアンたちは、巣穴に眠る熊を狩る前に「おじいさん」と呼びかける。熊が毛皮を着た人間と考えたからだ。熊を殺した後は、厳格な儀式の中でその肉は食され、その魂はその生まれ来る世界へと送り返される。それは自然の営みを深く理解し、再び巡り来る生命の豊穣さを願う儀式である。

このような生命観や自然観は、世界各地で確認されている。それを取るに値しない「未開民族」の迷信として一蹴するのでなく、生の循環を認識し、自然の意味を問い、自然における人間の行為を戒める哲学として位置づけ評価する動きが強まりつつある。

⑵ 文化は他の文化の存在を必要とする

文化が創造力を保つためには他の文化の存在が必要である。

「文明の核を形作る文化は、他文化の存在を要し、他者との絶えざる交信によって、新たな自己を形成していく。しかもそれは双方向でなされる。人類文明はこのような対話の中で成長してきた」のである（服部、2007、p.4）。新たな発想は、他の文化との出会いから生まれ、文化の創造力の源泉は異なる文化間の絶えざる交流の中にあるとするならば、他の文化は「自らの存在のための他者」であり、単なる異文化理解や寛容の対象に留まらないということになる。人類の文明はそのような対話の中で形作られてきたので、「文化の画一化」は不毛の世界を招くとの主張である。

(3) 人類の知性は集団の多様性の上に成り立つ

マシュー・サイドはその著『多様性の科学』において、多様な人が集まった集団の方が知識や視点の範囲が広がり、より多面的な考え方ができるようになるので、致命的な失敗を未然に見つけ、生産性を向上させることが出来るとみる。

マシューからすると、世界を震撼させた 9.11 テロ事件を未然に防げなかった CIA の「失態」はその組織の「同類性選好」による画一化した体質にある（マシュー、2021）。CIA が長年固辞してきた SAT（大学進学適性試験）で知性を問い、心理分析で精神状態を見極める採用システムは、結果的に「白人、男性、アングロサクソン系、プロテスタント」を特徴とする画一化した組織構成を招いたのである。一筋縄ではいかない問題を解決する時は「正しい考え」だけではなく「違う考え」も必要であり、違う視点から見ることが大切である。同じ文化的背景や考え方を持つ人の集団は、成員一人一人が優秀であっても多様性を保つ集団に劣るという組織論に立つ見解である。

(4)「文化多様性」と「生物多様性」は不可分の関係にある

文化多様性の意義は生物多様性と併せて語られる場合が多い。

生物の多様性が保たれている地域は、言語を含めて文化的にも豊富な多様性が保たれる地域でもあるという。特に、この点に関し、海洋学者のジャック＝イヴ・クストー（Jacques-Yves Cousteau）が 1995 年のユネスコ東京シンポジウムでの基調講演において、生物多様性と対比させつつ、文化多様性の重要性を論じて以来、広く受け入れられている。生物の多様性が環境変化への適応に有利であるとする生態学の法則が文化にも当てはまるとしたクストーの主張は、「外的環境」（地球環境）と「内的環境」（文化）を結びつけたものと評価されている。

3. グローバル化した時代を生きる感性と資質

(1) 排他の系譜と論理

人間は小さな社会単位に適していると、社会生物学は教える。集団生活では、誰がどんな人で、どんな関係にあるか、そして自分はその中でどんな立場にあるかを知った上で、互いの意思疎通と関係構築を図ろうとする。霊長類の脳は規模の小さい集団生活に適し、人間の場合は凡そ 125 人から 150 人程度の集団生活に適したサイズの脳を持つとされる。つまり、集団の適正規模は人間の認知能力の限界によって決まるという（ウィンストン、2008、pp.358-359）。

遺伝的に比較的小さく管理しやすい社会集団向けにプログラムされた人類は、集団内部においては好意的にふるまうが、よそ者に対しては警戒したり、時には攻撃したりする。すべての社会的動物は他の集団に対して攻撃的にふるまうという（チェザーナ、2007、p.175）。ゼノフォビア（xenophobia）は、まさに動物集団の基本的な性質を示すものである。よそ者への嫌悪、排斥あるいは憎悪の傾向は、人類史上、あらゆる国と民族に見られる。一方、社会に不満や不安が蓄積し、共同体に危機的状況が生じると、その責任転嫁の「身代わり」として犠牲になる個人あるいは集団を創ろうとする心理が古代から根強く残っている。つまり、人々の憎悪や不平を直接の原因に対してではなく、他に向けさせるために「身代わり」を立てることで、仲間の結束を図ろうとするのである。古代ヘブライ人のスケープゴート（scapegoat）がそれであり、現代でも不満のはけ口として特定のグループ（マイノリティ、外国人労働者、ハンセン病患者…）がその「生贄」に選ばれやすい。

もはや異文化と無縁でいられない時代において、如何にしてエスノセントリズムや文化的ステレオタイプを克服し、異文化と共生する感性と力を培うかは大きな課題である。「外国はがし」という聞き慣れない言葉は、異文化共生の難しさを端的に示す例であろう。それは帰国子女が学校と教師の無理解や同級生のいじめなどによって、海外体験を隠すようになったり、帰国子女の特性を強引に剥ぎ取られたりすることを指す。日本社会への「適応教育」の名目のもとに、海外で身についたものの考え方や習慣が否定され、排除されることが多いという。海外での貴重な体験が教育資源として活用されるのでなく、消されていくのである。

(2) 「違い」の価値

相違とは「非常に豊かな力をもつもの」であり、「克服されるべきもの」ではない。進歩は、「相違を通してのみなされてきた」と、レヴィ＝ストロースは指摘する（レヴィ＝ストロース、1996、p.27）。移民国家のアメリカでは、多様性こそ力の源泉であり、同質なところからは創造が生まれないとする多様性の称揚を、教育文化の核心と位置付けている。

多様性が利益を生むことは既に証明されている。フロリダ（Richard Florida）は、その著『クリエイティブ資本論』において、先進国でクリエイティブ・クラス（creative class：新しいアイディアや技術、コンテンツの創造によって、経済を成長させる機能を担う知識労働者層）と呼ばれる全く新しいタイプの労働者が総労働人口の 3 割を占め、彼らが集まる地域とそうでない地域との間で経済格差が拡大するとした。クリエイティブ経済に不可欠なのは、①技術（technology、ハイテク産業の集中度）、②才能（talent、クリエイティブな仕事に就いている人口の比率で測定したクリエイティブ資本）、③寛容性（tolerance、寛容性の高い場所は多様な種類の人を引き寄せ、新しい考えを生みだす）の三要素（3T）だというが、興味深いのは、その寛容性を図る指標としてゲイ、ボヘミアン、移民、マイノリティが占める割合を挙げたことである（フロリダ、2008、p.315）。

(3) 自文化を超える努力

文化はその独自のパターン、コードやリズムによって、集団内の共通性を強調し、成員の結束力を促す一方、自文化の特異性を強調するため境界性を設け他者を遠ざける側面を持つ。その境界性が強まるほど、それを越えることが難しくなる。

ホールは、異文化間の交流が日常的となった今日では、「自分の属する文化を超越する努力」が必要であるが、それは「安楽椅子に座っていてできることでなない」とみる（ホール、1979、p.59）。文化を超える努力とは、相手の文化をより正確に知ろうとすることと、自分の文化をよく知ることである。相手文化のコンテクストを理解するだけでなく、「自分の文化を操っている規則」を知ることが必要なのである。しかし、人は自文化の中ではその規則を意識しない。従って、その規則を発見するためには、それを意識せざるを得ない場面、つまり、異文化の中に身を置くことが必要となる。ホールによると、文化の発展は人間自身の進化より遥かに速いために、文化が人間の生活を分断し、人間を疎外する場合がある。その循環を断ち切るためには、人間が文化を超えて人間に戻ることが必要だという。「彼との関係で問題なのは、実は私自身なのだ」という信念から、ホールは文化を超える「困難な旅」に出ることの意義を強調したのである（ホール、1979、p.266）。「モンテーニュ（Montaigne, 1533-92）は『随想録』の中で、「人々との交流」とくに「外国への訪問」を勧めているが、その理由を「それら諸国民の気質や風習をしらべ、我々の脳髄を、他の国民のそれとこすり合わせ、磨き上げるため」と説明した。モンテーニュにとって、世界とは「自分を正しく知るために自己を映してみなければならない鏡」だったのである。

(4) 健康な社会の生理

多文化が共生する社会とは、「さまざまな背景を持つ人々がお互いの持つ差異を尊重し、対等な構成員として社会参加することができる社会」のことである（太田、2005、p .250）。これは、互いに差異を認め合い、違いを尊重し、多様性を社会の資源とする思想であり、文化である。

井上らは、「モノの豊かさ」でなく、「人間の豊かさ」を重視する立場から、与えられた目標の達成を競うのでなく、目標そのものを共に探し求める「人間が豊かな共生社会」を提示し、そこでは「よき人生」をめぐる多様な解釈と多様な実践が競合することで、人々が互いに啓発し、互いの人生を互いに豊饒化するという。この場合、「異質な他者への寛容」が競合の重要な前提となる（井上等、1992、p .8-35）。生きる形を異にする人々が自由な活動と参加の機会を互いに尊重しあう社会では、不協和音などを社会的病理としてではなく、「健康な社会の生理」として位置付けられる。「利害と価値観を異にし、多様な生の諸形式を実践する人々が、対立し、論争し、『気になる存在』として誘惑し合うことによってこそ、人々の知性と感性は拡大深化され、人間関係はより多面的で豊かになり、人生はもっと面白くなる。モノが豊かになるだけでなく、人間そのものが豊かになる仕方で、社会発展の活力が絶えず更新される」。井上らは、これを「共生理念の核」と位置付けている。

もちろん、異文化への寛容＝自文化の否定ではない。自らの文化を理解し、自らの文化を主張することは必ずしも多様な文化の共生と対立するものではないのである。

4. 文化多様性と学校教育の課題

今日の人間は「石器時代の遺伝子」をもって「現代の世界的にネットワーク化された情報社会」を生きるという。同一集団内で利他的な行動を取り、外部に対して排他的行動をとることは、かつては有効な生存戦略として機能したが、今日のグローバル化した社会では大きな脅威となることは自明なことである。この時代においては、社会システムに国際性を持たせるだけでは不十分で、個人に対しても多様性と正面から向かい合い、地球的視野で行動できる新しいモラルや姿勢が求められる。つまり、この時代にふさわしい「新しい人間のイメージ」を構築し、そのための「文化的な学習過程と知的努力」が必要なのである（チェザーナ、2007、p.175）。

(1) 共に生きることを学ぶ—「必要なユートピア」

ユネスコ憲章には、「戦争は人の心の中に生まれるものであるから人の心の中に平和の砦を築かなければならない」という句がある。ユネスコは 1974 年の第 18 回総会において、科学技術が未曾有の発展を果たした 20 世紀に史上最大規模の世界大戦を二度も起こしたという反省から、「人権尊重を基盤として、異文化の理解と尊重、世界連帯意識の形成を目指す教育」を目的とした、いわゆる「国際理解教育勧告」を公布し、各国の教育政策が留意すべき七項目を提示している。

① すべての段階及び形態の教育に国際的側面と世界的観点を持たせる。
② すべての民族、その文化・文明・価値・生活様式に対する理解と尊重
③ 諸民族及び諸国民の間に世界的な相互依存関係が増大していることの認識
④ 他の人々と交信する能力の育成
⑤ 権利を知るだけでなく、それぞれ相互に負うべき義務があることを知る
⑥ 国際的な連帯及び協力についての理解
⑦ 一人ひとりが世界の諸問題の解決に参加する用意を持つこと

更に、1996 年に提出されたユネスコ「21 世紀教育国際委員会」（The International Commission for the Twenty-first Century）の報告書『学習：秘められた宝』は、①知ることを学ぶ(Learning to know)、②為すことを学ぶ(Learning to do）、③共に生きることを学ぶ（Learning to live together）、④人間として生きることを学ぶ（Learning to be）を「学習の 4 本柱」として挙げている（天城、1997、pp.66-75）。特に注目したいのは、当委員会のドロール委員長が報告

書の「序文」において、「伝統的な生活形態の急激な変化によって、他者をよりよく理解し、世界全体をよりよく理解しなければならないこと」を「新たな必要性」としたうえで、次のように強調した点である。

「この変化のためにこそ、今日の世界で最も欠如している相互理解と平和な交流とそして何よりも調和が求められているのである。このような視点に立って、我々の委員会は教育の基本として提案し敷衍しようとしている四つの柱のうちの一つを特に強調したい。それは他者とその歴史、伝統、価値観などに対する理解の増進と、それに基づいた相互依存の高まりへの認識と、将来の危機や諸問題に対する共通の分析に支えられて、人々が協力したり、不可避な摩擦を知性と平和的な手段で解決できるような新たな精神を創造する『共に生きることを学ぶ』（Learning to live together）ということである。それはユートピア（理想郷）にすぎないという人もいるかも知れない。しかしこれは必要なユートピアなのである。冷笑や諦観が支配する悪循環から抜け出すには、どうしても不可欠なユートピアなのである」。

このように「共に生きることを学ぶ」は、報告書では「最大課題の一つ」として位置付けられた。報告書は、「20 世紀になってから、特に人類が自らを完全に破滅に導く途方もない能力を持ってしまったために、危機的要素はずっと大きい」とし、次の二点を具体的な方策として提案している。

① 他者を発見すること（Discovering others）：人には違いと同時に共通点があり、人はすべて相互に依存していることを教えるのが教育に課せられた任務の一つである。他者理解は、まず己を知ること、他者との共感を発達させることで社会における行動様式を習得すること、対話によって他者との出会いをもつことが 21 世紀の教育に必要な手段である。

② 共通目標のための共同作業(Working towards common objective)：日常的な生活から離れた、同じ目標を持つ共同作業は、「個人の日常性を超えた新たな帰属意識を生み、他者との差異よりも共通性に心が向かう」ようにする。学校は、出来るだけ早い時期からスポーツや文化活動、地域活動、ボランティア活動などを通じて、共同作業ができる機会を設けることが必要である。

異文化の理解は最終的に人間理解に帰結する。人間理解の基本は、人間は各人が最高の価値を有し、誰もが精一杯よりよく生きようと願い、一人一人がかけがえのない存在であるという認識を持つことである。こうした人間理解には、先ず、人間には家族愛、人間愛、悲しみ、怒り、驚き、感動などの共通の思いや感情があるという人間としての共通性への理解が含まれる。ここから人間の尊厳が生まれるのである。次に他人を理解するための前提として、自分自身を見つめ、自分の生き方、文化的背景等について自覚し、理解することである。最後に、他者を自分たちと同じ人間であると認識し尊重し、その思想、心情、生き方を認める寛容な姿勢をもつことである。

人を理解することは、その人の行動を支える思考様式を理解することである。大森貝塚の発見者で、動物学者のモースの進化論に関する講演は、日米で全く異なる反響を呼んだという。アメリカでは「人間はサルから進化したとは何だ?！」と聴衆から腐ったトマトを投げられたのに対して、明治の日本人は「手をたたいて喜んだ」のである。この違いは、人間を神の姿として創られたとする人間観と、自然の一部として捉える人間観、つまり、当時のアメリカ人と日本人それぞれの行動を支える思考様式を抜きにして理解することができない。深沢七郎作の『楢山節考』のように、棄老伝説を単なる理解しがたい奇習として受け止めるのではなく、その底流にある人間感情の原質を追求する姿勢が異文化の理解には必要なのである。

(2) SDG s と教育におけるユニバーサル・デザイン

持続可能な開発目標（Sustainable Development Goals、以下 SDGs）の基本的な考え方のベースには「多様性の尊重」がある。17 目標の達成基準の中では国籍、民族、性別、年齢、障がいの有無、宗教、性的指向、価値観などの違いによって差別されやすい社会的弱者への配慮が繰り返し提起され、多様な人々が活躍できる社会ビジョンが描かれている。

この SDGs と共通する考え方として注目されるのが、1980 年代に提唱された「ユニバーサル・ルデザイン」の考え方である。すべての人が利用しやすく快適に暮らせることをめざす「ユニバーサル・デザイン」の基本理念は、SDGs の目標 4「質の高い教育をみんなに」に掲げた、すべての学習者が人権、ジェンダー平等、グローバル・シチズンシップ（地球市民意識）、文化など、多様性の尊重につながる知識とスキルを身につけるための制度設計や環境整備と共通している。

今、学校現場では日本語を母語としない子どもがいない学級が珍しいという。文科省の調査でも、日本語指導が必要な外国人児童生徒等はこの 10 年間で 1.6 倍増加している。障害を持つ子どものだけでなく、文化的背景を異にする子どもたちの多様なニーズに応えるための教育が求められるなか、外国人児童生徒等指導担当教員の充実、日本語指導支援員、母語支援員の充実などを含めた教育における「ユニバーサル・デザイン」の推進は益々重要で現実的な課題となってきている。

(3) 地域文化の伝承装置としての学校

グローバル化や情報化が急速に進み、技術革新が社会生活の質を大きく変化させつつ中、学校も新しい時代にふさわしい在り方を模索し、新たな学校文化を形成していくことが求められている。ここで特に注目したいのは地域文化の伝承装置としての学校教育の在り方である。

近代以降、日本の学校制度は地域との特殊な文脈の中で発足し、発展してきた歴史がある。「文明開化」の根幹をなす国策の一環として導入された近代学校制度は、藩校や寺子屋などを含め、日本特有の社会・文化的背景も相まって地域との関係性が独自の形で進化して今に至っている。学校は単に国民統合を目指した国家装置として機能しただけでなく、地域の文化センター、地域の一員としての役割をも併せ持ち、日本独自の「教育文化」を形作ってきたのである。教育方針の制定や教育課程の編成、学校行事を含む学校運営において、学校と地域との関係性は欠くことのできないキー概念となっている。学校が地域の文化を有効な教育資源として開発し、活用するのみならず、文化多様性の保全の視点から地域文化の伝承装置として機能する事例が多く観察されている（金、2023、pp. 328-334）。こうした地域文化の保護と伝承を巡る地域と学校の協力関係は、両者の間で成立するWin-Winの関係を前提としており、多様性の保全に寄与する学校の在り方、そして新しい時代にふさわしい学校文化の形成に果たす役割が注目される。

（金　龍哲）

参考文献

① UNESCO, *UNESCO World Report: Investing in Cultural Diversity and Intercultural Dialogue, Executive Summary,* Paris: UNESCO, 2009, p.24（Chapter 7： Cultural diversity: A Key dimension of Sustainable development）.

② E.O.ライシャワー、納谷祐二、小林ひろみち『日本の国際化―ライシャワー博士との対話』文芸春秋、1989 年。

③ ロバート・ウィンストン著（鈴木光太郎訳）『人間の本能―心にひそむ進化の過去』新曜社、2008 年。

④ 寺島実郎『世界を知る力』PHP 新書、2010 年。
⑤ アンドレアス・チェザーナ著（沼田裕之訳）『地球時代を生きる感性―EU 知識人による日本への示唆―』東信堂、2007 年。
⑥ 太田晴雄「グローバル時代における多文化共生教育」今津孝次郎、馬越徹、早川操編『新しい教育の原理―変動する時代の人間・社会・文化』名古屋大学出版会、2005 年。
⑦ 石附実著『教育における比較と旅』東信堂、2005 年。
⑧ 井上達夫、名和田是彦、桂木隆夫著『共生への冒険』毎日新聞社、1992 年。
⑨ 天城勲監訳『学習：秘められた宝』（ユネスコ 21 世紀教育国際委員会報告書）ぎょうせい、1997 年。
⑩ エドワード・T.ホール著（岩田慶治、谷泰訳）『文化を超えて』TBS ブリタニカ、1979 年。
⑪ チャールズ・ダーウィン著（長谷川真理子訳）『人間の進化と性淘汰 I 』文一総合出版、1999 年。
⑫ レヴィ＝ストロース著（荒川幾男訳）『人種と歴史』みすず書房、1970 年。
⑬ リチャード・フロリダ著、井口典夫訳『クリエイティブ資本論』ダイヤモンド社、2008 年。
⑭ レヴィ＝ストロース著（大橋保夫訳）『神話と意味』みすず書房、1996 年。
⑮ 内山純蔵「文化の多様性は必要か？」日高敏隆編『生物多様性はなぜ大切か？』（地球研叢書）昭和堂, 2005 年。
⑯ 服部英二監修『文化の多様性と通底の価値―聖俗の拮抗をめぐる東西対話』麗沢大学出版会、2007 年。
⑰ マシュー・サイド著『多様性の科学』DISCOVER,2021 年。
⑱ 金龍哲「文化多様性という思想―日中における受容と展開を中心に」『中日韓国際文化研究叢書』（第四輯）延大出版社、2016 年、pp. 62-69。
⑲ タイラー・コーエン著（浜野志保訳）『創造的破壊―グローバル文化経済学とコンテンツ産業』作品社、2011 年。
⑳ 金龍哲「“周辺文化”の伝承装置のメンテナンスに関する試論―三浦半島における地域文化の伝承実践の仕組みを事例に」『東アジア日本学研究学会論文集録』2023 年、pp. 328-334。

第16章

教育改革の動向

―コロナ禍で炙り出された教育の課題から考える―

2020年初頭から流行した新型コロナウイルスは、教育の姿を大きく変えた。学校は閉鎖され、児童生徒がいなくなった教室では、教員が一人パソコンの前でオンライン授業を行っていた。学校再開後は、ソーシャルディスタンスの下、授業での話し合いやグループワークができなくなり、給食の時間では児童生徒たちが前を向いて一人黙食していた。いくつかの研究等で指摘されているように、新型コロナウイルスは教育に対して新たな課題を突き付けただけではなく、従来指摘されていた問題や暗黙のまま見逃されていた課題を炙り出すことになった。例えば、学校は単に学ぶ場所だけではなく、特に不利な立場にある児童生徒（貧困や虐待等）にとってはある種のセーフティネットになっていたことが再確認された。一方で、肥大化する学校への期待に応える教職員の厳しい労働環境が明るみとなった。こうした問題にどのように対応していくかが、ポスト・コロナの教育改革の中心的議論になりつつある。そこで本章では、コロナ禍を通して炙り出された課題として、情報通信技術（Information and Communication Technology, ICT）の活用、教育格差、そして教員不足・多忙の三点に着目し、それらの現状を把握するとともに、問題解決に向けた教育改革・政策の動向を整理していく。

1. 学校におけるICTの活用

新型コロナウイルスが教育に与えた影響として真っ先に思いつくのが、教育の情報化であろう。冒頭でも触れたオンライン授業の実施に始まり、教材の電子化、タブレットの活用等、これまで遅々として進まなかった教育の情報化が一気に進められた。本節では、まず学校におけるICTの活用の実態がどのように変化したのかについて、いくつかのデータを基に確認する。その上で、現在進められている教育の情報化の動向を整理し、今後の課題を検討する。

(1) 世界で最も遅れていたICTの教育的活用

日本の教育政策において、教育の情報化が明確に打ち出されたのは、1985 年 6 月の臨時教育審議会第一次答申にまで遡ることができる。その後、1990 年代後半からインターネットが社会に普及し、携帯電話も一般的なものとなっていくが、学校現場での情報機器の活用は十分には進んでいかなかった。また教育の情報化に関する政策が種々の答申等で示されてはいたが、2000 年代に入っても学校現場の状況は変わらず、国際比較データから「世界で最も ICT の教育的活用が遅れている」ということが言われるようになった。

学校現場における ICT の活用に関して、ここでは経済協力開発機構（OECD）が実施している生徒の学習到達度調査（PISA）の結果を確認してみよう。そもそも PISA は、15 歳児を対象に、読解力、数学的リテラシー、科学的リテラシーの三つの分野に関する学習到達度を測る調査である。その一環で生徒に対して、学校内外での ICT の活用状況に関する調査も行われている。2018 年に行われた PISA では、「普段の一週間のうち、教室の授業でデジタル機器をどのくらい利用しますか」という問いに対して、日本の生徒たちの約 80%が「利用しない」と回答した。この結果は、OECD の加盟国で最もデジタル機器の利用時間が短い状況を示していた（文部科学省・国立教育政策研究所 2018）。後れを取っている状況は、ICT の環境整備という観点からも確認できる。文部科学省（2020a）によると、2019 年度の段階で、教育用コンピュータ 1 台当たりの児童生徒数は 4.9 人となっており、一人一台を使える状況にはなっていなかった。また、普通教室の無線 LAN の整備率は 48.9%であり、児童生徒によるインターネットへのアクセスが十分ではなかった状況がうかがえる。

しかし、コロナ禍はこの状況を一変させた。コロナ禍に入る前の 2019 年 12 月に、文部科学省は学校における一人一台端末と高速大容量の通信ネットワークの整備を目指す「GIGA スクール構想」を打ち出した。GIGA スクール構想をめぐっては、コロナ禍での ICT 活用の必要性を背景に、整備の早期実現を目指すための追加予算が出された。その結果、2021 年度の段階で、教育用コンピュータ 1 台当たりの児童生徒数は 0.9 人、そして普通教室の無線 LAN の整備率は 94.8%と、ICT の活用をめぐる環境が大幅に改善された（文部科学省 2022a）。また、2022 年に行われた PISA では、「次の授業でデジタルリソースをどのくらい利用しますか」という問いに対しては、「まったく、又はほとんどない」と回答した生徒の割合は

2018 年の調査に比べると、大きく減少した（例えば、国語は 48.5%、理科は 43.8%）（文部科学省・国立教育政策研究所 2023）。とはいえ、OECD の加盟国と比較すると、まだ ICT の利用頻度は低い状況であることには変わらない点は留意しておきたい。

(2) 教育の情報化に向けた動き

教育の情報化とは、「情報通信技術の、時間的・空間的制約を超える、双方向性を有する、カスタマイズを容易にするといった特長を生かして、教育の質の向上を目指すもの」（文部科学省 2020b、1 頁）と定義されている。そして、情報教育、教科指導における ICT の活用、そして校務の情報化の三つの側面から構成される。

情報教育は、いわゆる情報活用能力の育成を目指すものとされている。情報活用能力とは「世の中の様々な事象を情報とその結び付きとして捉え、情報及び情報技術を適切かつ効果的に活用して、問題を発見・解決したり自分の考えを形成したりしていくために必要な資質・能力」（同上、18 頁）である。そもそも情報活用能力自体は、先述した臨時教育審議会において明示されたものであり、教育政策において常に議論されてきた。しかし近年の議論は、社会の変化（例えば Society5.0[i]や人工知能（Artificial Intelligence, AI）の発展等）に対応すべく、情報活用能力の育成が学校教育において最重要課題として位置づけられている点に特徴がある。その証左が見られるのが、2017・18 年に改訂された学習指導要領である。同学習指導要領は、言語能力や問題発見・解決能力等と並んで、情報活用能力を「学習の基盤となる資質・能力」と位置づけ、各教科等において育成が図られるものとしている。

次に、教科指導における ICT の活用をめぐっては、上述したように、実際に活用が進まなかった領域である。その理由の一つには、授業や学習のあり方と結び付けられた議論が十分になされなかったことが考えられる。その意味で、近年の議論はこれまでとは一線を画すものである。まず、上述した情報活用能力の重視との関係である。情報活用能力の育成には、ICT そのものの使用が必要不可欠である。そして、各教科において情報活用能力の育成が求められる中では、授業や学習において必然的に ICT を活用することになる。また、個別学習や習熟度別学習といった個に応じた指導を進める中で、ICT の活用が求められている点も挙げられる。中央教育審議会（2021）において示された個別最適な学びをめぐっても、一人一台端末を踏まえて、児童生徒一人一人に寄り添ったきめ細かな指導を進める上で、ICT の活用が求められている。また、障害のある児童生徒や外国人児童生徒といった特別な支援が必要な児童生徒に対する指導においても、ICT の活用の重要性が示されている。

校務の情報化は、特に教職員が抱える校務の負担軽減を念頭に、ICT を活用して様々な情報を共有したり、効率的に伝達したりすることを目指すものである。後述する教員の働き方改革という文脈においても校務の情報化は重視されている。例えば、児童生徒の欠席連絡をメールやアプリでできるようにしたり、小テストの採点や提出物の確認をシステム化したりすることを通して、業務を簡素化できる、これにより、特に教員は授業づくりや生徒指導に多くの時間を割くことが可能になるわけである。

(3) 教育の情報化をめぐって直面する課題

ここでは、教育の情報化が進展する中で、直面するだろう課題を二点提示したい。一点目が生成 AI の活用の課題である。ChatGPT に代表される生成 AI は、様々なデータや情報を通して学習したパターンに基づいて、オリジナルのデータや情報を作り出すものであり、ユーザー側の指示に応じて、次々に回答が示される。生成 AI を通して、例えば文章の要約や議事録の作成、プログラミングのコード作成などを効率的に行うことが可能になる一方、事実の真偽性や著作権侵害の可能性といった課題も多い。そうした中で文部科学省は、2023 年 7 月に「初等中等教育段階における生成 AI の利用に関する暫定的なガイドライン」を公表し、学校現場における生成 AI の活用の方向性を示している。活用が考えられる場面として、グループの考えをまとめる途中段階での足りない視点を見つけ議論を深めることや、英会話の相手といったことが想定されている。しかし、レポートや小論文について生成 AI による生成物をそのまま出すことや、生成 AI への理解や情報活用能力が十分でない段階で自由に活用すること等は適切ではないとしている（文部科学省 2023a）。生成 AI の質自体が今後向上していく中で、児童生徒だけでなく、教員自身もどのように活用するかが問われることになる。

二点目が、ICT の活用を通して得られる児童生徒のデータをめぐる課題である。一人一台端末の導入によって、児童生徒がそれらを使用した場合、例えば小テストの点数、授業中に検索したキーワード、アンケートの回答といった様々なデータが蓄積されることになる。これらは、いわゆる「ビッグデータ」として蓄積されることになるが、この点に関しては情報漏洩に代表される情報セキュリティの観点から注意が促されてきた。他方で、データを活用するという段階になれば、倫理的もしくは法的な課題に直面する。例えば、児童生徒に対して様々なアンケート調査を行う際に保護者の同意をどのように得るのか、プライバシーに大きく関わるような情報（思想・信条にかかわるデータ、顔画像データ、生体認証データ等）を同意なく取得していないか、という問題である。これらは、倫理的・法的・社会的課題（Ethical, Legal and Social Issues, ELSI）と呼ばれ、新しい科学技術を社会に実装していく際に生じる問題であり、教育の領域でも看過できない課題となる（若林・岸本 2023）。

2. 教育における格差への対応

新型コロナウイルスは、世界中の多くの子どもたち、中でも不利な立場にある子どもたちに大きな影響を及ぼした。例えば、貧困の子どもたちの場合、学校閉鎖によって給食がなくなり、食生活に影響が出るだけでなく、オンライン授業を受ける環境（デバイスや個室の有無）がない場合には学習がストップしてしまった。この点、「子どもたちにとって、大きな問題となっている「虐待」や「子どもの貧困」なども、より一層増えていきました」（江藤 2022、83 頁）という現職教員の実感は無視できない。そして、こうした不利な立場にある子どもたちへの影響は、これまでにも存在していた教育格差の問題を改めて顕在化させることになった。事実、アメリカではコロナ禍によって学力が低下したことが指摘されているが、中でもマイノリティの児童生徒の低下が著しいとされている（佐藤 2023a）。そこで本節では、教育における格差をテーマに、その状況と対応策を検討したい。

(1) 教育格差とは何か

「格差」という言葉は、所得格差、男女格差、地域格差といったように現代の社会問題を語る上で重要なキーワードになっている。教育の領域では、学力格差や教育機会格差といった言葉があるが、総じて「教育格差」と呼ばれている。教育格差に関して、松岡（2019）は「「生まれ」による最終学歴の格差」（15 頁）と位置づけ、次のように説明している。

「この社会に、出身家庭と地域という本人にはどうしようもない初期条件（生まれ）によって教育機会の格差があるからだ。この機会の多寡は最終学歴に繋がり、それは収入・職業・健康など様々な格差の基盤となる。」（同）

「本人にはどうしようもない初期条件」によって教育を受ける機会が異なる。教育機会が豊富であれば必然的にその結果としての学力が高くなり、高い学歴やさらには収入へとつながっていく。他方で、教育機会が乏しい場合は学力が伸びず、学歴や収入に影響を及ぼす。この論理を裏付けるデータに関しては、松岡（2019）で詳しく説明されているため、ここでは先述したPISAのデータから、教育格差の一端を確認しておこう。

PISAでは、生徒に対して、保護者の学歴や家の所有物（勉強机やコンピュータ、蔵書冊数等）を尋ねており、その回答から「社会経済文化的背景」（ESCS）という指標を作成している。社会経済文化的背景が高いということは、保護者の学歴が高く、所有物も多いということを意味しており、「本人にはどうしようもない初期条件」が高いことを意味する。PISAでは、この社会経済文化的背景の値の高低によって生徒を4群（25%区分）にわけて、三分野の得点の関係性を分析している。以下の図は、PISA2018における日本の生徒の社会経済文化的背景と読解力の関係性を表している。

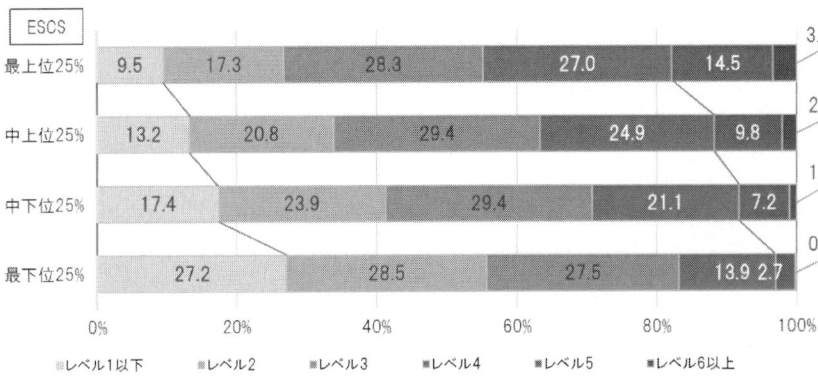

（出典）文部科学省・国立教育政策研究所（2019）、8頁より引用。

図16-1：PISA2018における社会経済文化的背景と読解力の関係性（日本の生徒）

図 16-1 で示されている「レベル」とは、高いレベルほど高得点であることを示している。この図から分かることは、社会経済文化的背景の値が高い「最上位 25%」の読解力のレベルをみると、レベル 4 以上が約 45%であるのに対して、社会経済文化的背景の値が低い「最下位 25%」の場合、レベル 4 以上は約 17%となっている。つまり、社会経済文化的背景の値が高い生徒たちは高得点を取る傾向にあり、値が低い生徒たちの得点はそうではないことを意味している。これが、「本人にはどうしようもない初期条件」によって生じる教育格差の一端である。なお、日本は OECD 加盟国と比較すると、社会経済文化的背景が生徒の得点に影響を及ぼす度合いは低い国とされている。この状況は、PISA2022 の結果でも同様となっている（文部科学省・国立教育政策研究所 2023）。

(2) 教育格差への対応に向けた改革：公正をキーワードに

教育格差の問題は、一筋縄で解決するものではないが、そのまま見過ごして良い問題ではないことは、誰しもが納得するだろう。実際に世界各国において、教育格差の是正を目指す教育改革が進められている。日本でも、学力格差の是正の重要性が指摘されており、「家庭の経済事情に左右されることなく、誰もが希望する質の高い教育を受けられる」（中央教育審議会 2021、25 頁）ことが目指されている。こうした教育改革のキーワードとなるのが、「公正」（equity）の考え方である。OECD（2023）によれば、公正な教育システムとは「教育的な潜在能力の達成が、ジェンダー、民族的出自、先住民背景、移民背景、性的指向と性自認、特別な教育ニーズ、特異な才能のような要因を含む個人的・社会的状況の結果ではないことを保障するシステム」（p.27）と定義されている。この定義を踏まえて、公正な教育の実現に向けた具体的な教育改革を検討してみよう。

公正という概念をめぐっては、様々な学問領域で議論されているが、教育にひきつけた場合、徳永（2023）は平等（equality）と比較しながら次のように説明している。平等とは「子ども一人ひとりが異なるニーズをもっていながらも、すべての子どもを同様に扱い、同じ資源を提供すること」（同、197 頁）であるのに対して、公正とは「子ども一人ひとりの異なるニーズに配慮し、子や集団に応じた支援を行うこと」（同、197-198 頁）である。この定義では、資源の配分という観点を軸にしながら、平等では全員一律に配分するの対して、公正ではニーズに応じて異なる資源を配分することが明示されている。この時、子ども一人ひとりのニーズにすべて対応して資源配分することは現実的に難しいことから、教育における公正を考える際には、「貧困・移民・女性や地方や厳しい学校区等の社会集団に対する着眼が必須」（末冨 2021、58 頁）とされる。

これらの議論を踏まえて、ここでは具体的な教育政策として、二つの側面に注目してみよう。一つめは、資源、特に財政的な資源の配分という観点からの政策である。例えばアメリカでは、一定の条件に該当する貧困地域の学区には連邦政府から補助金が支給される制度が構築されている。この制度は、各学区の教育財政が住民の所得に依拠するというアメリカ独自のシステムゆえに存在しており、学区による教育格差を是正するための公正に基づく制度といえよう。日本では、近年になって進められている一定の集団に対する「無償化政策」が挙げられよう。例えば、公立高校授業料の無償および私立高校授業料の支援を行う高等学校等就学支援金制度では、一定の所得制限の下、該当する家庭の生徒の高校教育を受ける機会を保障している。特に私立学校授業料に関しては、2022 年から支給対象となる所得上限を引き上げ、対象となる家庭の層を拡大している。また幼児教育段階では、2019 年から「子ども・子育て支援法」が改正され、3-5 歳児クラスの幼稚園や保育所等の授業料および保育料を所得に関わらず無償となり、0-2 歳児クラスについては住民税非課税世帯は無償となった。家庭の所得という観点から対象となる集団を明確化し、財政資源を配分する仕組みとなっていることがわかる。

もう一つは、学習支援という形で展開されている政策である。アメリカでは、1965 年から実施されている幼児を対象とした「ヘッドスタート計画」が有名である。同計画では、低所得家庭の幼児（3-4 歳児）を対象に補償的な教育プログラム（読み書き等）を実施することで、幼稚園（アメリカでは義務教育となる）に入学する段階で学力に差が生じないようにしている[ii]。日本では、近年、多くの自治体で進められている生活困窮世帯の児童生徒をターゲットにした学習支援事業が挙げられる。この取り組み自体は、「子どもの貧困対策」という枠組みの一つとして位置付けられているため、単なる学習支援だけではなく、子どもの居場所作りとしも大きな役割を果たしている。具体的な内容としては、ボランティア等に放課後の学習を見てもらったり、悩み相談にのってもらったりする場が提供されている。費用の側面から塾や習い事に行くことが困難な低所得層の子どもたちに対して補償教育を提供することで、教育格差の縮小が目指されていることがわかる。

公正の概念をめぐっては、これまで検討してきた資源の配分の側面以外にも目を向ける必要性があることを付言しておきたい。ニーズに合わせて資源を配分することは、現実的な対応としては必要不可欠である。ただし、そうした教育格差そのものを生み出している社会構造が変わらなければ、根本的な問題の解決には至らない点は理解しておく必要がある。

3. 教員の不足と多忙

新型コロナウイルスは、教育を受ける子どもだけでなく、教育を提供する教員にも大きな影響を及ぼした。学校閉鎖期間中のオンライン授業の準備や配信だけでなく、学校再開後には衛生管理や、欠席児童への連絡等、数多くの新たなタスクが課されることになった。アメリカでは、過剰な労働によってメンタルヘルスに不調をきたす教員が増え、結果として離職する教員が出てくることになり、教員が不足するという事態が生じた（佐藤 2023a）。以前よりアメリカの教育問題として指摘されていた教員不足が、新型コロナウイルスの影響でさらに深刻化している。日本でも、教員の多忙の問題はたびたび問題視されていたが、コロナ禍での教員の業務負担が着目されると、改めて多忙の問題が取り上げられるようになっていった。そして、こうした多忙と関連して、近年では教員不足も大きな課題となっている。そこで本節では、教員不足や教員の多忙に着目し、その状況を把握するとともに、対応として展開されている政策を確認する。

(1) 教員不足の実際

教員不足は、世界各国において重大な教育課題となっている。その理由は、単に量的に教員が不足しているからではなく、教員が不足することによって教育の質に大きな影響が生じるからである。教員が不足した場合に進められる対策としては、教員の資格要件を緩和したり、教員の担当クラスを増やしたりすることになる。これらの対策は、確かに不足という事態を避けることになるが、起こりうることは教育の質の低下である。つまり、教員不足という量的問題は、教育の質という質的問題として捉えることが重要となる。

日本では、教員不足とは「臨時的任用教員等の講師の確保ができず、実際に学校に配置されている教師の数が、各都道府県・指定都市等の教育委員会において学校に配置することとしている教師の数（配当数）を満たしておらず欠員が生じる状態」

（文部科学省 2022b、3 頁）と定義される。この定義に基づき状況を確認すると、2021 年 5 月 1 日時点で、全国の公立小・中・高・特支の学校において 2,065 人が不足していることが判明している（同）。不足が生じている学校数としては 1,591 校であり、全体のおよそ 4.8%に相当する（同）。この数に関して、例えばアメリカの状況を確認すると、45%の公立学校において 1 人以上の欠員が生じている状態が指摘されている（佐藤 2023b）。確かに欧米諸国で問題視されている教員不足の状況に比べれば、日本の教員不足の状況が厳しい状況ではないが、そもそも前提として「不足」している時点で問題となっていることは言うまでもない。上述したように、教員が不足している場合は、他の教員が本来の業務を超えて過剰に負担すること等があり、それは教育の質という点で大きな問題を孕むことになる。

教員不足が生じている理由に関しては、様々な要因が絡み合っている。先述の文科省の調査では、教員不足が生じている要因に関する調査も行っており、そこでは①見込み数以上の必要教師数の増加と②臨時的任用教員のなり手不足が主要な要因として指摘されている（文部科学省 2022b）。①については、産休・育休取得者の増加、特別支援学級数の増加（これに伴う教員数の増加）、そして病休者数の増加によって、見込み数が増加したとしている。②については、単純に「なり手」とあるように、「講師名簿登録者」が減少したことによる。ここで問いたいことは、現実的な対策を考えるのであれば、なぜ必要教師数が増加し、そしてなり手が不足したのかという背景である。その一つとして考えられるのが、教員の労働環境の問題である。必要教師数が増加した理由の一つである病休者数の増加をめぐっては、精神疾患による病気休職者数が増加傾向にあり、2022 年度では 6,539 人（公立の小・中・高・特支）と過去最多となった状況は看過できない（文部科学省 2023b）。また、講師名簿登録者の減少の背景には、民間企業への就職といったことも理由に挙げられており、教員という職業自体への魅力が低下している可能性がある。

(2) 教員の働き方改革の推進

上述したように、教員不足の背景に存在する様々な要因の一つして、教員の労働環境の問題が挙げられる。教員の労働環境の厳しさについては、数多くのメディアによって紹介されているが、そのポイントは大きく二点に集約できるだろう。一つは、教員が担う業務の量や種類が多いということである。文部科学省が 2022 年に実施した「教員勤務実態調査」では、教員が従事する業務として、全部で 29 項目が挙げられている（文部科学省初等中等教育局 2023）。そこでは、授業の実施・準備だけでなく、生徒指導、会議、事務作業、保護者対応、研修といったように多種多様な業務が示されており、実際にこれらの業務をこなす教員の姿は容易に想像できよう。もう一つは、こうした多種多様な業務に関わるゆえの長時間の労働である。先の調査によれば、例えば中学校教諭の平日の在校等時間は 11 時間 1 分であり、労働基準法で定められている 1 日 8 時間（上限）という勤務時間と比べると、毎日、約 3 時間の残業を行っていることを意味する（同）。また、土日についても、調査によれば平均して 2 時間 18 分勤務している実態がある（同）。

こうした労働環境は、これから教員になろうとしている者だけでなく、実際に勤務している教員にとって、必ずしも魅力的なものではない。そのため教員不足への対応だけでなく、特に現職教員の労働環境の是正という観点から進められているのが教員の働き方改革である。その主眼として、教員が担う業務の適正化が挙げられる。教員の業務の種類が多すぎるという点に関わって、教員の業務を精選することで、「本来担うべき業務」に教員が集中できる環境を整備できるわけである。具体的な業務の整理として、以下のように示されている（中央教育審議会 2019）。

表 16-1：学校・教員が担う業務にかかる 3 分類

基本的には学校以外が担うべき業務	学校の業務だが、必ずしも教員が担う必要のない業務	教員の業務だが、負担軽減が可能な業務
①　登下校に関する対応 ②　放課後から夜間などにおける見回り、児童生徒が補導された時の対応 ③　学校徴収金の徴収・管理 ④　地域ボランティアとの連絡調整	⑤　調査・統計等への回答等 ⑥　児童生徒の休み時間における対応 ⑦　校内清掃 ⑧　部活動	⑨　給食時の対応 ⑩　授業準備 ⑪　学習評価や成績処理 ⑫　学校行事の準備・運営 ⑬　進路指導 ⑭　支援が必要な児童生徒・家庭への対応

（注）中央教育審議会（2019）、29 頁より筆者作成。

この業務の見直しに関して、2023 年の段階で各都道府県・政令市教育委員会で最も取り組まれている項目を順にあげると、⑭支援が必要な児童生徒・家庭への対応、⑩授業準備、⑧部活動となっている（文部科学省 2023c）。これらの取組が進められている背景には、教員以外のスタッフの存在がある。⑭に関してはスクールカウンセラーやスクールソーシャルワーカー、また特別支援教育支援員等、⑩に関しては教員業務支援員、そして⑧については部活動支援員をそれぞれ配置することによって、業務の分担を促すようになっている。特に教員業務支援員の配置に関しては、文部科学省が率先して予算措置を講じる計画を立てており、積極的な活用が進めれている。今後は、こうした多様なスタッフと教員との協働をどのように進めていくかが問われることになる。

他方で、取組が進んでいないものとして、順に⑥児童生徒の休み時間における対応、⑬進路指導、⑦校内清掃となっている（同上）。これらは、教員の業務として、切り離すことが難しいものと理解できる。例えば、休み時間の対応に関しては、教員の立場からすると授業の様子とは異なる子どもたちの姿を確認できる貴重な時間である。また校内清掃については、単なる清掃ではなく、そこに教育的な意義が含まれるため、教員の業務から切り離すことが難しくなる。教員という職業の専門性を踏まえながら、いかに業務を精選して、労働環境を改善していくかという試行錯誤が続いている。

（佐藤　仁）

参考文献

① 江藤真美子（2022）「日本：保健室からみえたこと」園山大祐・辻野けんま編著『コロナ禍に世界の学校はどう向き合ったのか―子ども・保護者・学校・教育行政に迫る―』明石書店、81-85 頁。

② 佐藤仁（2023a）「コロナ禍における米国の教員―しごとの変化とその影響―」『比較教育学研究』第 66 号、7-23 頁。

③ 佐藤仁（2023b）「アメリカ（諸外国における教員確保の現状と対応策～イギリス・アメリカ・カナダ・韓国～）」『協同出版・教職レポート』第 3 号・冬号、19 頁。

④ 末冨芳（2021）「教育における公正はいかにして実現可能か？―教育政策のニューノーマルの中での子ども・若者のウェルビーイングと政策改善サイク

ルの検討―」『日本教育経営学会紀要』第 63 号、52-68 頁。
⑤　中央教育審議会（2019）「新しい時代の教育に向けた持続可能な学校指導・運営体制の構築のための学校における働き方改革に関する総合的な方策について（答申）」
（https://www.mext.go.jp/component/b_menu/shingi/toushin/__icsFiles/afieldfile/2019/03/08/1412993_1_1.pdf, 2024/1/5）。
⑥　中央教育審議会（2021）「「令和の日本型学校教育」の構築を目指して～全ての子供たちの可能性を引き出す、個別最適な学びと、協働的な学びの実現～」
（https://www.mext.go.jp/content/20210126-mxt_syoto02-000012321_2-4.pdf, 2024/1/5）。
⑦　徳永智子（2023）「マイノリティの子どもの排除と包摂」相澤真一・伊佐夏実・内田良・徳永智子著『これからの教育社会学』有斐閣、194-210 頁。
⑧　松岡亮二（2019）『教育格差―階層・地域・学歴』ちくま新書。
⑨　文部科学省（2020a）「令和元年度学校における教育の情報化の実態等に関する調査結果（概要）」
（https://www.mext.go.jp/content/20201026-mxt_jogai01-00009573_1.pdf, 2024/1/5）。
⑩　文部科学省（2020b）「教育の情報化に関する手引-追補版-(令和 2 年 6 月)」
（https://www.mext.go.jp/a_menu/shotou/zyouhou/detail/mext_00117.html, 2024/1/5）。
⑪　文部科学省（2022a）「令和 3 年度学校における教育の情報化の実態等に関する調査結果（概要）」
（https://www.mext.go.jp/content/20221027-mxt_jogai02-000025395_100.pdf, 2024/1/5）。
⑫　文部科学省（2022b）「「教師不足」に関する実態調査」
（https://www.mext.go.jp/content/20220128-mxt_kyoikujinzai01-000020293-1.pdf, 2024/1/5）
⑬　文部科学省（2023a）「初等中等教育段階における 生成 AI の利用に関する暫定的なガイドライン」
（https://www.mext.go.jp/content/20230710-mxt_shuukyo02-000030823_0

03.pdf, 2024/1/5）。

⑭ 文部科学省（2023b）「令和 4 年度公立学校教職員の人事行政状況調査について（概要）」
（https://www.mext.go.jp/content/20231222-mxt_syoto01-000033180_1.pdf, 2024/1/5）。

⑮ 文部科学省（2023c）「令和 5 年度教育委員会における学校の働き方改革のための取組状況調査【結果概要】」
（https://www.mext.go.jp/content/231226-mxt_zaimu-000032988_1.pdf, 2024/1/5）。

⑯ 文部科学省・国立教育政策研究所（2019）「OECD 生徒の学習到達度調査 2018 年調査（PISA2018）のポイント」
（https://www.nier.go.jp/kokusai/pisa/pdf/2018/01_point.pdf, 2024/1/5）。

⑰ 文部科学省・国立教育政策研究所（2023）「OECD 生徒の学習到達度調査 PISA2022 のポイント」
（https://www.nier.go.jp/kokusai/pisa/pdf/2022/01_point_2.pdf, 2024/1/5）。

⑱ 文部科学省初等中等教育局（2023）「教員勤務実態調査（令和 4 年度）の集計（速報値）について」
（https://www.mext.go.jp/content/20230428-mxt_zaimu01-100003067-2.pdf, 2024/1/5）。

⑲ 若林魁人・岸本充生（2023）「教育データ EdTech の ELSI（倫理的・法的・社会的課題）を考えるための国内外ケース集」『ELSI NOTE』No.31
（https://ir.library.osaka-u.ac.jp/repo/ouka/all/92524/ELSI_NOTE_31.pdf, 2024/1/5）。

⑳ OECD (2023), *Equity and Inclusion in Education: Finding Strength through Diversity,* OECD Publishing.

注

---

i Society5.0 とは、狩猟社会、農耕社会、工業社会、情報社会に続く、新たな社会をイメージするものであり、IoT（Internet of Things）を通して人とモノがつながり、AI によって効果的かつ効率的なサービスが提供されていくような社会のことを指す。

ii ヘッドスタート計画は教育に特化しているものではなく、健康や栄養という観点からも支援する包括的なプログラムとなっている。

執筆者一覧

金　龍哲	東京福祉大学教育学部（はしがき、第１章、第 15 章）
佐々木　司	山口大学教育学部　教授（第２章）
石﨑　達也	東京福祉大学教育学部　准教授（第３章、第８章）
卜部　匡司	広島市立大学国際学部　教授（第４章）
深沢　和彦	神奈川県立保健福祉大学保健福祉学部（第５章、第 11 章）
日暮　トモ子	日本大学文理学部　教授（第６章）
吉田　成章	広島大学教育学部　准教授（第７章）
黒田　智隆	東京福祉大学保育児童学部　准教授（第９章）
曽余田　浩史	広島大学大学院人間社会科学研究科　教授（第 10 章）
熊谷　圭二郎	日本大学生物資源科学部　教授（第 12 章）
山川　肖美	広島修道大学　教授（第 13 章）
後藤　泰博	東京福祉大学保育児童学部　教授（第 14 章）
佐藤　仁	福岡大学人文学部　教授（第 16 章）

編著者紹介

金（ジン）　龍哲（ルンジョ）（JIN　Longzhe）

1982年10月中国政府派遣留学生として来日、1988年3月広島大学大学院教育学研究科博士課程修了（教育学博士）、同年4月帰国、中国教育部中央教育科学研究所副教授、比較教育研究センター副主任、学術委員。1995年4月来日後、広島大学大学院教育学研究科准教授、2003年神奈川県立保健福祉大学教授、保健福祉学部学部長、地域貢献研究センター長を経て、2021年4月より東京福祉大学教育学部教授（比較教育学、教育人類学専攻）。

（主な著書）

『東京大学』（【単】湖南教育出版社、1992）、『国際教育縦横』（【共】人民教育出版社、1994）、『中国少数民族教育政策文献集』（【編訳】大学教育出版、1998）、『義務教育投資国際比較』（【共】人民教育出版社、2003）、『結婚のない国を歩く—中国西南のモソ人の母系社会』（【単】大学教育出版、2011）『東方女人国の教育—モソ人の母系社会における伝統文化の行方』（【単】大学教育出版、2011）、『教育と人間と社会』（【編著】協同出版、2012）、『職業としての教師』（【編著】大学教育出版、2014）、『教科とその本質』（【共】教育出版、2020）。他論文多数。

深沢（ふかさわ）　和彦（かずひこ）（FUKASAWA　Kazuhiko）

1990年山梨大学教育学部卒業後、公立小学校教諭として28年間勤務。在職中、2007年に都留文科大学大学院文学研究科臨床教育実践学（心理学領域）専攻博士前期課程修了、2014～2016年早稲田大学非常勤講師、2021年に早稲田大学大学院教育学研究科教育基礎学専攻博士後期課程修了（博士（教育学））。2018年より東京福祉大学教育学部准教授、2023年より神奈川県立保健福祉大学保健福祉学部教授。公認心理師。

〈主な著書〉

『イラスト版教師のためのソーシャルスキルトレーニング』(【共】合同出版、2013)、『開かれた協働と学びが加速する教室』（【共】図書文化、2022）、『インクルーシブ教育を推進する小学校の学級経営のあり方 -通常学級担任教師の指導行動と指導意識に注目して-』（早稲田大学リポジトリ、2021）。他論文多数。

教育の原理と実践

2024年4月1日　　初版発行

編著者　金　龍哲
　　　　深沢　和彦

発行所　株式会社　三恵社
〒462-0056 愛知県名古屋市北区中丸町2-24-1
TEL 052 (915) 5211
FAX 052 (915) 5019
URL http://www.sankeisha.com